그림과 사진을 곁들인 이순숙의 세 번째 책
## 골프와 함께 한 35년 그 현장의 살아있는 이야기

# 생각의 겹
## The layers of thought

시간은 그냥 흐르지 않는다.
다만 흔적을 남기고 그 곳에 이야기를 담고 흐른다

이병철, 정주영, 이방자, 김종필, 강신호, 이어령, 조중건, 김운용, 이시형, 허광수, 정명화, 안성기 등의
인터뷰를 통해 본 어제와 오늘 그리고 내일, 그들의 치열했던 골프사랑과 예술사랑

李淳淑 著

## 책머리에

골프기자로서의 35년간의 일들이 파노라마처럼 스쳐 만감이 교차합니다.

한 권의 책이 나오기까지 과정은 쉽지 않습니다. 35년 현역 골프기자로 활동하며 그간 골프계 흔적을 정리하는 일은 마치 살아온 발자취를 밟는 것과 같습니다. 하나의 생명이 잉태되고 산고의 고통을 넘어 세상에 빛을 발하는 과정과 같아 책이 나오는 과정도 쉬운 일은 결코 아닙니다.

그 동안 인연되어 사랑하고 좋아했던 모든 것들을 글로 모으다 보니 마음 뿌듯하기도 하지만 다른 한편에는 아쉬움과 미흡한 점은 없었나 생각해 봅니다. 돌아보면 어려서부터 부모님께 받았던 사랑이 원천이 되어 사물에 대하여 감수성이 풍부했고 초등학교 시절부터 책의 보존과 수집을 중히 여기며 자라왔습니다. 아버지께서는 늘 품격과 교양을 엄히 가르치셨고 특히 어머니의 자애로움과 남에 대한 배려와 희생을 보며 자라 그 동안의 기자라는 직분으로 자유로워 보였지만 보수적인 바탕속에서 영향을 받아 왔습니다. 골프헤럴드 22년은 제 삶의 일부이며 인생을 올곧게 지켜준 자양분이기도 했습니다.

책을 낼 때마다 현장에서 쉼 없이 움직이던 뜨거운 열정의 그 때를 떠올려 봅니다. 젊은 시절 할 수 있다는 패기와 열정은 연륜이 더해진 지금도 식지 않고 여전히 가슴을 설레이게 합니다.

35년 골프기자 생활을 정리한 이 책에는 그동안 골프를 통해 만난 각계각층의 사람들 그리고 세계 곳곳의 아름다운 장소들 아울러 기자 생활을 하며 써내려간 칼럼들이 수록되어 있어 한국 골프역사와 함께 하기에 저에게만은 뜻 깊은 보석같은 책입니다. 70년대 말 골프와 인연을 맺으며 86년 골프기자로서는 최초로 공산주의 시절의 던힐컵 취재를 위해 중국을 방문한 취재기와 북아일랜드를 비롯해외 유수 골프장 방문기록과 당대 유명한 이병철, 정주영 회장과의 교우를 통한

# 서문

인터뷰, 김종필 총리와 이어령 교수의 취재 등, 유명인의 골프철학도 담았습니다. 첫 번째 책, 2006년 5월 "이순숙의 골프풍경"과 2011년 두 번째 책, "인생의 뜰을 거닐며"에 이은 이번 책은 지난 두 권의 미흡했던 부분을 추가로 수필식 자서전으로 지나간 시간에 대한 인생의 반추와 취재현장에서 만난 사람들과 느낀 생각, 여행기로 나누어 보았습니다.

대한민국에 골프가 처음 알려졌을 때는 잡지라는 종이매체가 크나큰 역할을 해왔던 반면 시대가 변하면서 과학기술과 IT분야의 발전으로 아날로그인 종이매체는 점점 사람들의 관심 밖으로 멀어지고, 인터넷과 e-book과 같은 디지털 매체로 옮겨가고 있습니다. 물론, 시대적 상황이 변화는 가운데 그것을 거부한다면 퇴보된 생각이지만 종이매체는 지난 5세기 동안 인류에게 창조적 사고력을 안겨준 장본인이기에 모든 것이 디지털화 되어 가는 시기에 아직도 아날로그적 발상으로 글을 쓰고 지우는 일이 저에게는 존재의 이유가 되기도 합니다.

인간의 삶도 그렇듯 혼자서는 이루어 갈 수 없습니다. 한 권의 책이 완성되기까지 가장 큰 힘이 되어 준 사랑하는 가족과 정신적 힘이 되어주신 골프라이터 최영정선생님과 여러 지인들, 골프헤럴드 행사 때마다 함께 해주시는 이수성 총리와 여기까지 오게 한 원동력인 강신호(동아쏘시오그룹)회장님과 대한골프협회 허광수 회장님, 추천사를 써주신 이기수 총장님과 책이 완성되기까지 노고가 컸던 최진 기자에게 지면을 빌어 깊은 감사의 마음을 전하며 "좋은 책을 읽는다는 것은 과거의 가장 훌륭한 사람과 대화를 나누는 것"이라는 데카르트의 말을 기억하며 어려움 속에서도 늘 열정과 꿈을 잃지 않게 도와주시는 하느님께 가장 큰 영광을 돌리며 마지막 펜을 내려놓습니다.

2013. 5

서실 "필향"에서   多璘 이 순 숙

## 내가 본 이순숙이라는 사람

벌써 월간 골프헤럴드가 창간 22주년을 맞았다. 10년이면 강산이 변한다는데 두 번의 강산이 변한 세월이다. 저마다의 이익을 추구하는 급변하는 사회 속에서 20년이 넘는 세월, 한 길만을 걷기란 얼마나 어려운가. 발행인의 소신과 확고한 의지가 아니고서는 어려웠을 것이다.

언젠가 이순숙 발행인이 경영의 어려움을 나지막이 이야기 한 적이 있다. 책임감과 의무감으로 어깨가 무거웠던 이순숙 발행인은 지나온 세월이 말없이 뒤에서 밀어주고 있다며 그 덕에 지금 이 자리까지 오게 되었다고 고백했다. 그렇다. 풍파를 겪으며 함께 해 온 골프헤럴드와의 진한 추억이 지금의 발행인을 여전히 현역으로 서게 했으리라.

지나온 22년은 한마디로 골프 부흥기이자 격동기의 세월이었다. 그 세월의 중심에 골프 전문 월간지 골프헤럴드가 있었다. 22년 동안 경영상의 많은 난제가 뒤따라 잡지를 운영한다는 게 결코 녹록치 않은 일임에도 불구하고 꿋꿋한 정신과 한결같은 열정으로 잡지를 발간해 온 이순숙 발행인의 노고에 뜨거운 우정의 박수를 보낸다.

지난 2005년 창간 15주년, 20주년 행사와 매년 개최되는 경영인 자선 골프대회에 참여했던 기억이 난다. 잡지의 운영만으로도 힘겨울텐데 매년 자선 골프대회를 개최하고 또 단행본을 출간하는 식지 않는 발행인의 노력과 열정은 하늘이 주신 것인가 보다.

나무도 나이테처럼 사람도 나이를 먹으면 연륜이 느껴지듯. 골프헤럴드 지면을 한 장, 한 장 넘길 때마다 22년의 노하우와 연륜이 묻어남을 감지하게 된다. 22년, 사람의 나이로 비유하자면 가장 청춘인 시기이기에 천 번을 흔들리고 어른이 되어 가는 골프헤럴드의 성장이 대견스럽다.

오래 전 이순숙 발행인이 동아일보에 골프 칼럼을 연재해 쓴 적이 있다. 그동안 나에 대한 글을 쓴 사람은 여럿이었지만 가장 가슴에 와 닿는 글이었다.
그동안 이순숙 발행인과 골프 라운딩을 하며, 골프뿐만 아니라 문학, 음악, 미술

## 추천의 글

등을 좋아하는 예술적 감수성이 풍부한 사람이라는 생각을 했다. '순숙' 이라는 이름 그대로 소녀 같은 순수함이 묻어나는 예민하고 예리한 감성의 소유자로 거칠어진 이 시대를 아름답게 살아가는 여성이라는 생각이 내 마음속에 굳어져 있다. 그래서 지금도 만나게 되면 순숙씨라고 부르곤 한다.

바쁜 일정 중에서도 세 번째 책을 낸 것을 나름 진심으로 축하하며 더불어 경영이 어려운 시점에 책을 만들게 된 것을 더욱 격려하고 싶다.

이 책에는 골프기자로 35년의 인생을 살아온 이순숙 발행인의 삶이 녹아있다. 이번에 창간되는 '생각의 겹'에는 골프장을 인생의 뜰로 생각하고 그 곳에서 자연과 사람을 접하며 35년의 기자생활 동안 이순숙 사장이 만난 여러 명사들의 인터뷰 및 여행기, 골프칼럼, 사람과의 만남과 인연에 대한 이야기 등을 싣고 있다.

골프기자 생활 35년을 해오며 한국 골프계의 산증인이 되다시피한 이순숙 발행인은 각 방면에 걸쳐 예리한 펜대를 구사한다. 구옥희, 박세리부터 최경주까지 세계 정상에 우뚝 선 프로골퍼들의 성장스토리와 뒷얘기도 있고, 아마추어 골프왕으로 한 때 이름을 떨쳤던 現 KGA 회장 허광수 등, 한국 골프계의 유명인들을 취재하며 예술적인 필자의 희로애락도 담겨 있다.

또한 이병철, 김종필 등 한국 골프 발전에 큰 기여를 한 이들과의 인터뷰를 통해 우리는 그들의 대단했던 골프 사랑을 확인할 수 있다. 이 책에는 그 외에도 골프계 전반에 걸친 다양한 주제들을 다룬 골프 칼럼과 자신의 어린 시절에 대한 추억 등 소박한 마음도 담겨 있어 특히 중장년의 인생기를 맞고 있는 골퍼라면 한 번 쯤 읽어보시라고 꼭 권하고 싶은 책이다.

창밖으로 실록이 우거지는 오월이다. 부르지 않아도 다가오는 계절에 누구나 설레는 오월이다. 이 좋은 계절에 이순숙 발행인의 〈생각의 겹〉을 읽으면서 쉼 없는 그녀의 뜨거운 인생열전에 어느 때보다 깊고 뜨거운 응원의 박수를 보내고 싶다.

이수성 전 국무총리

## 추천사

98년 US오픈에서 맨발의 투혼을 보여준 박세리를 기억하는가? IMF를 겪으며 어려운 경제상황에서 박세리 선수가 국민들에게 선사한 것은 용기와 희망이었다. 그 때의 명장면에서 전달된 벅찬 감동은 지금도 잊을 수 없다. 지은이 이순숙을 볼 때면 어김없이 그 때 박세리 열정이 떠오른다. 22년간 월간 골프헤럴드의 발행인으로, 35년간의 골프현역 라이터로 활동하는 여장부 이순숙의 열정은 과히 박세리에 뒤지지 않기 때문이다.

사회적 네트워크를 형성하는데 스포츠는 소통의 윤활유 역할을 하고 그 많은 운동 중에서 골프만한 운동은 없다. 그래서 골프는 제3의 언어이기도 하다. 월간지 발행인의 위치에 만족하지 않고 골프계 발전을 위해 물질을 쫓지 않고 헌신적인 노력으로 지난 35년간 골프기자로서의 현장감있는 다양한 이야기가 '생각의 겹'에 실려 있다. 이 책에는 35년간 변화된 골프 역사를 이해하기 쉽게 글로 정리해 놓았으며 다방면에 걸친 생생한 취재기와 칼럼들은 골프칼럼니스트로서의 그녀의 삶을 더욱 풍요롭고 값지게 했으리라는 생각이 든다.

하드웨어의 기술보다는 소프트웨어의 노련함으로 지금껏 현장에서 열심히 뛰는 그녀의 이번 단행본은 골프애호가로서도 환영할 일이다. 지은이 이순숙과는 원 아시아클럽과 NGO 단체 등에서 함께 봉사 활동을 해 오며 솔선수범과 헌신적으로 봉사하는 그녀의 삶을 보았기에 늘 멈춤이 없는 그녀의 도전정신과 추진력에 다시 한 번 뜨거운 박수를 보낸다.

## 추천의 글

말이 쉬워 35년이지. 그 긴 세월 동안 한 길을 고수하며 골프와 인생을 나누고 벗을 삼아 동무처럼 지냈을 그녀의 〈골프사랑과 예술사랑〉에 무한 진심이 느껴진다. 현장에서 만난 지은이 이순숙은 여전히 녹슬지 않는 관록과 상대를 이끄는 그녀만의 대화법과 역량 그리고 무엇보다 젊은이들에게도 뒤지지 않는 뜨거운 열정과 부지런함은 과히 배울 만하다. 늦은 밤에도 일에 파묻혀 책상에서 많은 시간을 보내는 그녀의 자세와 곧고 바른 가치관은 그녀를 참 된 골프칼럼니스트로 인정하는 이유이다.

부디 이 책이 골프를 제대로 이해하고 즐기는 올바른 골프 문화의 이해와 정착에 도움이 되기를 바라며, 지은이 이순숙의 '생각의 겹'을 통하여 마음을 다스리고 삶을 행복하게 하는 골프의 진면목을 통해 독자들 삶의 힐링을 느껴보길 바란다. 어떤 역경 속에서도 무너지지 않을 지은이 이순숙만의 열정에 다시 한 번 진심어린 박수를 보낸다.

2013. 5
前 고려대학교 총장 이기수

골프헤럴드 창간호 祝詩

**황 금 찬**

## 한 낮의 별이 지고

하얀 별이 되고 종달새가 되어
나르고 있다
푸른 잔디 위에
그림자로 그려지는 포물선

말 없이 따라가는
숭고한 마음
그림자가 멎어도 끝이 없다

지연을 날리듯이
우드로 공을 날린다
손끝에 머무는 강물소리

골프에는 승부가 없고
흰 별이 가슴에 지도록
소원이 있을 뿐이다

가고 오는 것이 아니다
푸른 허공에 떠 있다
지평선을 바라보듯
잠들지 않는 시름의 저편을 바라보고 있다

## 祝詩

거기 내려 앉아라
나의 백조여
유양호 붓을 잡듯
아이언 7번을 들고
마음에 남은 한 자의 글씨를 쓴다

별이 새벽 술잔에 지듯
조용히 내리는 이슬 꽃
경쟁을 버린다
투기도 버린다
승부도 버린다

이제 남은 것은
북악산의 인수봉
마음의 신의로 남아라
호수의 백조로 남아라
골프는 하나의 道인 것을

*유양호 : 새끼양의 보슬보슬한 털, 제일 좋은 붓

- 1991년 골프 헤럴드 창간호를 기념하여 밤을 지새워 쓰신
한국 최고의 원로시인이신 황금찬 시인의 창간 출시 -

골프와 함께 한 35년 그 현장의 살아있는 이야기

# 생각의 겹
## The layers of thought

이병철, 정주영, 이방자, 김종필, 강신호, 이어령, 조중건, 김운용, 이시형, 허광수, 정명화, 안성기 등의 인터뷰를 통해 본 어제와 오늘 그리고 내일. 그들의 치열했던 골프사랑과 예술사랑

| 머리말 | 서실 "필향"에서 / 이순숙 | 축하의 글 | 이수성 前 국무총리 / 前 고려대학교 총장 이기수 |
| 축 시 | 시인 황금찬 | | |

## Column — 015

| 2005.10 | 골프의 위대성 | 2009.02 | 문화란 인간과 인간을 연결해 주는 고리 |
| 2006.07 | 목표를 향한 열정과 용기 | 2009.03 | 김수환추기경의 위대한 흔적 |
| 2006.07 | 불굴의 개척정신, 구옥희 프로 | 2009.05 | 공무원 골프 금지령 유감 |
| 2006.08 | 고통의 미학 타이거 우즈와 소렌스탐 | 2009.08 | 나이는 숫자에 불과, 톰왓슨 |
| 2006.10 | 골프장 사업=성공적 수익은 옛말 | 2009.09 | 양용은, 한국 골프 역사 새로 쓰다 |
| 2007.02 | 無汗不成 후에 얻은 금메달 | 2009.11 | 난 예전에 어떤 광대였을까? |
| 2007.03 | 무관의 제왕, 골프칼럼니스트 | 2010.02 | 전통을 수繡놓는 아름다운 사람, 황수로 박사 |
| 2007.07 | 환상의 섬 濟州! | 2010.03 | 울고 웃는 스포츠의 향연 김연아 신지애 |
| 2007.08 | 욘족으로의 삶을 실천하는 최경주 | 2010.07 | 스포츠가 가진 힘 |
| 2007.09 | 장애인, 하는 방식만 다를 뿐 | 2010.10 | 한국 여성의 위대한 힘 |
| 2008.03 | 국산 골프용품 브랜드의 세계화 | 2013.05 | 박인비 프로 |
| 2008.07 | 부상투혼, 감동적인 한편의 드라마 | | |
| 2008.10 | 진정한 노블리스 오블리제 Nobless Oblige | | |

## Interview 사람들 이야기 — 071

| 정치와 함께 걸어온 녹색의 장정 김종필 前총리 | 사회를 치유하는 이시형 박사 |
| 한국의 지성 이어령 석학의 골프문화와 철학 | 내공이 깊은 국민배우 안성기 |
| 박카스 신화의 주인공 강신호 회장 | 골프에 대한 철학을 실천한 이병철 회장 |
| 골프외교관 대한골프협회 허광수 회장 | 추억 속의 현대그룹 회장 故 정주영 |
| 방송통신 위원장 이경재 | 세계적 거장 첼리스트 정명화 |
| 한국 체육을 세계무대로- 김운용 (前 IOC 부위원장) | 국가브랜드 위원회 이배용 위원장 |
| 조중건 회장의 골프 인생 & 경영철학 | '세계의 농촌신화' 김용복 회장 |

 이어령
 김종필
 강신호
 록키산맥
 이방자
 허광수
 타이거우즈
 남촌컨트리클럽
 박인비
 이시영
 정명화
 한솔미술관
 이경재
 안성기
 구옥희
 조견당

## Relation ——————————————— 139

하느님과 함께 한 인생여정(旅程)
중세 르네상스 음악과 함께 한 밤
이방자 여사의 칠보반지와 박용경 교장 선생님
어머니 생각
골프의 모든 것
골프는 예술이다
눈물 훔친 날
맥길로이

경주 최부잣집
한성컨트리클럽
원아시아클럽
하늘의 향기 침향
와인과 영화
미술관유람
여성의 힘은 위대하다

## Travel ——————————————— 199

'Italy'  아름다운 전통과 문화가 살아 있는 곳
'Canada'  자연의 비경 록키(Rocky) 신이 주신 선물
'Turkey'  동서양의 문화가 공존
'Korea'  고택에서 배우는 나눔의 정신 영월 주천 '조견당'
          울릉도, 새들의 고향 – 독도
'Japan'  여행 자연을 통해 나를 발견하는 시간
          여행 천혜의 자연 환경을 보존하는 일본인
'China'  민족의 성지, 백두산과 연길의 조선인들
          옌타이, 새로운 골프의 명소
'Vietnam'  그 순수함에 매료되다…
'Uzbekistan'  실크로드의 중심지, 사마르칸드
              겨울단상(斷想)
'Northern Lreland'  링크스 코스 북아일랜드의 추억
'Mongolia'  초원, 하늘, 구름, 별 바람의 땅 몽고

아들이 본 엄마 바보엄마, '이순숙의 골프풍경' 출판기념일 – 김신기

# Columns

Column ● Interview ● Relation ● Travel

2005.10 골프의 위대성

2006.07 목표를 향한 열정과 용기
2006.07 불굴의 개척정신으로 해외 첫 우승 장식 구옥희 프로
2006.08 고통의 미학 타이거 우즈와 소렌스탐
2006.10 골프장 사업=성공적 수익은 옛말

2007.02 無汗不成 후에 얻은 금메달
2007.03 무관의 제왕, 골프칼럼니스트
2007.06 환상의 섬 濟州
2007.08 온족으로의 삶을 실천하는 최경주
2007.09 장애인, 할 수 없음이 아니라 방식만 다를 뿐
2008.03 국산 골프용품 브랜드의 세계화

2008.07 부상투혼, 감동적인 한편의 드라마
2008.10 진정한 노블리스 오블리제 Nobless Oblige

2009.02 문화란 인간과 인간을 연결해 주는 고리
2009.03 김수환추기경의 위대한 흔적
2009.05 공무원 골프 금지령 유감
2009.09 나이는 숫자에 불과, 톰 왓슨
2009.09 양용은 한국골프역사 새로 쓰다
2009.11 난 예전에 어떤 광대였을까?

2010.02 전통을 수(繡)놓는 아름다운 사람, 황수로 박사
2010.03 울고 웃는 스포츠의 향연, 김연아 신지애
2010.07 스포츠가 지닌 힘
2010.10 한국 여성의 위대한 힘

2013.05 박인비 프로

# 골프의 위대성

2005. 10

> 골프는 경기도 재미있지만 모든 과정 속에 인생과 예술, 사랑이 담겨 있는 종합예술이다. 삶이 그렇듯이 골프에도 희로애락이 담겨 있다.

골프는 어느 스포츠보다도 한번 빠져들면 헤어나기가 어렵다고들 한다. 그만큼 재미있기 때문에 오랜시간 가까이 내려오면서 많은 사람들에게 사랑을 받고 있는 것이 아닐까.

삶과 죽음이 오가는 전쟁터에서도 골프가 있었다. 제 1차 세계 대전 때 영국 포로가 수용소에서 골프를 친 기록과 제 2차 세계 대전 때 독일군 포로와 영국병사들이 골프에 몰입했었다는 일화가 있다.

오래 전 외국잡지에서 읽은 이야기가 있다. 미국의 부유한 사업가가 마피아단에게 납치되어 트렁크 속에서 3일을 갇혀 있었는데 진작 풀려난 그는 생각보다 지쳐 있지 않아 이유를 물어본즉 트렁크에 갇힌 그 순간부터 자신이 처음 골프에 입문하여 라운딩 했던 골프장들을 머릿속에 일일이 그리며 홀마다 공략하고 있었다며 벌써 3일이나 지났냐는 이야기를 할 정도로 여유가 있었다고 한다.

죽음이 언제 닥칠지 모르는 상황에서도 골프는 그 공포를 이길 수 있게 도와준 것이다. 그만큼 집중력을 필요로 하는 스포츠이고 한번 빠지면 헤어나 올 수 없는 것이 골프의 매력인 것이다.

얼마 전 세계한상대회에 참가하기 위하여 고국을 방문한 재외동포 경제인 대부분도 타국에서의 외로움과 고독을 골프를 통하여 인내하며 사업을 성공적으로 이끌 수 있었다고 한다. 특히 멕시코에서 온 천세택 한인회 회장은 인종차별의 벽과 편견을 골프를 통한 사교로 극복하며 그 곳 골프대회에서도 두각을 나타냈다고 한다. 천 회장은 한국인들은 세계 어느 민족보다도 교육열이 뛰어나고 또한 골프 애호가가 많아 2세에게도 골프교육을 부단히 시키고 있다며, 이들 2세들에게서 장래가 촉망되는 세계적인 선수가 배출될 날이 머지 않았다고 말했다.

'모든 참다운 삶은 만남에서 시작된다' 는 마틴 부버의 말처럼 골프는 필드에서의 만남부터가 이미 대화의 시작인 사교적인 스포츠다.
나의 경우도 골프와의 만남을 통하여 사회 각계각층의 훌륭한 사람들과 교제를 갖게 되었으며 그것을 인생에서 가장 큰 행운으로 여기고 있다. 얼마 전에는 일본에서 성공한 갑부인 '마루한' 의 한창우 회장과 만남의 시간을 갖고 그가 고국의 경제발전과 골프발전을 위해 다각적 노력을 기울이고 있음에 감탄하였다. 전 세계 재외 동포들의 구심점이 되고 있는 그의 파워를 간파하면서 다시 한 번 '골프를 통한 만남' 의 보람을 느낀 시간이었다.

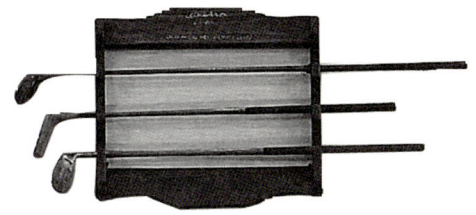

# 목표를 향한 열정과 용기

2006. 07

여름의 태양이 대지를 뜨겁게 달구던 지난 6월, 태양보다 더 뜨거운 월드컵의 붉은 열기가 온 나라를 달궜다.

2002년 4강의 신화를 이루며 이번 월드컵 역시 모두의 기대를 한 몸에 받은 태극전사들이었지만 아쉽게도 본선 16강 진출엔 실패하고 말았다. 하지만 마지막 순간까지 땀 흘리며 최선을 다하는 그들을 비난하는 이는 아무도 없었다. 스포츠를 대하는 팬들의 태도가 승리만을 바라던 예전과는 달리 더욱 성숙해졌음을 알 수 있는 대목이다. 성적은 지난 번과 비교했을 때보다 좋지 않을 지도 모르지만 그 내용은 더욱 알찼다. 비록 모두의 염원이 담긴 월드컵 16강 진출엔 실패했지만 골프, 특히 여자골프는 최고의 한 달을 보냈다.

> 승리는 그 어떤 이유로도 폄하할 수 없는 것이지만 승리보다 중요한 것은 목표를 향해 자신의 가능한 모든 것을 쏟을 수 있는 열정일 것이다.

한희원, 이선화, 박세리 세 선수는 3주간 연속으로 우승을 차지하며 미 LPGA 무대에 한국낭자들의 힘을 각인시켜 주었다. 이들의 우승 중 어느 것 하나 소중하고 값지지 않은 것이 없지만 2년 만에 부활한 박세리의 메이저 우승이 주는 의미는 각별하다.

## 박세리의 부활

구옥희라는 걸출한 선배를 필두로 불모에 가까웠던 LPGA 무대에서 박세리가 쌓아온 업적은 태극전사들의 월드컵 4강에 뒤지지 않을 만큼 값진 것이었다.

특히, IMF 경제 한파로 실의에 빠져있던 국민들에게 미국무대를 정복하는 그녀의 모습은 희망의 메시지로 다가왔다. 국민들은 마지막 18홀, 어려운 난관에 부딪힌 그녀가 침착하게 게임을 풀어나가는 모습에서 용기를 가질 수 있었다.

그렇게 위대한 업적을 쌓았던 그녀도 오랜 시간 슬럼프에 빠졌다. 무서운 속도로 승리를 구가하던 과거와 달리 2년의 시간 동안 단 하나의 승리도 채우지 못하며 방황하는 시간을 가졌다. 만약 우리가 그녀의 승리하는 모습에만 열광했다면 그녀의 부진에 비난만을 가하고, 관심을 잃었을 것이다.

그러나 사람들은 그녀의 승리만이 아닌, 그녀가 보여줬던 역전의 드라마를 기억했고 그녀가 전달해준 용기를 기억했다. 많은 골프팬들은 비난하거나, 조급해하는 대신 그녀가 과거처럼 스스로 일어나기만을 기다렸다. 그녀의 부진 소식에 안타까워하던 팬들의 모습은 단지 승리만을 원하는 것과 달랐다. 이번 월드컵에서 한국의 분패에 많은 이들이 안타까워하면서도 격려를 아끼지 않은 것처럼 골프팬들은 승리라는 겉모습보다, 그녀가 스스로 납득할만한 선전을 보이길 기대했다.

그리고 그 바람은 맥도널드 챔피언십에서 꽃을 피웠다. 메이저 대회 우승이라는 타이틀도 중요하지만 사람들이 정말 환호한 것은 마지막 연장승부에서 흔들리지 않고 자신의 플레이를 한 것에 있었다. 난관을 극복해 내는 그녀의 모습에서 사람들은 다시 90년대 말 자신들에게 용기를 선사하던 '요술공주 세리'의 모습을 확인할 수 있었다.

승리는 그 어떤 이유로도 폄하할 수 없는 것이지만 승리보다 중요한 것은 목표를 향해 자신의 가능한 모든 것을 쏟을 수 있는 열정일 것이다.

# 고통의 미학
# 타이거 우즈와 소렌스탐

2006. 08

태풍을 동반한 수마(水魔)가 온 국토와 온 국민의 마음에 커다란 상처를 남기고 지나갔던 2006년 7월, 미국과 영국에선 역경을 딛고 일어선 두 골프거인의 대역전극이 보는 이들에게 벅찬 감동을 선사했다. US여자오픈에서 오랜 시간 슬럼프에 허덕이던 애니카 소렌스탐이 펫 허스트와의 연장 18홀 라운드 끝에 무승의 아픔을 딛고 메이저 우승의 감격을 얻은 것이다..

그 전 해까지만 해도 절대적 강함을 자랑하던 그녀였지만 잇단 우승 실패에 따른 심리적 부담과 한국 여자선수들의 강한 도전에 부딪히며 여제의 아성이 흔들리고 있던 시기의 승리였던지라 더욱 값진 것이었다.

혹자는 경기에서 우승하지 못한 것을 슬럼프 혹은 고난이라 표현하는 것이 과장이라 여길지 모르지만 최고의 자리에 올랐던 사람이 주위의 기대에 부응하지 못하는 것은 짐작하기 어려운 고통일 것이다. 또한 더 이상 자신이 최고가 아닐지도 모른다는 자괴감은 서서히 자기 자신을 무너뜨릴 수도 있다. 이러한 부담에 당당히 맞서 싸워 승리한 소렌스탐의 성취는 골프팬 뿐 아니라 현실에 고통스러워하는 이들 모두에게 희망의 모습으로 떠올랐다.

소렌스탐의 부활에 이어 지난 2006년 타이거 우즈가 거둔 브리티시오픈 우승은 또 다른 모습으로 희망을 이야기한다.

우즈는 당시 아버지 얼 우즈를 병마로 잃으며 그 어느 때보다 힘든 시기를 보냈다.

아버지의 죽음 이후 절차부심하고 나온 US오픈에서 컷오프를 통과하지 못해 보는 이들의 마음을 안타깝게 했다. 아버지를 인생의 스승이자 친구로 여겼던 우즈였던지라 그의 부진은 생각보다 오래 갈 것이라는 전망이 우세했다. 하지만 우즈는 결국 모두의 예상을 깨고 US오픈에 버금가는 메이저 대회인 브리티시오픈에서 우승을 차지하며 아버지의 영전에 트로피를 바쳤다. 이미 메이저 우승을 10번이나 차지했던 우즈지만 이번 우승은 스스로도 감격스러웠는지 끝내 눈물을 흘리고 말았다. 그 후 우즈는 섹스 스캔들, 마약, 이혼 등으로 또다시 슬럼프를 겪고 있다. 그가 2006년 슬럼프를 딛고 일어났듯이 이번에도 강한 의지로 다시 필드에 서서 옛 모습을 되찾기를 기대해본다.

> 스포츠가 전달해주는 감동은 결코 선수 개인에 국한되는 것이 아닌 팬 모두가 공유하는 것이다.

우즈와 소렌스탐, 세계 남녀 골프계를 양분하고 있는 이 두 골프거인은 어려운 시기를 극복하는 모습을 통해 세계 최고의 선수임을 증명했다. 이것을 단순히 선수 개인의 영광이라는 차원으로 생각할 수 있겠지만 스포츠가 전달해주는 감동은 결코 선수 개인에 국한되는 것이 아닌 팬 모두가 공유하는 것이다.

많은 사람들이 스포츠를 각본 없는 드라마라 부른다. 하지만 드라마라는 것이 인생의 모방이라는 것을 생각하면 이는 적절치 않은 표현일 것이다.

자신 앞에 놓인 장애물에 절망하지 않고 뛰어넘기 위해 노력하는 과정은 인생 그 자체일 지 모른다.

# 불굴의 개척정신으로
# 해외 첫 우승 장식, 구옥희 프로

2006. 07

오늘날 미국과 일본에 우리나라 여자프로골퍼들이 대거 진출하여 세계의 유명 프로들과 각축을 벌일 수 있도록 발판을 만들어 놓은 것은 구옥희 프로의 불굴의 개척 정신이 없었더라면 가능하지 않았을 것이다. 구옥희 프로는 1983년 일본으로 진출하여 JLPGA에서 첫 승을 거둔 후, 미국으로 건너가 1988년 미국 LPGA '스탠더드 레지스터 핑' 대회에서 한국 선수로서는 처음으로 우승했다. 1978년 19세의 나이로 처음 골프를 시작 한 이래, 33년 동안 국내 대회까지 합쳐 44승(일본23승, 국내20승, 미국1승)을 기록하여 국내 최다승 기록 보유자이다. 또한 한국여자프로골퍼 명예의 전당 1호 헌액자이기도 하다.

이런 구옥희 프로의 화려한 경력과 맹활약이 젊은 후배 여자 프로들에게 우상이 되었기 때문에 우수한 젊은 골퍼들이 국위를 선양하면서 명예와 부를 얻기 위해 대거 프로골퍼의 세계로 진입한 것이다.

현재 55세의 백전노장 최장수 프로로 아직도 딸과 같은 후배들과 코스에서 경쟁을 하고 있다. 이러한 화려한 경력과 최고 최장수의 다이나믹한 힘은 어디서 오는지 질문을 던졌다. "프로에게 제일 중요한 것은 프로정신으로 무장을 하여야 하고 정신력에서 밀리면 경기에서 패배하기 때문에 심리적인 안정과 정신력이 가장 중요하다"고 말했다.

구옥희 프로는 불교신자로서 정신 수양과 마음을 다스리기 위해 하루 한 번씩 참선을 하면서 마음을 가다듬는다고 한다. 프로에게 제일 중요한 것은 체력이다. 매일 러닝과 스트레칭, 근육보완 운동 등을 하면서 체력을 다지고 있다. 다음으로 강조한 것은 집념이 있어야 모든 것을 성취할 수 있다는 지론이다.

변수가 가장 많은 운동이 골프라고 생각한다는 구옥희 프로는 골프는 스포츠 중에서도 제일 힘이 들지 않는 것 같은데, 역시 가장 어려운 운동이라고 말했다. 오늘 잘 되고 또 내일은 안 될 수도 있는 것이 골프다. 예측이 불가능한 '변수'가 항상 도사리고 있는 것이 골프의 장점이자 단점이라며 웃었다. 오랜 시간 골프를 쳐왔지만 꾸준히 연습을 하며 정상에 선 그 순간에도 마음가짐을 흐트러뜨리지 않는 모습에서 그녀의 프로정신을 볼 수 있었다. 우승의 순간은 화려해 보이지만 그 뒤에는 부단한 노력과 열정이 있다는 것을 느낄 수 있었다.

구옥희 프로는 후배들에 대한 애정 어린 충고도 잊지 않았다. 세계무대를 향하려면 선수도 국제화 되어야 한다며 로마에 가면 로마의 법을 따라야 하는 것과 같이 한국적인 사고로 행동하는 것은 득보다 실이 많다고 일침을 가했다. 또한 아마추어 선수들을 향한 조언도 들을 수 있었다. 아마추어가 골프를 잘 치려면 스윙을 컴백하게, 즉 단순하게 해야 한다는 것이었다. 골프에서 스윙플랜은 골프의 질을 좌우하므로 스윙을 단순하게 해야 좋은 기록이 나온다고 했다. 골프채도 너무 자주 바꾸면 골프 실력의 하락으로 이어지고 또한 돈 낭비라는 조언을 하기도 했다

TV중계 시 화면에 나오는 구옥희 프로의 얼굴을 보면 과묵하고 엄숙하며 카리스마가 강한 여자로 보이며, 눈은 예리하고 개성이 강해 보인다. 그러나 구옥희 프로에게서 골프라는 단어를 빼고 보면 그녀의 웃는 모습은 매우 여성적이고 순수하기까지 하다. 유명인에게서 흔히 볼 수 있는 거만함이나 오만함은 찾아 볼 수 없었다. 이는 지나온 역경과 도전, 인내로 점철된 인생 경로에서 쌓은 인생철학의 결과로 보인다.

앞으로의 계획을 묻자 좋은 사람이 나타나면 결혼도 하고 싶고 은퇴 후에는 골프 아카데미를 설립하여 후배를 양성하고 싶다고 밝혔다. 또한 불우한 소년소녀 중에서 소질이 있고 체격이 반듯한 가능성 있는 학생들을 뽑아 세계적인 선수로 육성하고 싶다고 했다.

# 골프장사업=성공적 수익은 옛말

2006. 10

2006년 대한항공의 초청으로 중국 옌타이의 골프장을 방문할 기회가 있었다. 최근 중국이 넓은 대지를 바탕으로 한국에선 전혀 경험할 수 없는 대형 골프장을 짓는단 이야기는 자주 접했지만, 실제로 본 중국의 골프장은 상상했던 것 이상의 규모와 코스로 강력한 경쟁력을 지니고 있었다. 실례로 여행 첫 날 방문했던 남산국제골프그룹은 남산국제골프클럽이 117홀, 남산동해골프클럽이 108홀을 소유하고 있어, 합치면 무려 225홀이라는 엄청난 규모를 자랑했다.

이처럼 넓은 코스에서 즐거운 마음일 수 없었던 것은 이 모든 장점이 그대로 국내 골프장과의 경쟁력으로 느껴졌기 때문이다.

최근 미국과 일본 골프장 도산이 남의 일이 아니라는 진단이 골프계의 각성을 촉구하고 있다. 골프헤럴드 지면을 통해 몇 번이나 밝혔듯 최근 입장객 수는 작년보다 늘어났지만 홀당 이용객 수는 오히려 0.3% 정도 줄어든 수치를 보이고 있다. 물론 여지껏 공급이 수요에 비해 턱없이 모자랐던 것이 사실이기에 이러한 수치를 시장의 정상화로 읽을 수 있다. 하지만 여기서 간과해선 안 될 사실은, 국내 골프장이 늘어나는 속도 이상으로, 중국의 골프장이 막강한 경쟁력을 가지고 탄생하고 있다는 점이다.

최근 제주도는 지난 해와 대비해 53만 명의 내방객이 늘었지만, 신설 골프장이 6군데나 늘어난 것을 감안하면 홀당 입장객 수가 급격히 줄어들었음을 알 수 있다. 이에 따라 제주도 내 골프장은 여행사를 통해 단체 팀을 유치하려는 노력을 기울이고 있다. 물론 이러한 결과엔 여러 가지 이유가 있겠지만 거의 비슷한 거리에 있는 중국의 골프장이 국내 주말골퍼들을 다수 유치하고 있음을 부정할 수 없을 것이다. 비록 언어 상의 불편함이 있지만 여러가지 조건을 놓고 볼 때, 중국의 골프장은 제주도의 골프장에게 커다란 위협이 되고 있다.

우리나라보다 먼저 골프장 산업이 꽃을 피웠던 미국과 일본의 경우를 보면, 미국은 한 해에 50개 이상의 골프장이 도산하고 있으며, 일본은 70%에 달하는 골프장이 적자에 허덕이고 있다. 물론 아직까지도 주말이면 부킹난이 심한 국내에서 골프장 도산을 이야기하는 것이 빠르게 느껴질 지도 모르지만 실제로 지금의 홀 당 이용객 감소 추이와 중국 골프장의 추격은 예상외로 강세로 작용하고 있다. 비록 가까운 수 년 안에는 생기지 않겠지만, 지금의 상황이 그대로 유지된다면 국내 골프장 역시 미국과 일본의 전철을 밟을 수 있는 것이다.

'평범한 사람은 자신의 실수를 통해 배워나가지만, 현명한 사람은 남의 실수를 관찰하는 것만으로도 올바른 방향을 배워나갈 수 있다.' 어떤 분야든지 발전의 가장 큰 저해요소는 안일함이다. '골프장 사업=성공적 수익'이라는 식의 안일한 사고를 그대로 유지해서는 해외로 눈을 돌리는 국내 골퍼들의 발걸음을 사로잡을 수 없을 것이다.

> '평범한 사람은 자신의 실수를 통해 배워나가지만,
> 현명한 사람은 남의 실수를 관찰하는 것만으로도
> 올바른 방향을 배워나갈 수 있다.'

모든 문제는 눈에 띄지 않을 만큼 미비할 때 해결하는 것이 현명한 방법이다. 그 문제가 가시적으로 뚜렷하지 않다고 해서 해결을 미루는 것은, 문제가 커질 때까지 방관하겠다는 말의 다른 표현일 뿐이다.

# 無汗不成 후에 얻은 금메달

2007. 02

한국골프 백 년의 역사 속에서 지난 1월 25일에 거행되었던 '대한 골프협회 정기 대의원 총회 및 골프인의 밤' 행사는 골프계에 큰 획을 긋는 뜻깊은 행사였다. 특히 총회가 끝난 후 진행된 '골프인의 밤' 행사에서는 국가대표선수들의 아시안게임 쾌거를 치하하는 축하연도 있었다.

이번 아시안게임의 결과는 하루 아침에 일어난 일이 결코 아닐 것이다. 그동안 한국 여자프로들이 미국무대에서 보여준 큰 활약상과 미 PGA무대에서 최경주 프로의 우승, 타이거 우즈를 꺾은 양용은 프로의 우승 등은 국가상비군들에게 큰 꿈과 용기를 심어 주기에 충분했다.

또한 이번에 획득한 금메달 뒤에는 선수들의 보이지 않는 피나는 노력과 땀이 있었다. 연간 140일 이상의 강도 높은 훈련 속에서 無汗不成(무한불성, 땀 없이는 이룰 수 없다)의 정신을 배울 수 있었고 결국 이러한 정신이 선수들의 우승을 이끌어 낼 수 있었다.

> 금메달 뒤에는 선수들의 보이지 않는 피나는 노력과 땀이 있었다. 연간 140일 이상의 강도 높은 훈련 속에서 無汗不成의 정신으로 이뤄낸 것

전 종목을 석권한 골프가 타 스포츠 종목에 비해서 국익을 더하는 유망 스포츠로 발돋움했음에도 불구하고 정부의 편협한 골프산업에 대한 정책은 골프의 발전을 저해하고 있다.

그래서인지 이 날 '골프인의 밤' 행사에서는 골프산업과 관련한 정부의 정책에 많은 질문들이 오고 갔다. 특히 중과세 문제로 인한 골프산업 전반의 피해에 관해 개선 청원서를 각 정부 부처에 내기로 결정하기도 했다. 청원사항으로는 특별소비세 폐지, 체육진흥기금 폐지, 골프장 재산세 인하, 골프장 내 원형 보존지의 종합 부동산세 인하, 코스조성 비용에 대한 부가가치세 환급, 골프장 취득세 인하 등이 있었다. 정부의 근시안적인 골프정책들이 조속히 해결되어 국민소득 3만불 시대로 진입하는데 일조해야 할 것이다.

현재 국내에서 골프를 즐기는 인구는 2007년 현재 400만 명으로 추산되며, 골프장 이용객 수는 2,000만 명으로 집계됐다. 골프는 대중스포츠로서 한 발씩 다가서고 있지만 지난 30년 간 묶여 있는 중과세 정책으로 인한 비싼 그린피(40%가 각종세금)때문에 국내에선 경쟁력을 잃어 해마다 100만 명 이상의 골퍼가 해외로 나가고 있는 실정이다. 이로 인한 외화유출이 1조 원을 넘고 있는 것으로 추산되고 있다. 국내 골프장들은 해외보다 더 좋은 시설을 갖추고 있음에도 불구하고 각종 세제로 인한 과도한 골프비용 지출로 너도나도 해외로 나가고 있는 추세이다.

따라서 정부는 골프로 유출되는 외화를 끌어들이기 위해서라도 국내의 골프산업을 육성시켜야 할 것이다. 올해 정부가 국가균형발전 정책기금으로 5조~6조원을 편성했다고 한다. 이번에 편성된 특별예산 속에 골프와 관련된 육성사업도 많이 진행되었으면 하는 바램이다.

# 무관의 제왕 골프칼럼니스트

2007. 03

지난 5일 한국골프칼럼니스트협회(KGCWA)가 창립되었다. 골프를 사랑하고 아끼는 마음으로 골프문화 향상에 앞장서고 골프산업 발전에 기여할 목적으로 창립된 한국골프칼럼니스트협회가 골프 발전에 중요한 구심점 역할을 할 수 있기를 기대해본다.

골프인구 만큼이나 양적으로 성장한 골프 미디어는 해를 거듭할수록 계속 증가 추세이다. 골프는 이러한 매체와의 결합으로 비약적인 발전을 이루어왔고 미디어의 영향력은 날로 커지고 있다. 이렇게 날로 증대되는 영향력에 따라 각 미디어의 책임도 막중해져야 한다. 그런데 이러한 양적 증가가 질적 향상으로 이어지지 못하고 있어 자성의 목소리가 높다.

> 미래의 코드는 문화다. 문화 없는 중제(中除)는 없다
> 이러한 문화를 이끄는 중심에 기자가 있기 때문에
> '무관의 제왕' 이라 불리우는 것

미디어의 역할이란 중립적인 자세에서 공정한 비판을 하는 것이다. 그러나 계속 넘치는 미디어 시장에서 제 본분의 의미를 벗어나는 경우가 종종 발생한다. 따라서 각 매체들은 본연의 자세를 찾아 신랄한 자기비판을 통해 바른 소리를 낼 줄

아는 미디어가 되어야 한다

이번 창립 총회에서는 한국 최초의 골프 기자 1호인 최영정씨가 참석해 자리를 빛내 주었다. 기자로서의 마음가짐과 자세를 본보기로 보여주고 있는 최영정씨의 공로패 수여에 큰 박수를 보낸다. 창립총회라 골프라이터의 참여가 적어 아쉬웠지만 해가 거듭될수록 실력 있는 골프라이터의 참여가 많아질 것이라 기대한다.

흔히 기자를 '무관의 제왕' 이라고 한다. 앞으로 다가올 미래의 코드는 문화다. 문화 없는 중제(中除)는 없다 이러한 문화를 이끄는 중심에 기자가 있기 때문에 '무관의 제왕' 이라 불리우는 것이다.

기자 생활을 시작한 지도 어느덧 29년이라는 세월이 흘렀다. '세계는 한 권의 아름다운 책에 이르기 위해 만들어졌다' 는 프랑스 시인 말라르메의 말을 숙명처럼 생각하고 골프기자 30년 외길 인생을 걸어 왔다. 어떤 이는 현직에서 물러나 여유를 즐길 때라 하지만 매달 완성된 한 권의 책을 발간할 때면 가슴이 설레고 골프장에 설 때면 온 몸에 전율을 느끼는 나는 여전히 현역일 수 밖에 없다.


시간이란 참으로 묘한 것이라 무엇이든지 변질시킨다. 사람은 시간이 지남에 따라 부패하는 생선처럼 되어서는 안되지만 초심을 잃고 손에 쥔 펜이 한쪽으로 기우는 경우가 종종 있게 마련이다. 특히 기자는 사물에 대한 눈초리가 날카롭고 매섭게 빛나야 한다. 그런 의미에서 이번 골프칼럼니스트협회의 발족은 반가운 일이다. 골프를 사랑하는 많은 이들에게 파수꾼이 되어 앞으로 가야 할 바른 길을 제시해 줄 수 있기 때문이다

# 환상의 섬, 濟州!

2007. 06

제주도는 한반도 서남단과 동중국해 북단에 위치한 한국 최대의 섬으로 120만년 전 화산폭발로 솟아오른 용암동굴만 100여 개가 넘는 것으로 추정되는 화산섬이다. 화산활동으로 인해 생긴 368개의 오름과 동굴은 자연이 빚어낸 위대한 작품으로 매년 많은 관광객들의 발길을 붙잡는다. 아울러 세계자연유산으로 등재되어 대한민국의 한 사람으로서 자랑스럽다.

이처럼 섬 전체가 하나의 유명 명소가 된지 오래인 제주는 사계절 내내 푸른 초원을 자랑하며 푸른 바다와 봄이면 만개하는 유채꽃 등 자연이 빚은 다양한 모습들로 찾는 이들을 즐겁게 해주고 있다.

특히 제주의 골프장들은 천혜의 자연환경을 살린 이국적인 풍경으로 내륙의 골프장과는 다른 환상적인 라운딩을 할 수 있는 기회를 제공한다. 그러나 이러한 환상적인 풍경에도 불구하고 제주도의 많은 골프장들은 적자를 기록하고 있다. 매년 취재 차 제주도를 방문하여

> 일본이나 대만 등 해외의 관광객들을 끌어들여 라운딩을 즐길 수 있는 관광상품을 개발하여 제주도 골프장이 가진 매력을 십분 발휘해야

골프장을 들르게 되는데 대부분의 골프장이 경영난에 허덕이고 있어 안타깝다. 2007년 현재 제주에서 운영중인 골프장 수는 모두 19개로, 골프 관광객을 고려했을 때 이미 초과 공급상태라 만성적자에 허덕이고 있는 가운데서도 골프장은 매 해 계속 증가 추세다.

먼저 이러한 문제가 생긴 주요 원인으로는 비싼 라운딩비를 들 수 있을 것이다. 빼어난 코스를 자랑하지만 국내의 골프 관광객들은 제주도보다는 중국, 일본, 동남아 등지의 값싼 골프장을 찾고 있다.

중국과 동남아의 골프장들은 무질서한 경기 진행과 언어에서 오는 불편함 그리고 낙후된 부대시설 등 제주도의 골프장과는 격이 다르지만 최저가 공세로 골프 관광객들을 유혹하고 있고 그 결과 상대적으로 비싼 제주도의 골프장은 외면 당하게 될 수밖에 없다. 결국 가격경쟁에 밀린 제주도의 골프장들은 매년 적자에 시달릴 수밖에 없게 된 것이다. 제주도의 골프장들이 라운딩 시 가격을 최우선으로 고려하여 현재 겪고 있는 경영난을 타개할 다른 방법을 심각하게 모색해 봐야 하지 않을까 생각한다.

가격인하가 불가피한 이유는 골프장에 대한 남다른 정부의 규제와 세금 때문이고 이는 결국 골프관광객들에게 외면 받는 결과를 낳게된다. 따라서 골프 관광객들의 발길을 돌리려면 먼저 가격인하가 되어야 할 것이고 가격인하를 실현시키기 위해서는 각종 규제완화와 더불어 세금의 인하 등 정부의 지원이 뒷받침되어야 할 것이다. 또한 이와 더불어 제주 골프 관광객 시장의 범위를 국내에서만 국한시킬 것이 아니라 일본이나 대만 등 해외의 관광객들을 끌어들여 라운딩을 즐길 수 있는 관광상품을 개발해야 할 것이다. 여행사들과 골프장이 함께 골프와 연계된 상품을 개발하여 제주도 골프장이 가진 매력을 십분 발휘 할 수 있도록 총력을 기울여야 할 것이다.

아름답지만 실속 없는 개살구 보다는 아름다움과 실속을 두루 갖추어 국내외의 골프 애호가들이 찾고 싶어하는 제주도가 되길 바란다. 바람, 여자, 돌의 삼다도(三多島)에서 골프장이 추가된 사다도(四多島)로 발돋음하길 기대해 본다.

# 욘족으로의 삶을 실천하는 최경주
(YAWANS, Young and Wealthy but Normal)

2007. 08

> 우승을 해야 하는 이유가 '더 많은 돈을 벌기 위해서'라고, 그리고 '많은 돈을 벌어야 하는 이유가 더 많은 사람을 돕기 위해서'라고 했던 그와의 인터뷰

최경주가 AT&T 내셔널대회에서 우승을 기록하여 고국의 많은 팬들을 흥분시켰다. PGA투어에서는 개인통산 6승째이며 아시아 선수로는 최다승의 영예를 차지한 것이다. 그리고 이번 우승의 쾌거는 메모리얼 토너먼트에서 우승한지 한 달만에 기록해 더욱 의미가 있는 경기였다.

우승 상금만 108만 달러에 달했던 이번 대회의 우승을 통해 프로 데뷔 처음으로 시즌 상금 300만 달러를 돌파하는 겹경사를 누린 것이다 마지막 라운드 17번 홀 (파4)에서 두번째 샷을 벙커에 빠뜨렸으나, 타이거 우즈도 극찬한 그림같은 벙커샷으로 위기를 우승의 기회로 바꾸어 놓았다. 이 그림 같은 버디 샷은 구경 중이던 많은 갤러리들의 탄성을 자아냈다.

지난 2004년 美PGA투어 컴팩클래식에서 선두로 나섰을 때 그의 우승을 점치는 사람은 아무도 없었다. 하지만 모두의 예상을 뒤엎고 KPGA의 위상을 전세계에 알리는 위업을 달성한 것이다. 컴백클래식에서의 우승은 미국 진출 3년만에 거머쥔 쾌거였다.

최경주는 1999년 미국으로 진출한지 1년 만에 바늘 구멍 통과하기 만큼 어렵다는 퀄리파잉스쿨에 꼴찌로 턱걸이 하며 시드권을 획득하였으나 상금랭킹 134위

를 기록하며 다시 퀄리파잉스쿨로 떨어지는 패배를 맛보기도 했다. 하지만 그러한 불운이 오히려 그의 오기를 발동시켰고 지금의 최경주를 만들었던 것이다. 이른 새벽 눈을 뜨고 일어나면 잠자리에 들때까지 오직 골프만을 생각했고 이를 갈며 재기에 성공해 2001년 드디어 시드권을 따냈다.

그는 '연습만이 최고의 스승' 이라는 진리를 스스로 되뇌이며 세계의 강호들 틈에서 주눅들지 않고 최선을 다하는 모습을 보여주었다. 그리고 마침내 미국진출 3년 만에 값진 우승을 따냈다.

'시작은 미약하였으나 나중은 창대하리라' 는 성경의 말씀처럼 그는 열악한 환경 속에서도 절대 포기하지 않고 치열한 자신과의 싸움을 계속하면서 성공을 위해 불철주야(不徹晝夜)로 노력한 것이다.

1970년 전라남도 완도에서 태어난 그는 어린 시절부터 운동에 남다른 소질을 보였다고 한다. 초등학교 시절에는 축구와 씨름을 하면서 누구보다 강한 체력을 키웠고 중학교 시절에는 역도선수로 활동하던 중 고등학교 시절 체육선생님의 눈에 띄어 골프에 입문하게 된 것이다. 이처럼 다른 유명 프로선수들과는 달리 어릴적부터 골프를 배우지 않았기 때문에 핸디캡을 줄이고자 오로지 지독한 연습으로 그 한계를 뛰어넘었다. 이러한 끊임없는 노력은 1988년 프로데뷔(당시20세)후 국내대회를 휩쓸면서 결국 미국 무대까지 진출하여 활발한 활동을 보여주고 있다.

그는 최고 골퍼일 뿐 아니라 비제이 싱도 혀를 내두를 정도의 연습벌레다. 또한 최경주 프로는 자신이 힘들게 얻은 부를 '최경주 복지재단'을 통해 아낌없이 베푸는 모습으로 많은 골프 팬들과 골퍼들에게 귀감이 되고 있다. 기회가 있을 때마다 일상 속에서 실천할 수 있는 나눔과 봉사활동을 실천하는 그에게 어찌보면 우승상금은 신이 주신 선물일지도 모른다는 생각이 든다. 우승을 해야 하는 이유가 '더 많은 돈을 벌기 위해서' 라고 그리고 '더 많은 돈을 벌어야 하는 이유가 더 많은 사람을 돕기 위해서' 라고 했던 그의 인터뷰가 떠오른다.

세계적인 대문호 헤밍웨이가 노벨상으로 받은 상금을 전액 성당에 기부하면서 '당신이 무엇을 소유했음을 알게 되는 것은 그것을 누군가에게 주었을 때이다" 라는 말을 남겼다. 최경주 프로도 골프를 통하여 삶의 중심을 혼자 사는 삶이 아닌 더불어 사는 삶 쪽으로 옮겨 놓은 것이다. 자신이 힘들게 얻은 성공으로 자신의 부와 명예를 키우는 것이 아니라 남들과 다를 바 없는 평범한 삶을 살아가면서 자선사업을 실천하는 욘족(YAWANS, Young and Wealthy but Normal)의로의 삶을 보여주는 것이다.

이유 없는 승리는 없다. 값진 승리 뒤에는 이유가 있는 것이다. 그것은 바로 최경주 선수가 세계무대 우승이라는 꿈의 실현을 위해 흘렸던 눈물과 피땀어린 노력의 결정체일 것이다.

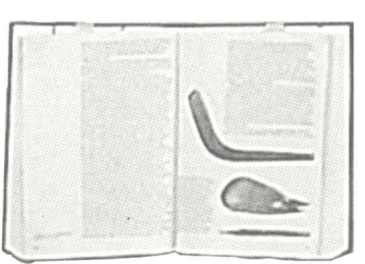

# 장애인, 할 수 없음이 아니라 방식만 다를 뿐

2007. 09

'장애는 불편하다. 그러나 불행하지 않다?'
태어난 지 2년도 안 되어 발병한 열병으로 인해 시각, 청각, 언어 장애를 얻었지만 스스로의 노력으로 장애를 딛고 각종 사회사업을 활발히 벌여 장애인들에게 희망과 용기를 불러 넣어준 위대한 헬렌켈러 여사의 말이다. 또한 루게릭 병으로 인해 온몸이 마비된 스티븐 호킹 박사는 육체적 장애를 딛고 정신만으로 우주에 관해서는 누구도 따라 올 수 없는 세계 최고의 우주박사가 되었다. 이 밖에도 '오체불만족'의 저자 오토다케 히로타는 사지가 없음에도 불구하고 비장애인들보다도 더 활발한 활동과 삶을 보여주어 사지가 멀쩡함에도 무기력한 인생을 살아가는 사람들에게 따끔한 경종을 울려준 바 있다.

이처럼 장애를 안고 있어도 보란 듯이 역경을 이겨내고 훌륭한 일을 해내는 장애인들이 많다. 육체를 써야 하는 스포츠의 경우, 장애인들이 즐기기에는 무리라 생각하지만 비장애인들과 룰과 방식만 다를 뿐 그들도 스포츠를 즐길 수 있고 오히려 더 잘해 낼 수 있음을 보여주기도 한다.

이러한 장애인들의 스포츠에 대한 열정은 골프도 예외는 아닌 것 같다. 지난 2007년 9월 24일 국내 최초로 장애인을 위한 골프대회가 인천에서 개최되어 장애인은 골프를 칠 수 없다는 편견을 무너뜨렸다. 이번 대회는 지난 2004년부터 골프를 사랑하는 장애인들과 비장애인들의 열정과 노력으로 결실을 맺게 되었으며 특히 사단법인 H2O(회장 홍성은)는 장애인들이 골프장에 입장할 수 없는 현실을 안타까워 하며 장애인과 일반 남녀노소가 함께 즐길 수 있는 게임인 장애인골프(DPGA)를 시작할 수 있도록 아낌없는 지원을 해 주고 있다. 이와 함께 대한장애인골프협회에 대한 관심과 함께 결성하여 발전시켰다. 아직까지는 장애인이 골프를 친다는 소리에 의아해 하는 사람들도 많지만 현재 장애인 골프 동호인은 500여 명에 육박하고 있으며 전국 장애인 체육대회에서도 장애인 골프가 정식 종목으로 채택될 예정이라고 하니 이제 골프도 더 이상 비장애인만의 전유물이 아니다.

> 비장애인들과 룰과 방식만 다를 뿐 그들도 스포츠를 즐길 수 있고 오히려 더 잘해 낼 수 있음을 보여주기도 한다.

장애인 골프는 일반 골프와는 내용과 방식이 다를 뿐더러 목발을 짚거나 휠체어를 탄 장애인도 칠 수 있도록 클럽이 만들어졌고 비장애인들의 도움을 받으면서 칠 수 있도록 하여 장애인과 비장애인의 어울림을 자연스럽게 유도할 수 있도록 골프룰과 방식이 개발됐다. 베어크리크 골프장(회장/유종욱)에서는 매년 시작장애인 골프대회를 개최하고 있으며 세계 30개국 100여 명의 국회의원이 참여하는 국제사회봉사의원 연맹은 한국에서 시작한 장애인 골프(DPGA)를 세계에 알리고 권장하기 위해 이번 인천대회에 참석해 특별한 관심을 보였다. 이번 장애인 골프대회를 통해, 방식과 룰을 조금만 변경한다면 골프는 장애인들도 즐길 수 있는 훌륭한 스포츠가 될 수 있다는 것을 보여준 뜻 깊은 대회였다.

# 국산 골프용품 브랜드의 세계화

2008. 03

지난 1월 캘러웨이를 필두로 나이키, 테일러 메이드, 아쿠쉬네트 등 세계적인 골프용품브랜드가 앞다투어 신상품 발표회를 열었다. 하지만 국산골프용품 브랜드는 아예 찾아볼 수 없었다. 이러한 상황에서 지난 2월 22일, 'JAPAN GOLF FAIR 2008' 취재차 골프용품협회 회원들과 함께 동경을 방문했다. 동경골프용품 박람회(JAPAN GOLF FAIR 2008)는 올 한해 전 세계 골프용품 업계의 트랜드를 보여주는 아시아 최대규모의 골프용품 박람회로 올해도 총 200여 개의 업체가 참여해 골프 관계자들의 시선을 사로잡기 위한 뜨거운 경쟁을 벌였다. 그러나 이곳에서도 유감스럽게 국산골프용품 브랜드는 거의 찾아볼 수 없었다.

> 하나의 '브랜드'를 만들기 위해서는 사회, 정치, 경제, 문화 등의 복합적인 요소를 고려하여 만들어야 한다는 것이다. 글로벌화가 가속화되는 시점에서 기업들은 이제 단일 브랜드만으로 세계시장에서 의사소통을 해야 한다.

최경주, 박세리와 같은 자랑스러운 세계 최고의 프로골퍼를 보유하고 있는 대한민국이지만, 골프용품 산업에서는 외국 메이져 골프용품회사들에 밀려서 접근조차 하지 못하는 현실이다.

철옹성으로만 느껴지는 대형 메이져 골프용품회사들이 있다고 해서 골프용품산업을 이대로 포기해야만 하겠는가? 포기하기에는 너무나 아쉬운 시장이 아닐까?

작년 한 해 골프장을 찾은 인구만을 보더라도 2천만 명이 넘을 정도로 한국은 골프 대중화에 한 걸음 다가섰다. 특히, 새 정부 출범 이후 골프에 관련된 각종 세금이 완화될 전망이어서, 골프인구도 더욱 늘어날 것으로 예상된다. 하지만 모든 골퍼들이 국산 골프용품을 외면하고 해외 골프 용품만을 사용한다고 생각해 보자. 이런 상황에 대해서 대한민국 골프 매체 관계자로써 한번쯤 깊이 생각해봐야 하지 않을까 생각된다.

해당 스포츠 분야의 산업이 육성되지 않은, 스타플레이어만 있는 스포츠 강국은 내실이 없는 허울 좋은 記事거리에 불과할 뿐이다. 한국은 세계적인 골프 스타플레이어를 많이 탄생시킨 나라다. 박세리, 최경주, 신지애, 미셸위 등. 그렇다면 세계 정상급의 프로선수를 뒷받침해 줄 수 있는 국내골프 산업도 발전하여 함께 세계 속에 동반성장하는 모습을 보여준다면 대한민국은 훨씬 저력있는 골프 강국으로 부각되지 않을까?
'애국심'에만 기대어 국내 프로골퍼들에게 성능이 떨어지는 골프채를 쥐어주고 좋은 스코어를 얻으라고 말할 수는 없을 것이다. 이 점에서 더욱 안타까운 것이 국산 골프용품이 세계 메이저 용품에 비해 제품이 손색이 없음에도 불구하고 대다수 프로골퍼들이 국산 골프용품을 외면한다는 사실이다.

그렇다면 보다 더 근본적인 문제가 무엇인지 생각해보아야 한다. 골프가 아닌 다른 산업 분야에서는 당당히 국산 브랜드를 걸고 세계 메이져급 회사들과 싸워서 이기는 현실이 존재하기 때문이다. "소비자가 제품 내부까지 들여다보기는 어렵습니다. 그러다 보니 일정수준 이상이 되면 기술이나 기능보다는 디자인이나 브랜드가 더욱 중요해지게 됩니다." 마틴 롤 벤처리퍼블릭 대표의 말이다. 덴마크 출신인 그는 '아시아 글로벌 브랜드라'는 책을 펴낸 세계적인 브랜드 컨설팅 전문가이다. 롤 대표 또한 현재 한국기업에 가장 아쉬운 게 브랜드라고 지적했다. 모 신문기사에 따르면 같은 품질의 제품일지라도 국가브랜드에 따라 느끼는 가치에 많은 차이가 있다고 한다. 독일이나 미국 등의 선진국 제품이 중국이나 인도 등의 개발도상국 제품보다 심지어는 2배 이상의 가치가 있다고 느낀다고 한다.

이처럼 브랜드는 그 이름만으로 '품질'을 보증해준다. 소비자가 제품을 구입할 때 일단 사용해 보기 전까지는 그 브랜드만을 믿고 구입하는 것이다. 또한 이러한 구입에 만족을 느꼈을 때, 다시 재구매로 이어지며 그 브랜드에 대한 충성도 또한 높아지는 것이다.

기술적인 품질 측면에서는 차이가 없다는 것이 증명되었음에도 불구하고, 국산 용품이 맥을 못 추는 이유는 바로 브랜드의 가치가 없기 때문이다. 강력한 브랜드를 만들기 위해서는 어떠한 노력을 해야 할까. 먼저 '브랜드 약속'을 통한 품질과 고유성을 유지해야 한다. 아무리 잘 만든 제품 일지라도 '브랜드'가 그 제품에 대한 이미지를 잘 전달해 주지 못한다면 팔리지 않는 제품이 된다.

또한 이러한 '브랜드'를 통해 의사소통이 잘 되었다고 해도 품질과 고유성에 대한 약속을 지키지 못한다면 단기적으로 유통되는 브랜드로 끝날 것이다. 따라서 '브랜드'가 소비자에게 약속한 것은 제품과 서비스를 통해 반드시 전달해야 한다. 또한 '브랜드'에 대한 꾸준한 투자가 진행되어야 한다.

이는 하나의 '브랜드'를 만들기 위해서는 사회, 정치, 경제, 문화 등의 복합적인 요소를 고려하여 만들어야 한다는 것이다. 글로벌화가 가속화되는 시점에서 기업들은 이제 단일 브랜드만으로 세계시장에서 의사소통을 해야 한다.
코카콜라와 맥도널드와 같이 성공한 글로벌 브랜드들을 살펴보면 브랜드 그 자체의 성공에서 끝나는 게 아니라 글로벌 커뮤니티와 문화의 연결 고리로도 작용하는 것을 알 수 있다. 따라서 국내의 기업들도 세계 어디서나 통할 수 있는 브랜드 개발에 투자를 게을리 해서는 안 될 것이다.

아울러 더 나아가 이러한 기업 브랜드의 가치 상승은 곧 국가 브랜드의 가치 상승으로 이어진다. 마찬가지로 국가 브랜드 또한 기업 브랜드에 직결되므로 기업과 국가 모두 브랜드 가치를 높이도록 노력해야 할 것이다. 그리고 기업 브랜드가 되었든 국가 브랜드가 되었든 이러한 브랜드의 가치 상승은 단시일 내로 이루어지는 것이 아님을 알고, 꾸준한 노력을 해야 할 것이다. 그래야 일본이 자국 브랜드 클럽을 쓰면서 자부심을 느끼는 것처럼 우리도 그렇게 될 수 있다.

이처럼 기업의 자구적인 노력이 있은 후, 골퍼들에게도 애국심에 호소하여 한 번쯤 사용해 달라고 말 할 수 있을 것이다. 강하고 신뢰받을 수 있는 국산브랜드가 구축이 되면 그들 스스로가 먼저 국산용품을 찾을 것이다. 그리고 무엇보다 중요한 것은 그렇게 사용하게 된 국산 클럽을 다시 손에서 떼놓지 않게 만드는 일일 것이다.

# 부상투혼, 감동적인 한편의 드라마

2008. 07

세계 4대 메이져 대회 중 하나인 US오픈 챔피언십을 가장 인상 깊게 본 것은 2008년 대회다. 당시 골프황제 타이거 우즈가 부상을 무릅쓰고 역전, 재역전, 동타, 연장 그리고 서든데스까지 91홀을 돌며 우승을 일궈냈다. 장장 91홀 동안 펼쳐진 감동의 드라마를 새벽까지 관전하면서, 우즈가 일궈낸 우승보다는 그의 집념을 보며 과연 위대한 선수라는 것을 느꼈다. 지금은 우즈의 이미지가 많이 실추되었고 실력 또한 저조해서 못내 안타깝지만 당시 타이거 우즈는 그야말로 골프 천하를 호령하던 때였다.

우리는 많은 스포츠 경기에서 부상에도 불구하고 집념을 불태우며 우승을 하는 경우를 종종 볼 수 있으며 스포츠가 만들어 내는 이러한 인간 드라마는 영화나 소설 속에서도 미화되어 우리에게 진한 감동을 선사해 준다.

농구 황제인 마이클 조던도 NBA결승전에서 심한 독감이 걸린 상태에서 팀을 우승으로 이끌며 농구 팬들에게 절절한 감동을 불러 일으켜 황제로서의 면모를 보여주기도 했다.

이러한 부상투혼은 경기를 그저 관전만 할 뿐인 관객들에게는 카타르시스를 선사해주지만 정작 경기에 직접 임하는 선수 그 자신에게는 먼 미래를 바라볼 때 사실 그다지 이로울 것이 없다. 물론 어느 스포츠에서나 부상에도 불구하고 우승을 하면 그 우승은 더 값진 우승으로 이슈화되어 사람들의 뇌리 속에 기억되곤 한다. 하지만 잠시의 영광을 위해 앞으로 남은 선수생명까지 포기해 가며 경기를 이끌어서는 안 될 것이고 주변에서 이를 종용해서도 안 된다고 생각된다. 물론 가벼운 부상 정도라면 정신력으로 극복해 좋은 성적을 이끌어 내 선수 자신에게 좀 더 강한 정신력을 갖게 되는 기회가 될 수도 있겠으나 심한 부상에도 불구하고 경기를 치르다가 혹시라도 악화되는 경우 선수들에게 있어서 그 영광은 '찰나의 영광' 뿐인, 깊은 상처가 될 것임이 분명하기 때문이다.

이러한 부상투혼을 불러오는 중요한 요소인 경쟁심은 스포츠 선수로서 반드시 갖추어야 할 필수적인 요소이겠지만, 자칫 지나친 경쟁심이 선수 그 자신들마저 해칠까 두렵다는 생각이 들기 때문이다. 우리나라와 같은 경우에는 특히나 스포츠 경기의 성적이 곧 국가의 위상을 상징한다는 믿음 때문에 부상투혼을 미화시키는 경우가 많다. 이로 인해 많은 선수들이 부상을 당해도 주변에서는 '쉬도록 해라' 라는 말보다는 '어디 한번 해보자' 라는 식으로 경기에 참여할 것을 유도하고 있고 선수 자신들도 반드시 경기에 참여해야 할 책임감을 느끼고 있다

물론 모든 스포츠 경기에서 선수들이 부상에도 불구하고 값진 우승을 기록한 후, 부상이 완쾌된다면야 錦上添花이겠지만 드라마나 영화 속이 아닌 실제의 인생이란 것은 영화 속의 인생처럼 해피앤딩으로만 끝나긴 어렵다는 데에 문제가 있다.

많은 국제경기에서 국가대표 선수들이 예기치 않은 상황과 결과들을 우리에게 선사해 줄 것이다. 극적인 결과를 위해 부상을 마다하고 뛰는 선수들도 있을 것이고, 관객은 그저 박수만을 보내줄 수 있을 뿐이다. 그러나 진정한 스포츠라는 것이 '건강한 정신'과 '건강한 육체'에 있다고 한다면 선수 자신들을 위해서나 먼 미래의 스포츠 발전을 위해서나 부상투혼만큼은 막아야 하지 않을까 생각해 본다.

또한 타이거 우즈의 부상투혼을 보며 뭉클거리는 뜨거운 심장을 느꼈지만 다른 한편으로는 이를 극적으로 보도하는 언론과, 이를 지켜본 언론인의 한 사람으로써 안타까움을 가져 본다.

# 진정한 노블리스 오블리제

2008. 10

노블리스 오블리제란 경제적으로나 지위적으로 상위를 차지하는 사람들이 가져야 할 사회적 책임과 의무를 뜻하는 말이다. 이 어원은 유럽에서 기인했는데 당시 귀족 상류층들이 존경을 받고 명예를 유지하기 위해서는 평민층에게 더 베풀고 솔선수범해야 한다는 데서 나온 정신이다.

현대는 예전처럼 계급이 나뉘어져 있는 이분법적인 사회는 아니지만 그래도 사회 구조상 가진 자와 못 가진 자의 편차는 제법 크게 나타난다. 현재의 노블리스 오블리제란 예전의 귀족들처럼 전쟁이 나면 먼저 앞장서야 한다든지 평민의 삶을 두루 보살피는 아량을 베풀어야 하는 등의 거창한 개념이 아니다. 자신의 노력으로 일궈낸 돈이나 지위는 마땅히 누려야 할 권리이다. 하지만 사회적인 영향력이나 위치를 감안 할 때 책임을 인식하고 있는 사람들은 자신의 재산 일부를 사회로 환원하는 자선과 기부사업에 관심과 지원을 아끼지 않는다.

투자의 귀재로 불리우는 워렌 버핏은 3백 70억달러(한화37조원)를 사회로 환원하겠다고 밝혔는데 이는 자신이 가진 전 재산의 85%에 해당하는 금액이자 역대 기부 액수 가운데 가장 큰 액수이다. 사후로 예정되었던 환원시기를 앞당긴 그는 금액의 일부를 절친한 친구인 빌 게이츠 소유의 자선단체로 기부할 예정이라고 하였다. 빌 게이츠 자신도 이제부터는 자선 사업에 전념할 것이라고 선언한 바 있다.

미국에서 가장 영향력 있는 언론인 중 한 명이자 토크쇼의 여왕인 오프라 윈프리는 평소 자선사업뿐만 아니라 자신의 친구들과 함께 어려운 사람을 돕는데 앞장서고 있다. 자신의 토크쇼를 이용해 소외계층의 이야기를 소개하고 이슈화시키며 미국 연예 스포츠계 유명인사 가운데 가장 많은 기부금을 내 자선왕에 올랐다

우리나라에서도 많은 자선 사업과 기부 문화가 이루어지고 있지만 미국, 영국이나 여타 선진국에 비해서는 열악한 환경이다. 바람직한 기부 문화가 조성되기 위해서는 기업이나 단체의 활발한 활동과 이를 뒷받침하는 제도적인 장치가 필요하다. 현재 우리나라에서도 기부금이 세금공제 대상이기는 하지만 아직도 많은 기업인과 갑부들이 기부에는 별다른 관심을 보이지 않는다.

골프계에서 기부를 많이 하기로 유명한 선수는 최경주 프로이다. '탱크' 라는 그의 별명답게 선행도 확실하고 강한 그는 불우 아동을 위한 지원금, 이재민 돕기, 기아대책 위원회 모금, 사랑의 버디 기금, 장애인을 위한 행사 참가 등 자신이 거둬들인 상금의 일부를 사회로 환원하는데 적극적이다.

축구선수 홍명보도 다른 선수들과 함께 자선 축구대회를 주최한 바 있고, 매 년 연예인들의 자선 행사와 콘서트 등을 통한 성금모금도 늘어가고 있다. 각자 자신의 분야에서 자신이 할 수 있는 일로써 사회에 기여하고 있는 것이다.

기부라는 것은 있는 자가 없는 자에 대한 우월한 동정심이나 주위의 시선을 의식한 허례허식이 아닌 작은 것도 함께 나누고자 하는 따뜻한 마음이어야 한다고 생각한다. 각자 맡은 바 본분을 다하며 자신의 위치에서 할 수 있는 봉사와 나눔이야 말로 진정한 노블리스 오블리제를 실천하는 길이다.

# 문화란 인간과 인간을 연결해주는 통로

2009. 02

> 문화란 것은 하루 아침에 이루어지는 것이 아니다. 선조들의 옛 것 위에, 후손들의 땀과 노력이 있을 때, 비로소 형성하며 그러한 문화 속에서 예술이 탄생되고, 진정한 가치들이 창조된다.

여행을 떠난다는 것은 메마른 일상에 경직되어 버린 영혼을 해방시키기 위한 신선한 탈출이다.

지난 30년 간, 글을 쓰는 직종에 종사하면서 가장 축복받은 일을 꼽으라면 바로 신선한 탈출을 다른 이들보다 많이 경험할 수 있는 기회를 가졌다는 것이다. 취재를 위한 목적으로 국내 뿐 아니라 세계 여러나라를 다닐 수 있는 많은 기회를 얻을 수 있어서 행복했다.

이러한 여행은 나에게 있어 호기심을 자극하는 해방의 통로요, 미지의 세상에 대한 탐구였다. 가보지 않은 곳으로의 여행은 그동안 경험해보지 못했던 색다른 문화를 경험하게 해주고, 여행지의 풍물, 풍습, 그리고 자연환경을 바라보고, 느끼면서 세상의 안목을 넓혀주는 한편, 세상을 바라보는 깊은 혜안을 갖게 해주었다. 또 하나, 여행을 통해 얻은 선물이 있다면 그것은 골동품과 미술품을 수집하는 즐거움을 얻게 되었다는 것이다.

취재 차, 글을 쓰기 위해 여행을 떠나면 으레 시간을 쪼개어 그 지역의 박물관이나 미술관을 찾아가 보려 애쓴다. 이 같은 행위가 오랜 시간 지속되다보니 골동품과 미술품을 수집하는 것이 취미가 되어버린 것이다. 비록 고가의 골동품과 미술품은 아닐지언정 가끔 벅찬 삶에 지칠 때면 내 수집품들을 바라보곤 하는데, 그럴 때면 힘든 감정이 누그러지면서 새로운 에너지가 생기는 것을 경험하게 된다. 이렇듯 옛 기운이 감도는 골동품과 미술품을 감상하는 일은 나에겐 마치 오랜 친구를 만나는 일처럼 신나는 일이 된지 오래이다.

'친구(수집품)'들을 소개해 보자면, 1994년 미국 세인트 폴에서 만난 히꼬리 나무로 된 아이언 클럽과 1989년 북아일랜드 벨파스타 방문시, 그곳의 골동품 시장에서 구한 초창기의 골프공이 있다. 아울러 내 곁에 있진 않지만 기회가 되어 만날 때마다 힘을 주는 '친구'들도 있다. 매년 일본 동경의 빅사이틀에서 열리는 골프용품쇼에 취재차 참관하면서, 우에노 미술관을 찾는 것이 당연한 일이 되어 버렸는데 그곳에서 만난 로댕의 대표적 작품인 '생각하는 사람'과 '포옹', 그리고 렘브란트, 밀레의 작품들이다.

한편, 작년 베이징 올림픽 취재 차 중국을 방문하였을 때에는 중국의 가장 큰 골동품 시장인 차오양구의 판자위안을 찾았는데 그 곳에서 중국의 오랜 역사를 다시금 확인하며 '판자위안'은 나의 새로운 '친구'가 되었다 언제든 베이징을 방문할 일이 있으면 난 꼭 그 친구를 다시 찾아갈 것이다.

이러한 세계각국의 친구들을 만날 때마다 나는 제각각의 독특한 색을 가진 각 나라의 문화에 대해 공부하곤 한다. 문화란 것은 하루 아침에 이루어지는 것이 아니다. 선조들의 옛 것 위에, 후손들의 땀과 노력이 있을 때, 비로소 형성되는 것으로 과거의 인간과 현재의 인간을 연결해주는 통로가 된다. 그리고 그러한 문화 속에서 예술이 탄생되고, 진정한 가치들이 창조되는 것이다.

올해 대한골프협회 정기대의원총회에서 골프 박물관을 세운다는 기쁜 소식을 접했다. 이는 국내에 골프가 도입된 지 100년이 넘는 역사를 지녔으나 아직도 이러한 역사를 설명해줄 번듯한 박물관 하나 없다는 것에 대한 반성의 결과물이다. 사실, 안양베네스트 CC의 클럽하우스에 故 이병철 회장의 수집으로 오래된 클럽과 골프백 등이 비치되어 있으나 박물관으로 불리기엔 왜소한 것이 현실이고, 세계 속에서 빛나는 명플레이를 보여주고 있는 한국 프로들의 위상을 생각해서라도 골프 박물관 설립은 하루라도 빨리 이루어져 한국골프문화를 업그레이드시켜야 된다고 본다.

이미 일본의 경우에는 세계 100대 골프장 중 하나인 히로노 골프장의 골프박물관을 비롯하여 여러 곳에 골프역사를 보여주는 박물관이 있으며, 대만에도 아시아 최초 골프박물관인 양승 골프장이 있어 골프의 역사를 한 눈에 볼 수 있다. 세계무대에서 좋은 활약상을 펼치고 있는 한국 선수들의 명성에 비해 늦은 감이 없진 않지만, '한국 골프박물관'이 곧 첫발을 떼게 될 것으로 보여 기대가 크다.

# 김수환 추기경의 위대한 흔적

2009. 03

누군가 나에게 죽음에 대해 어떻게 생각하느냐고 묻는다면, '죽음은 특별하지 않은 것'이라고 대답할 것이다. 그 이유는 누구든 언젠가는 죽을 것이기 때문이다.

지난 2009년 2월 16일, 세상의 이목을 끈 특별한 의미를 지닌 죽음이 있었다. 바로 김수환 추기경의 선종이었다. 1979년 세계 최연소 및 우리나라 최초의 추기경으로 추대되어 지난 30년간 한국 교회의 수장으로서 맡은 바 그 일임을 다하고 떠난 것이다.

남녀노소, 직위 구분 없이 매서운 추위 속에서도 끝까지 추기경을 배웅하려는 수많은 인파를 불러온 그 위대함은 세계 최연소로 추기경 생활을 시작하였던 것이나 교세를 8배나 확장시켰던 것, 세계성체대회를 한국에서 개최시켰다는 점 등의 큰 업적보다는 그가 스스로를 '바보'라 칭하며 남들이 잘 가지 않으려는 길로 일부러 걸어 들어가 힘없고 약한 자들과 평생을 함께 하며 겸손과 자비를 베풀었다는 점에서일 것이다.

어떤 한 곳에서 최고의 자리에 위치한다는 것은 많은 유혹이 따르는 길이다. 그가 예비사제로서 수업을 받을 무렵, 한 여자로부터 청혼을 받았다고 한다. 이때 김수환 추기경은 이 사람에 대해 한 평생 행복하게 해줄 자신보다는 신부가 되어 힘껏 남을 위한 봉사를 하면서 더 많은 사람들에게 도움을 줄 수 있다는 확신을 느껴 정중히 거절하였다 한다.

일제강점기에 태어나 일본 유학 중 학도병으로 징집되기도 하고, 제2차 세계대전, 6.25전쟁 등 역사의 회오리를 겪으며 신부가 되었고, 신부가 되어서도 독재 정권에 맞서 당당하게 삶을 살아온 분. 그러나 주교가 되면서부터는 평생 불면증에 시달렸다고 하니, 자신을 포기하고 남을 위해 사는 삶이 얼마나 힘든가를 알 수 있다.

보통 사람들은 세상을 살아갈 때, 희로애락의 감정을 느끼며 이를 표현하며 살아간다. 때론 감당할 수 없을 만큼의 술을 마신 후 비틀거릴 때도 있고, 때론 세상의 끝자락에 선 것 같은 절망의 심정을 느끼기도 한다. 더불어, 연인 혹은 자식과의 사랑과 유대감을 통해 즐거움과 기쁨을 누리는 행운을 얻을 수도 있다. 이처럼 인간이라면 누구나 희로애락의 틈바구니 속에서 살고 있는 것이다.

그렇다면 보통 사람들보다 제약이 많은 생활을 해야 하는 성직자들도 가끔은 이런 생각들을 하지 않았을까. 자신이 원하지 않았던 길을 걷게 된 이유에 대해선 놀랍게도 김수환 추기경 또한 신부가 되었을 때, "이제, 정말로 도망 못 가겠구나!"라는 진솔한 토로를 하였다고 한다.

'나'보다 '남'을 먼저 생각했던 분, '똑똑한 천재'보다 '착한 바보'가 되길 원하셨던 분. 마지막 가는 길에 "그동안 사랑 많이 받아 감사하다. 사랑해라! 그리고 용서해라."라는 유언으로 삶을 끝맺은 김수환 추기경의 삶을 되새겨 보며, 지금 내 자신이 걷고 있는 길이 김수환 추기경이 보통 사람들에게 바라는 길과 얼마나 가까운지를 생각해본다.

# 공무원, 골프 금지령 유감

2009. 05

골프의 계절 5월이 오면 골퍼들은 환희에 젖는다. 아름다운 계절의 정취를 느낄 수 있기 때문이다. 꽃잎이 날리는 필드를 무대로 형형색색의 꽃들을 바라보며 날리는 호쾌한 드라이버 샷, 생각만 해도 봄의 골프장은 대자연의 향연장이다.
이렇게 행복한 달, 유감스러운 것은 공무원들에게 또다시 골프금지령이 내려졌기 때문이다.

최초의 '골프금지령'은 제5공화국 시절, 박정희 대통령의 17년 장기집권이 종식되면서 부정, 부패, 부조리를 척결하자는 민주화 바람으로 당시 부유층의 전유물로 인식되던 골프장 출입을 공직자들에게 전면 금지시키면서 내려졌다. 당시 고위 공무원들이라면 골프에 대한 그 어떤 언급도 해서는 안 된다는 것이 불문율이 되다시피 했으며, 그러다보니 여론의 인식 또한 편파적으로 흘러 급기야 '공직자 골프장 출입금지'라는 조치까지 나오게 된 것이다.

김영삼 전 대통령은 재임 기간 동안 골프를 하지 않겠다고 선언했는데 이 한 마디가 골프를 저지하는 사회 분위기를 형성, 대통령에 당선되자마자 청와대에 있던 골프연습장은 문을 닫았다. 골프장 출입을 제재 받던 공직자들은 골프로 인해 직위해제를 당하는 일도 있었다. 그럼에도 골프의 유혹을 쉽게 뿌리치지는 못했는데, 그들은 이름을 바꿔달고 골프장을 찾거나 다른 사람의 자동차를 빌리기도 하며 외부노출을 지극히 꺼렸다.

김대중 대통령은 정치인들 중에서도 골프를 치지 않는 대표적인 정치가로 알려져 있다. 그러한 이유로 그가 골프에 대해 부정적 인식을 가지고 있을 거라 생각했지만, 정작 총선을 앞두고 대선주자들의 열띤 공방전이 펼쳐질 때 김대중 대통령은 골프에 대해 긍정적인 입장을 밝혀 화제를 모았다. 외국을 순방하며 골프에 대한 생각이 바뀌게 되었다는 그는 기회가 주어진다면 꼭 골프를 하고 싶다는 의견을 피력했으며, 골프대중화에 대한 방안으로 퍼블릭골프장을 늘려 고가의 회원권과 비싼 이용료를 개선해야 한다는 의견을 밝혔다.

현 시점에서 바라볼 골프를 대중 스포츠라고 단언할 수는 없지만, 사회의 전반적인 분위기나 여건, 그리고 국민적인 인기를 감안해 볼 때 골프가 대중을 가깝게 끌어들이고 있다는 사실을 부인할 수는 없을 것이다.
특히 박세리부터 신지애 프로에 이르기까지 해외무대에서 국위를 선양하고 있는 프로 선수들은 KOREA라는 이름을 세계 속에 당당히 인식시켰으며, 해외 골프 투어에서 벌어들인 누적 상금액 또한 2억 달러가 넘는 수치를 기록하고 있다. 골프가 한국의 국가브랜드를 높이는데 일정 부분 기여하고 있는 것이다.

'공무원 골프 금지령'은 골프로 공직의 기강을 해치고 부정과 로비가 난무하는 잘못된 공무원들에게는 마땅히 그에 따른 징계가 내려져야 마땅하다. 그러나 그럴 때마다 골프가 뭇매를 맞아야 하는 현실이 답답하다..
업무에 지장을 주면서 근무 시간에 행해지는 골프는 근무태만으로 지적 받는 것이 옳다 하겠지만, 심신을 단련하기 위해 즐기는 주말 골퍼들까지 공직자라는 이유만으로 금지령을 당한다는 것은 어이없는 일이다.
공직의 기강이 해이해진 이유를 '골프' 탓으로 치부해 버리는 것은 근본적인 원인을 망각한 이데올로기적인 발상이라는 생각이 들어 씁쓸한 마음이 든다.

# 나이는 숫자에 불과 톰 왓슨

2009. 09

젊은 세대들의 우상인 스티브 잡스는 21세에 애플컴퓨터 회사를 설립했고, 천재 시인 랭보는 20세 전에 주요 작품들을 썼다. 퀴리 부인은 35세에 노벨상을 받았고, 알렉산더 대왕은 30세에 제국을 평정했다. 이렇게 보면 세기의 뛰어난 인물들은 모두 젊었을 적 업적을 다 이룬 것 같다. 하지만, 50세 전후에 왜적을 대파한 이순신, 68세에 지동설을 주장한 갈릴레이, 71세에 파리에 가게를 열고 복귀, 대성공을 이룬 코코샤넬의 예를 본다면 반드시 나이가 성공의 걸림돌이 된다고는 볼 수 없다.

이렇듯 현실세계에서 젊은 천재들이 주목을 받는 이유는 쉽게 눈에 띄기 때문일 것이다. 늙은 대가들은 시행착오를 겪으면서 조금씩 발전하기 때문에 크게 주목을 끌지 않지만, 젊은 천재들은 나이 하나만으로도 충분히 시선을 끌 수가 있기 때문이다.

그럼 골프에서는 어떨까?. 25세의 나이에 그랜드 슬램을 달성한 타이거우즈가 잡스, 랭보처럼 젊은 천재라 불리우며 센세이션을 일으켰고, 지금도 수많은 젊은 프로들이 새로운 기록에 도전하고 있다. 그러나 지난 20일 센세이션을 일으킨 주인공은 젊은 천재가 아닌 늙은 대가였으니 바로 전영 오픈에서 2위를 한 톰 왓슨이었다. 우승자인 스튜어트 싱크가 자신은 이 대회에서 두 T.W.(타이거 우즈,

톰 왓슨)에 가린 조연일 뿐이었다며 왓슨을 또 다른 우상자로 치켜세우며 왓슨의 노장투혼에 경의를 표했다.

왓슨이 특히 주목받았던 이유는 좋은 기록을 세우는데 있어서 '체력이 가장 중요한 요소'로 평가 받는 스포츠 세계에서 일궈낸 기적이었기 때문이다. 왓슨은 혈기왕성한 젊은 선수들 사이에서 60의 나이가 무색할 정도로 실력과 저력을 보여주었다. 비록 최고령 메이저 골프대회 우승은 놓쳤지만, 그를 통해 골프가 단지 힘과 기술만으로 겨루는 스포츠가 아님을 다시 한 번 깨닫게 만들었다. 만약 골프가 힘과 기술이 지배하는 대부분의 다른 스포츠와 다를 바가 없다면 그는 이 자리에 설 수 없었을 것이다.

골프는 힘과 기술을 넘어 인내력과 지혜, 그리고 자연과의 혼연일체를 필요로 했고 그는 나이를 뛰어넘는 기적을 일구어냈다. 이러한 기적을 통해 골프가 육체적인 스포츠이기보다 정신적인 스포츠임을 직접 보여준 것이다. 대기록보다는 이러한 값진 골프정신을 심어 준 60세 왓슨은, 머지않아 60세의 나이를 앞두고 있는 나에게, 그리고 나이를 핑계로 자신의 꿈을 꿈만으로 끝내 버리려고 하는 이들에게 많은 것을 일깨워준다. '나이 때문에' 꿈을 버리려고 하는 많은 이들에게 '나이에 상관없이' 꿈을 현실로 만들 수 있다는 생각을 심어준 것이다. 꿈을 이루고자 하는 의지만 있다면 나이는 숫자에 불과한 것임을 말이다.

50세에 허클베리핀의 모험을 쓴 마크 트웨인, 61세에 싸이코를 만든 히치콕 감독, 72세에 화가로 변신하여 인도 현대미술의 길을 개척한 시성 타고르, 90이 넘어 페루 미술공부를 시작한 경제학자 피터 드러커 교수처럼 왓슨을 늙은 대가라 불러도 무방하지 않을까?

# 양용은, 한국골프역사 새로 쓰다

2009. 09

> 양용운의 우승을 스포츠 역사상 최대 이변 가운데 하나로 묘사한다.
> 스포츠계의 지축이 이동했다.

2009년 8월 17일, 미국 미네소타 주 체스카의 헤이즐틴 내셔널 골프장에서 열린 시즌 마지막 메이저 골프대회인 PGA챔피언십에서 '바람의 아들' 양용운은 포효했고, 타이거 우즈는 고개를 숙였다. 해외 언론들은 앞다투어 양용운의 우승을 스포츠 역사상 최대 이변 가운데 하나로 묘사하기에 바빴다. 뉴욕 타임스는 '죽음, 세금, 그리고 골프경기에서 우즈의 우승'은 세 가지 불변의 진리였는데, 이제는 의존할 수 없게 되었다며 양용운의 우승으로 스포츠계의 지축이 이동했다고 묘사했고, 워싱턴 포스트는 우즈의 패배가 어느 싯점에선가 일어났어야 할 일이라 분석하며, 양용운은 가장 놀라운 결과를 거머쥐었다고 보도했다.

이처럼 메이저 대회의 우승 후, 급격한 위상 변화의 주인공이 된 양용운 선수. 그는 제주도의 골프 연습장에서 공 줍는 아르바이트를 시작으로 골프와 첫 인연을 맺었다. 골프연습장을 찾은 프로 선수들의 골프 동작 하나하나를 눈여겨보며 골프를 배우기 시작했다는 그는 하우스용 파이프를 골프채 삼아 몰래 연습을 하곤 했다고 하는데, 그의 부모조차 자식이 골프를 치는지도 모를 만큼 부모의 지원 없이 스스로의 노력으로 이루어낸 결과이기에 놀라울 따름이다. 남들보다 훨씬 늦게 골프를 시작하여 일궈낸 업적으로 늦깎이 골퍼들에게도 희망을 주고 있어 그의 우승은 여러모로 남달랐다.

특히 이번 우승은 아시아 남자 최초의 메이저 골프대회 우승이기에 값진데, 그의 우승이 더욱 의미가 깊은 이유는 어려운 시기에 국민들에게 희망을 안겨주었다는 점에서이다. 지난 IMF 시대에 실의에 빠진 국민들을 텔레비전 앞에 모이게 만들며 맨발의 투혼을 보여주었던 박세리 선수처럼, 세계적인 금융위기로 어려운 지금 이 시기에 국민들에게 희망을 선물해 준 것이다.

아울러 이번 양용은의 우승으로, 경기침체로 가라앉은 골프업계가 활기를 되찾을 것이라 생각되어 기대 반, 설렘 반으로 가득 차있다. 지난 IMF 시기에 박세리 선수의 우승을 시작으로 골프에 대한 국민들의 관심이 높아지면서 미래의 박세리를 꿈꾸는 주니어 골퍼가 양성되기 시작하였고, 선수층이 두터워지는 계기가 되었다. 그리고 이 결과 지금까지도 한국 낭자들이 세계적인 대회에서 꾸준히 좋은 성적을 거두고 있다. 더불어 골프가 국민들의 관심을 지속적으로 받게 되면서 골프관련 산업들도 비약적인 발전을 거둘 수 있는 계기가 되었는데, 이렇듯 박세리라는 한 선수의 우승으로 인해 골프산업 전반에 활력을 되찾았던 것처럼, 이번 양용운 선수의 우승 또한 골프 산업에 긍정적인 희망의 불꽃이 되어줄 것이라 기대한다.

이와 더불어 2016년 올림픽부터 골프가 올림픽 정식 종목으로 채택된다. 골프를 사랑하는 한 사람으로서 이번 양용운 선수의 우승을 계기로, 열악한 환경 속에서 미래의 양용운을 꿈꾸는 국내 주니어 골프선수들을 위한 제도적 지원 장치가 마련되어 제2의, 제3의 양용운이 올림픽에서도 배출되어질 수 있기를 희망해본다.

# 난 예전엔 어떤 광대였을까?

2009. 11

서커스 공연장에 가보면 매우 큰 덩치의 코끼리가 그리 굵지 않은 밧줄에 매여 있는 것을 볼 수 있다. 그런데 신기하게도 밧줄을 끊고 도망갈 생각은 하지 않고, 그저 밧줄이 움직일 수 있는 범위 내에서 어슬렁거리기만 할 뿐이다.

아들이 초등학생일 때 어디선가 새장 속에 갇힌 카나리아 한 쌍을 사왔다. 신기하게도 카나리아 한 쌍은 튼튼한 두 날개를 가지고 있음에도 불구하고, 조그만 사각형의 새장이 만족스러운지 아주 얌전하게 아들이 주는 모이만 먹으며 잘 자랐다. 그러던 어느 날, 아들이 모이를 주고 새장 문을 잠그는 것을 깜빡하여 카나리아 한 쌍이 경계선 없는 푸른 새장(하늘) 속으로 날아가 버렸다. 며칠 후, 자신의 것이라 여겼던 카나리아 한 쌍의 부재로 슬픔에 빠져 있던 아들이 기운을 차렸는지, 아니면 새장이 아까웠는지 이번엔 참새 한 마리를 어디선가 잡아와 새장에 가두는 것을 지켜보았다. 그런데 참새는 새장에 들어간 순간부터 계속하여 새장 사방에 부딪쳤고, 이 모습을 보고 놀란 아들이 새장 문을 열어 참새를 다시 드넓은 하늘 속으로 풀어 주었다.

> 잘못된 길들여짐. 참 무서운 일이다. 그동안 새장 속의 카나리아처럼, 혹은 서커스 공연장의 코끼리처럼 잘못된 길들여짐에 빠지진 않았나 생각해본다.

첫 번째 이야기의 코끼리도 서커스 유람단에 잡혀오기 전까지는 드넓은 자연의 일부로 자유로운 생활을 만끽했을 것이다. 그러다 서커스단에 잡혀온 이후로는 발목에 쇠사슬이 묶인 채 생활하며 몇 백 번, 몇 천 번을 도망가려 시도했겠지만 쇠사슬을 끊기엔 힘이 약했기에 도망가지 못했을 것이다. 하지만 시간이 흐르고 쇠사슬이 아닌 밧줄로 바뀔 무렵엔 코끼리의 힘만으로 밧줄을 끊을 수 있음에도 불구하고 도망갈 생각을 하지 않는다. 아니 정확히 말하면 도망갈 생각 자체를 못한다. 이와 같이 두 번 째 이야기의 카나리아도 자유롭게 날아다니는 것이 어떤 것인지 모른 채, 조그만 사각형 안에서의 삶에 길들여졌을 것이다. 참새 또한 새장에 머리를 찧었지만, 몇날 며칠을 새장 속에 갇혀 있었다면 새장 안의 삶에 길들여졌을 것이다.

잘못된 길들여짐. 참 무서운 일이다. 어느덧 한 길만을 걸어온 지 30년이다. 그 동안 새장 속의 카나리아처럼, 혹은 서커스 공연장의 코끼리처럼 잘못된 길들여짐에 빠지진 않았나 생각해본다.

골프라는 테두리 속에서 골프헤럴드를 아껴주시는 모든 분들의 사랑에 길들여져서 자만은 하지 않았는지, 매달 반복되는 작업 속에서 개선점이 있음에도 불구하고 개선하지 않고 매너리즘에 길들여진 부분들은 없는지에 대해서 말이다.

# 전통을 수(繡)놓는 아름다운 사람 황수로 박사

2010. 02

**'우리 것'을 지키고 계승하는 소중한 가치관**

요즘 같은 변화가 빠른 시대에 전통을 잇는다는 것은 매우 어려운 일이다. 특히 경제성이 전혀 없는, 소멸되어가는 전통문화를 계승시킨다는 것은 더욱 어려운 일일 것이다. 이러한 시대적 환경 속에서도 꿋꿋하게 '우리 것'을 지키고 계승하는 사람들이 있다. 화장(花匠) 황수로 박사도 그 중 한 분인데 지난 2010년 1월 27일 그가 평생 동안 연구한 한국채화의 제작과 기법을 상세하게 저술한 〈아름다운 한국채화(韓國綵華)〉의 출판기념회에 참석하게 되어 뜻깊은 시간을 보냈다. 한국채화는 조선시대 궁중미술의 하나로 황수로 박사는 〈아름다운 한국채화(韓國綵華)〉를 통해 고려를 비롯한 조선시대 각종 궁중의궤에 수록된 기록과 채화도를 정리하여 우리 민족의 아름다운 한국채화를 옛 모습 그대로 재현하여 책으로 만들어낸 장본인이다.

칠십 평생을 궁중채화를 재현하기 위해 몸바쳐온 황수로 박사는 조선시대 궁중채화가 그 전통의 맥을 잇지 못하는 안타까움에 사비로 '궁중채화연구소'를 설립한 후, 끊임없이 연구와 복원에 몰두하며 한국 궁중채화의 전통을 영구히 계승, 발전시키기 위해 책을 출간하게 된 것이다. 책

을 한 장, 한 장 넘길수록 황수로 박사의 집필에 대한 집념을 느낄 수 있었고, 아울러 옛 사람들에 비해 모든 미물의 생명을 경시하는 습성이 있는 현대인의 태도를 반추해 보며 나 또한 부끄러움을 느끼게 되었다. 〈아름다운 한국채화(韓國綵華)〉를 살펴보면 옛 조선시대 사람들은 꽃을 하나의 생명체로 생각하여 함부로 꺾어 그 아름다움을 취하려 하지 않았다고 한다. 우리 현대인은 꽃을 공간을 아름답게 하기 위해 취하고 있고, 특히 조화로도 가능한 일을 굳이 생화를 통해 얻으려 한다. 황수로 박사의 책을 읽으며 꽃 한 송이 또한 생명체임을 절감하며, 나 자신의 즐거움을 위해 그 생명을 꺾지 않기로 다짐하기도 했다.

요즘처럼 물질이 힘인 시대에는 오직 한 길만을 걸으며 전통에 대한 계승, 그리고 발전을 업으로 삼는 직업에 대해 3D(Difficult, Dirty, Dangerous)로 생각하는 젊은이들이 대다수임을 생각할 때 안타까움이 앞선다. 장 폴 사르트르는 '문화는 인간을 비추는 거울'이라 말하지 않았던가. 전통문화는 우리들의 인격을 고매하게 만든다. 미래의 희망인 우리 젊은이들에게 옛것을 더욱 소중히 하는 마음가짐이 있었으면 좋겠다.

# 울고 웃는 스포츠의 향연
# 김연아, 신지애

2010. 03

> 김연아를 생각하며 머릿속에 떠오르는 또 다른 선수가 있다. 바로 지난 2009년 LPGA 랭킹 1위에 등극한 신지애 프로다. 두 선수는 비록 분야는 다르지만, 둘 다 최정상의 자리에 올랐으며, 어린 나이에 그 자리에 서기까지 숱한 자기 희생을 감내해야만 했다.

2010년 2월 대한민국의 국민들은 캐나다 벤쿠버에서 펼쳐진 동계 스포츠의 향연 속에 울고 웃었다. 쇼트랙의 이정수, 스피드 스케이팅의 모태범, 이상화, 이승훈, 그리고 피겨 스케이팅의 김연아 선수가 웃음의 주인공이라 한다면, 5번의 올림픽 도전에도 불구하고 단 하나의 메달도 따내지 못한 스피드 스케이팅의 이규혁, 아쉬운 심판판정으로 금메달을 따지 못한 여자 쇼트트랙 3,000m 선수들, 비록 영화를 통해 인기를 얻었으나 국민들의 기대에 비해 좋은 성적을 얻지 못한 스키 점프의 국가대표 선수들 등이 아쉬움의 주인공들일 것이다.

특히 이번 벤쿠버 동계올림픽 경기를 보면서 대한민국의 동계 스포츠가 과거에 비해 비약적 발전을 이루었음을 절감하였다. 과거 쇼트트랙 경기에만 의존했던 메달이 스피드 스케이팅, 피겨 스케이팅 등 다양한 경기에서 나왔고, 운이 아닌 실력으로 따낸 결과물이었기 때문이다.

무엇보다 피겨 스케이팅의 김연아 선수는 지금껏 보지

못했던 위대한 연기를 보여주면서 역대 최고 점수(228.56점)를 기록함으로써 피겨의 역사를 바꿨으며, 대한민국 국민의 여동생을 넘어 전 세계인의 여동생으로 자리매김하게 되었다. 이러한 피겨 퀸의 자리에 서기까지 어린 그녀가 거쳐온 고난의 여정을 생각할 때면 숙연한 마음마저 든다. 김연아를 생각하며 머릿속에 떠오르는 또 다른 선수가 있다. 바로 지난 2009년 LPGA 랭킹 1위에 등극한 신지애 프로다.

두 선수는 비록 분야는 다르지만, 둘 다 최정상의 자리에 올랐으며, 어린 나이에 그 자리에 서기까지 숱한 자기 희생을 감내해야만 했다. 어려서부터 동년배의 친구들이 누렸던 소소한 즐거움을 포기하고 자기 자신과의 싸움을 해야 했고 결국 그 싸움에서 승리한 것이다.

두 선수는 다른 어떤 선수들보다 강심장을 갖고 있는 것 같다. 어떤 어려움에 닥쳤을 때 흔들리기보다는 더욱 침착해지고, 자기 자신의 감정을 드러내지 않고 경기를 운영하면서 의도치 않게 다른 선수들에게 위협이 되었다는 점도 유사하다.

결국 이러한 모습들이 지금의 김연아 선수, 그리고 신지애 선수를 만들어낸 것이라 생각한다. 다른 한편으론 같은 여성으로서 대한민국 남자들이 이루지 못한 일들을 대신 이뤄낸 것이 무척 뿌듯하기도 하다.

제 2의 김연아, 제 2의 신지애 선수를 꿈꾸며 지금도 누군가는 빙상 위에서, 누군가는 필드 위에서 열심히 땀방울을 흘리고 있을 것이다. 훗날 이들이 대한민국 국민에게 또다시 희망과 웃음을 안겨줄 것이라 기대한다.

# 스포츠가 지닌 힘

2010. 07

대한민국의 축구응원 열기에 전세계가 또다시 놀랐다. 아쉽게도 16강에 머물고 말았지만 2010월드컵에서 'AGAIN 2002'년을 외치며 열렬히 응원한 국민과, 사력을 다해 경기에 임해 준 대표선수들의 모습은 우승보다 더 진한 감동을 안겨 주었다.

골프도 지난 1998년 박세리 프로가 美LPGA 맥도널드 챔피언십에서 데뷔 첫 승을 올려 우리 국민은 물론 전세계 골퍼들을 놀라게 하며 한국 골프역사의 한 획을 그었었다. 당시 골프 매니아들은 물론 평소 골프에 대해 잘 몰르던 사람들까지 모두 하나가 되어 박세리 선수를 응원했다. 이렇듯 많은 사람들이 스포츠로 인해 하나가 되는 그것이 스포츠의 위대한 힘이 아닐까 생각해 본다

> 대한민국이라는 이름만 외치면 어디선가 박수 소리가 들리는 것 같다. 서로 얼굴도 모르는 사람들이 대한민국이라는 이름으로 하나가 되어 함께 안타까워하고, 슬퍼하고, 기뻐하며 웃었다.

사람들은 누구나 가슴 속에 열정을 지니고 산다. 하지만 일상의 스트레스와 시간에 쫓겨 그 열정을 잊고 살아갈 때가 많다. 그렇다면 마지막으로 열정을 다해 소리쳐 본 적은 언제였을까? 온 몸에 힘을 다 실어 소리쳐 본 기억 말이다.

바쁜 세상을 살아가다 보면 크게 웃을 일도 크게 소리칠 일도 많지 않다. 그저 일상에 쫓겨 살아갔던 적이 더 많이 있었다. 내 뜻대로 되지 않는 일도, 생각보다 일이 잘 풀렸던 일도 뒤돌아 생각해 보면 자신의 의지보다는 항상 바쁘게 무엇인가에 쫓겨서 이루어 낸 것이 아닌가 하는 생각도 해 보게 된다. 어찌됐든, 실패건 성공이건 노력하지 않은 일은 결과가 없다. 최선을 다한 일이라면, 실패는 실패 나름대로의 뼈 아픈 교훈이, 성공은 성공 나름대로의 큰 기쁨이 따라온다.

그러한 최선을 다함은 아마도 내면에 숨어 있는 '열정'에서 시작되는 것이 아닐까 하는 생각을 한다. 뜨거운 월드컵 응원 열기도 국민의 '열정'이 있기 때문이다. 우리들의 뇌 속에는 이제 각인이 되어, 대한민국이라는 이름만 외치면 어디선가 박수 소리가 들리는 것 같다. 서로 얼굴도 모르는 사람들이 대한민국이라는 이름으로 하나가 되어 함께 안타까워하고, 슬퍼하고, 기뻐하며 웃었다.

월드컵에서 쟁취한 우리 모두의 자산, 그 응원의 열기, 열정의 불씨를 가슴에 항상 새겨 놓고 세상의 모든 일, 위기가 닥쳤을 때나 혹은 성취의 순간에 그 열정을 가동시킨다면 어떤 실패도 두렵지 않으며, 또한 그 어느 때보다 빛나는 환희의 순간을 맞이할 수 있을 것 같다. 당신의 열정의 크기를 키워보라. 더욱 건강하고 활기 넘치는 일상이 당신 앞에 펼쳐질 것이다.

# 한국 여성의 위대한 힘

2010. 10

20010년 10월 26일 막을 내린 17세 이하 FIFA 여자월드컵에서 자랑스러운 한국의 축구대표팀이 일본을 꺾고 우승을 거머쥐었다. 그 신화의 중심에는 세계를 놀라게 한 여고생 골잡이 여민지 선수가 있었다. 경기내내 기록을 몰고 다녔음은 물론이고 부상 중이었음에도 불구하고 불굴의 투지와 집중력으로 팀을 승리로 이끌었던다. 초등학교 4학년 때부터 써온 그녀의 축구 일기에는 "눈부신 유혹을 이기면 눈부신 성공을 맞이 한다"는 말이 들어 있다.

한국의 여성들에게는 특유의 투혼이 있는 것 같다. 모성애로 이어지는 '어머니의 위대한 힘'이라고 해야 할까? 세계 피겨 여왕으로 등극한 김연아 선수의 뒤에는 그의 어머니가 있었고 미국 슈퍼볼 영웅 하인즈 워드의 어머니는 아들에게 늘 용기를 북돋아주며 포기라는 것을 모르고 꿈을 찾을 수 있도록 해주었다.

> 한국의 여성들에게는 특유의 투혼이 있는 것 같다. 모성애로 이어지는 '어머니의 위대한 힘'이라고 해야 할까? 세계 피겨 여왕으로 등극한 김연아 선수의 뒤에는 그의 어머니가 있었고 미국 슈퍼볼 영웅 하인즈 워드의 어머니는 아들에게 늘 용기를 북돋아주며 포기라는 것을 모르고 꿈을 찾을 수 있도록 하여 한국 여성 특유의 끈기와 의지 그리고 따뜻한 모성애로 모든 역경을 이겨냈다.

1988년 LPGA 투어에서 첫 우승을 차지해 한국 골프를 세계에 알린 구옥희 프로도 자랑스러운 대한민국의 딸이다. 그 십년 후 1998년 박세리 선수의 LPGA 우승으로 한국골프는 세계무대에 당당히 우뚝 설 수 있게 되었다. 그 후 역대 가장 어린 나이로 신지애 프로가 미 LPGA 명예의 전당에 이름을 올리게 되었다.

당시 신지애 프로는 대회 우승 상금 전액을 기부하며 '따듯한 마음'을 나타냈다. 그녀는 인터뷰에서 '필요했던 것은 돈이 아닌 트로피(영광)였다'며 자신이 기부한 상금이 어려움에 직면한 분들에게 작은 기반이 되었으면 좋겠다고 말했다. 그녀의 속내 깊은 따듯한 마음이 모든 이에게 감동을 주었다.

오래 전 신지애 프로가 무명 시절 골프헤럴드와 가졌던 인터뷰가 떠오른다. 열심히 골프 뒷바라지를 하던 어머니를 교통사고로 잃고 그 보상금으로 유일한 희망인 골프에 매진하게 된 이야기를 들으며 눈시울을 붉혔던 적이 있었다.

이제는 어엿한 숙녀로 성장한 신지애 선수. 세계 1등의 그 뛰어난 실력 뒤에 숨겨진 신지애 선수의 따듯한 마음에서도 '모성애'를 느낄 수 있었다.

生於優患 死於安樂(생어우환 사어안락) 맹자의 말로 즉 사람은 '우환 속에서 성장하고 안락 속에서 퇴보한다'는 뜻으로 역경이 사람을 만든다는 뜻이다 이 말처럼 한국 여성 특유의 끈기와 의지 그리고 따듯한 모성애로 모든 역경을 이겨내고 세계에 우뚝 선 그들이 너무나 자랑스럽다.

# 세계 최고의 정상으로 우뚝 선 박인비 프로

2013. 05

박인비가 29일 미국 텍사스 주 어빙의 라스 콜리나스 골프장(파72·6410야드)에서 열린 미국 LPGA 투어 노스텍사스 슛아웃(총상금 130만 달러) 최종라운드에서 정상에 올랐다. 전날 선두였던 카를로타 시간다(스페인·12언더파 272타)를 1타 차로 제친 짜릿한 역전 우승이었다. 이번 노스 텍사스 LPGA 슛아웃대회에서 그녀의 경기는 미완의 대기인 가능성이나 불확실성을 가진 선수가 아니라 이제는 세계 정상의 본인의 자리를 안정되게 차지한 모습을 확인시켜 주었다.

2타 차 2위로 마지막 라운드를 시작한 박인비는 보기 하나 없는 깔끔한 플레이로 4타를 줄이며 역전승을 일구어 냈다. 사실 경험이 많은 선수들에게도 마지막 날 마지막 조의 경기는 긴장되기 마련이다. 또 긴장과 초조는 그대로 실력으로 나타난다. 많은 갤러리들이 따라 다니게 되고 카메라의 포커스가 선수에게 집중적으 

로 비쳐진다고 생각하면 마음을 안정시키기가 더욱 어렵다. 게다가 우승 경험이 많지 않은 선수들은 자신의 경기를 풀어가기 보다는 쫓아오는 상대방의 플레이에 더욱 신경을 쓴다. 하지만 박인비는 마지막 라운드에서 표정의 변화 없이 정말 묵묵히 또박또박 침착하게 경기를 풀어가며 평소 자신의 리듬을 기억하고 자신만의 플레이를 잃지 않았다. 뒤를 이어 거리를 좁혀오는 도전자를 떨쳐 버려야 한다는 지배적인 생각이 극한 초조감을 이겨내며 박인비만의 골프를 즐기는 대범함을 선보이기도 했다. 확실히 스타의 예

감을 짐작케 하는 순간이다.

사실 골프스코어를 결정짓는 핵심은 숏게임과 퍼팅의 안정감이다. 하지만 선수들이 가장 쉽게 무너지기도 하는 것이 이 부분이다. 이번 우승으로 박인비는 시즌 3승과 LPGA 투어 통산 6번째 우승을 얻었다. 사실 타이거 우즈가 가장 잘하는 것은 드라이버 거리도 정확도도 파온도 스크램블링도 아닌 퍼트였기 때문에 퍼팅의 흔들림이 없는 박인비에게서 타이거의 포스를 느껴본다.

박인비는 현재 3주째 세계랭킹 1위를 고수하고 있다. 박인비의 점수는 10.12점으로, 2위인 스테이시 루이스(미국 · 9.13점)와 1점 가까이 격차가 벌어졌다. 지난주 점수는 박인비가 9.43점, 루이스가 9.09점이었다. LPGA 투어 올해의 선수상 포인트에서도 127점을 획득, 2위 루이스(77점)와 큰 격차로 1위에 올라 있다. 우승상금도 19만5000달러(약 2억2000만원)를 추가해 시즌 총상금은 84만1068달러가 됐다.

최고의 기량으로 이제 차근차근 앞으로 나아가는 박인비, 언론의 집중과 스포트라이트로 그녀의 초심이 흔들려서는 안 된다는 잔걱정이 앞선다. 남들이 전혀 가보지 못한 목표까지 도전해서 박인비만의 거대한 탑을 쌓기를. 지금으로 봐서 충분한 에너지가 그녀에게서 느껴지기 때문이다. '인비광풍'은 일과성이 아니다. 명실상부 10년간 투어를 이끌어 갈 슈퍼스타의 탄생이기 때문이다.

길지 않은 시간에 승전보를 올리며 투어 최고의 선수로 우뚝 설 수 있었던 것은 무엇보다 운동선수로서의 근성이 한 몫 했다. 이번 역전승도 승부사로서의 진면목을 보여준 셈이다. 그녀가 세운 계획과 목표를 위해 이제 우리는 더욱 뜨거운 응원준비를 해야 한다. 그것이 도전을 해나가는 그녀에게 큰 동기를 부여할 것이기 때문이다. 아직 보여줄 것이 많은 그녀. 그러니 좋은 일이 생길거란 기대감을 지울 수가 없다. 박세리가 그러했듯 앞으로 새로운 '박인비의 시대'가 열릴 것이다.

# Interview

Column ● Interview ● Relation ● Travel

정치와 함께 걸어온 녹색의 장정 김종필 前 총리
한국의 지성 이어령 석학의 골프문화와 철학
박카스 신화의 주인공 강신호 회장
골프외교관 대한골프협회 허광수 회장
방송통신 위원장 이경재
한국 체육을 세계무대로… 김운용 前 국제올림픽위원회(IOC)부위원장
조중건 회장의 골프 인생 & 경영철학
사회를 치유하는 이시형 박사
내공이 깊은 국민배우 안성기
골프에 대한 철학을 실천한 이병철 회장의 無限追求의 삶
추억 속의 현대그룹 회장 故 정주영
세계적 거장 첼리스트 정명화
국가브랜드 위원회 이배용 위원장
'세계의 농촌신화' 김용복회장

# 정치와 함께 걸어온 녹색의 장정
## 김종필 前 총리

김총리는 많은 정치인 중에서도 골프를 지극히 사랑하는 마니아로 알려져 오래 전부터 그와의 만남을 고대해 왔었다. 사람과 사람의 만남에 있어서 동일한 관심사와 취향을 가진 사람과의 만남은 그 얼마나 유쾌한 일인가.

2008년, 만추의 계절에 김종필 전 총리와 전 통일부장관인 박재규 영남대학교 총장, 양수화 글로리아 오페라단 단장이 함께 참석해 오찬의 시간을 가졌다. 와인의 진한 맛과 향을 음미하며 공통의 관심사인 정치, 경제, 사회, 문화 전반에 걸친 대화로 시간가는 줄 몰랐다.

나이에 따라 선호하는 인생의 멋은 다르지만, 노년의 최고의 멋은 세월을 담보로 내면의 멋을 더하는 것이다. 안정감과 여유로움을 지닌 김종필 전 총리야말로 멋을 지닌 '젊은 노신사'였다.

오랜 시간 동안 골프 기자로 종사해 오며 다양한 분야의 사람들과의 교류 속에서도, 골프를 사랑하기로 첫 손에 꼽히는 김종필 전 총리와의 골프 라운딩 기회를 꿈꿔 왔었다. 레이크사이드 CC에서의 라운딩 일정은 비 온 날씨로 인해 다음으로 미뤄져 유감스러웠지만, 대신 롯데호텔에서 오찬을 나누며 귀한 대화의 시간을 가질 수 있었다.

김종필 총리는 일찍부터 정치계에 뛰어들어 격정의 세월을 살아왔다. 30대 중반의 젊은 나이에 5.16 군사혁명이라는 역사적 사건의 소용돌이 속에서 시작한 그의 정치 인생은 이제 어느덧 40년을 훌쩍 넘어섰다. 조선시대 영조 이래 가장 오랜 기간 권력의 핵심에 머물러온 정치가라는 말을 들을 정도다. 그래서일까. 오랜 시간 정치계에 머물러 온 만큼이나 그의 정치관은 사람들로부터 '2인자 철학'이라 풀이되며 권력의 기회를 쫓아 변신한다는 평을 받기도 했다.

그러나, 나의 눈에는 김종필 총리의 현재의 모습은 권력에 욕심이 없는 문화예술인이었다. 그는 우리나라에서 가장 낭만적인 정치인 중 한 사람으로 정치, 경제, 문화, 예술을 아우르는 방대한 지식과 조예를 갖고 있었는데, 가히 '르네상스적 교양'이라는 말이 가장 잘 어울릴 것이다.

김종필 전 총리의 삶에는 한국 역사와 근대사가 고스란히 담겨있다. 그러한 그의 삶에서 정치는 뗄려야 뗄 수 없는 한 부분이며, 현재 정치사에도 그만큼 큰 획을 그었다.

"법의 테두리 안에서 자유로워야 합니다. 민주주의를 제대로 알지도 못하면서, 권리만 주장하는 모습들을 보면 안타까워요."
1968년 3선 개헌 반대를 주도하다 공직에서 물러난 후, 한라산 기슭에서 선그라스를 낀 채 담배를 지그시 물고 그림을 그리던 김종필 전 총리의 모습은 많은 사람들에게 그가 예술적이고 낭만적인 정치인이라는 이미지를 각인시켰다.

낭만적이라는 것은 곧 인간의 중심이라는 것이다.
김종필 전 총리에게는 애초에 권력 자체가 삶의 목적은 아닌 것으로 보였다. 그가 가진 예술적 소양은 단순한 취미 수준에 그치지 않는다. 만돌린, 피아노, 전자오르간, 아코디언 같은 악기를 다루는데, 언젠가 공군 위문 공연 때 아코디언을 직접 연주해 주위를 놀라게 했다는 후문이다.
또한 김 총리는 서예와 그림에도 조예가 깊고 비행기와 탱크, 심지어 배까지 직접 몰며, 집에 보유한 개인 장서가 2만 권에 달해 요즘도 매일 책을 읽는다고 한다. 실제로 그와 이야기를 나누는 동안 오래된 고사나 싯구들이 청산유수처럼 흘러나와, 나름 문학도를 자처하는 필자도 가르침을 받고 싶을 정도로 방대한 지식을 가늠하게 했다.

사실 김종필 총리가 문화에 끼친 영향은 대단하다. '예그린 악단'을 만들어 후원하기도 했고, '일요화가회'를 이끌 정도로 예술인들과 교류하기를 좋아할 뿐더러 예술가들에게 전폭적인 후원과 지지 또한 아끼지 않았다.

그는 이러한 활동을 통해 개인적인 삶의 즐거움도 찾았던 것 같다. 격정적이고도 우여곡절 많았던 김 총리의 정치인생은 그가 회상하기에도 그리 만족치만은 않았을 것이다. 이미자의 '섬마을 선생님', 노사연의 '만남'을 즐겨 연주한다는 그에게서 지극히 소탈한 면이 엿보였다. 가수 패티김이 유일하게 새해 인사를 가는 정치인이 김종필 총리란 말을 들은 적이 있다. 그 정도로 그는 대중예술계에도 영향을 끼쳤다.

그는 사람들의 시선을 아랑곳하지 않는다. 자신이 좋아하는 것을 여유 있게 즐긴다. 그의 정치에 대해서 말들이 많을 때에도 9선 국회의원 신분으로 4.13 총선 이후 당당하게 6개월간 골프를 치러 다닌 일례만 보아도 그렇다. 가뜩이나 골프를 치는 정치인에 대한 시선이 곱지 않은 때였는데도 말이다.

사실 근대 정치사는 물론 우리나라 골프역사에 있어서도 빼 놓을 수 없는 골퍼이다. 김 전 총리의 골프사랑은 익히 알려져 있지만, 개인적인 차원에서 그치지 않았다. 그는 5.16 군사혁명 이후 골프장을 갈아엎어 콩밭을 만들어야 한다는 의견이 나오던 시절, 골프장을 지키기 위해 골프를 시작했다고 한다. 삼성 이병철 회장 재임시 지금의 에버랜드가 산림청에서 골프장 허가를 극구 반대하는 것을 이해시켜 뒤집어 허가를 받게 한 장본인이다.

"1960년도에 뉴코리아 회원권을 샀는데 그 당시 회원권 가격이 15만원이었지요."
김 전 총리가 회상하는 '그 때'는 골프인구도 극소수에 불과했고, 골프를 귀족시해 배타적으로 인식하는 사회적 분위기도 강했다. 하지만 그는 그때나 지금이나 변함없는 골프 애호가이자 예찬론자이다.

"그 때 나와 함께 라운딩을 즐겼던 사람들이 있어요. 공군 참모총장 했던 김정렬 장군하고, 장지량 장군, 옥만호 장군…"

김종필 전 총리는 그가 한참 젊었을 때인 박 대통령 시절을 추억하며 즐거웠던 에피소드를 들려주었다. 박대통령 시절엔 박종규 비서실장과 김진만 국회부의장, 김동조 외무부장관 등과 뉴코리아 CC에서 라운딩을 가끔 하곤 했다.

"여름철, 그늘집에서 맥주 500cc를 마시는 맛에 라운딩을 했다오. 그 중에서도 기가 막힌 게 '맥사이다'지요. '맥사이다'라고 압니까?"

호탕하게 웃는 그의 설명에 의하면 '맥사이다'란 맥주에 사이다를 섞어 시원하게 마시는 것으로 그가 개발한 음료다. 더운 여름, 마음이 맞는 동반자와의 라운딩 후 그늘집에서 땀을 식히며 마시는 맥사이다의 맛이란 어떤 것과도 비할데 없는 즐거움이었을게다.
그래서 그는 뉴코리아 14번홀에 있는 그늘집에 '신유정'이라는 이름을 지었다. '임금이 놀던 자리'라는 뜻으로 늘상 여기서 맥사이다를 마시며 시원한 여름 골프를 즐겼다고 한다.

김종필 전 총리도 골프를 좋아하는 한 명의 골퍼로서 요즘의 실력 있는 프로 선수들에게 관심이 많다. 특히 그는 LPGA 등의 세계무대에서 이름을 떡치고 있는 여자 골프 선수들의 기량을 높이 평가했다.

"박세리 선수가 1997년 US오픈에서 우승을 했잖소. 마지막 18홀에서 양말을 벗어 던지면서 주저하지 않고 워터 헤저드에 들어가 딱 치는데, 그 모습이 참 인상적이었습니다. 그 때가 IMF시절이었는데 국민들에게 큰 힘이 된 것 같아요. 한국 여성의 저력을 보여줬다고나 할까."

김 전 총리는 올해 들어 뛰어난 성적으로 세계적 스타로 발돋움한 신지애 선수 또한 알고 있었는데, "신지애 선수는 믿음이 가서 좋아."라며 특별한 기대감을 나타내기도 했다.

"우리 집사람이 아무거나 잘 먹어서 좋다고 합디다. 아직까지도 뭘 먹고 배탈이 나본 적이 없어요, 내가."
김 전 총리는 인터뷰 당시 건강의 비결로 가리지 않고 잘 먹는 식습관을 꼽았다. 비결이 소박하다 했더니 그는 이렇게 말한다.
"무엇이든지 과하다 싶으면 사고가 납디다. 골프도 무리하면 사고가 나게 돼 있는 것처럼 내 몸 안의 균형을 잘 잡는 게 중요하지요. 심신이 건강하면 족해요."

김종필 총리는 이렇듯 골프에서나 인간관계에서나 자연스러움을 중요하게 여겼다.
"골프가 누굴 꼭 이기려 드는 운동은 아니지 않습니까? 몸과 마음을 관리하면서 자연과 인생을 배우는 운동이지요. 스스로 마음을 잘 다스리고 관리해야 하기 때문에 골프를 같이 해 보면 그 사람의 성격이 다 드러나게 됩니다."

이러한 김종필 전 총리의 말에는 틀림이 없는 것 같다. 총리와의 만남에서 그의 일면을 조금이나마 알 수 있었으니 말이다. '알면 알수록 매력이 있는 분' 이라는 어느 지인의 말처럼, 보이는 것만으로 판단해서는 안 되는 분이라는 것을 다시금 생각하게 되었다.

나이가 들면 마음이 얼굴을 만든다.
독일의 문호 괴테는 불세출의 명작 '파우스트'를 90세가 지나서 완성했고, 92세까지 장수한 피카소 역시 80세가 지난 말년에 이르러 그 예술혼이 더욱 빛났다.

김종필 총리의 얼굴은 격정의 세월과 흔적 속에 예술적인 조예의 충만함이 담긴, 그리고 삶의 여유로움이 묻어나오는 진정한 '젊은 노년'의 모습이었다.

지금은 건강상의 이유로 골프장을 찾지 못하지만 마음 속으로는 늘 골프장의 푸르른 그린을 그리며 추억에 젖어 있을 것이다.

# 한국의 지성
# 이어령 석학의 골프문화와 철학

조나던의 '갈매기의 꿈'에서 표현했듯이 높이 날아올라 하늘 위에서 먹이만을 쫓아다니는 검은 갈매기가 아니라 이상과 꿈을 가지고 날개를 넓게 펴고 하늘을 몇 바퀴씩 돌면서 즐기는 흰 갈매기가 될 것을 권하고 싶습니다."

1970년 대 초반 책 읽는 것을 좋아했던 감수성 넘치는 학창시절, 이어령 선생님의 책은 내게 삶의 변화를 가져 올 만큼 큰 영향을 주었다. 그 책을 계기로 이어령 선생님에 대한 존경심을 키워오던 터였다. 꾸준히 그의 작품을 읽어 오며 살아가는 동안 만난 적은 없지만 마음의 스승으로 모시고 있던 분을 꼭 한 번 만나 뵈면 영광이라고 생각하고 있을 무렵 우연히 기회가 찾아 왔다.

평소 잡지사를 하며 많은 사람을 알고 지내던 터라 언젠가는 만날 수 있다는 기대를 하고 있었지만 처음 이어령 선생님을 가까이서 뵌 날이 생생하게 기억난다. 강신호 회장님의 80세 생신 날에 많은 사람들이 모인 가운데 축사를 하셨다.

당시 이어령 교수님은 KBS 창사 80주년 방송에서 '백남준의 창조성'을 강조한 강연을 하고 계셨는데 그 방송을 보고 지인 중에 한 분이 백남준의 작품을 소장하고 있는 홍성은 회장님과 이어령 교수님과 만날 수 있는 자리를 마련하면 좋을 것이라는 제안에 서울 프라자호텔에서 식사를 나눌 기회를 가지게 된 것이 이어령 선생님과의 인연의 시작이었다.

얼마 전 구정이 지난 어느날 오랜만에 선생님을 다시 만나 뵐 수 있었다. 자주 찾아 뵐 수는 없지만 가끔이나마 선생님을 뵈러 가는 것은 설레임 그 자체였다. 몇 해 전 박경리 선생과 최근 박완서 선생 등 한국 문학의 거목들이 돌아가신 소식을 듣고 안타까운 마음을 금치 못했었다. 한국인들의 정신적 지주이자 우리나라 최고의 지성인이며 석학으로서 어어령 선생님이 오랫동안 건강하기를 기도했다. 꽃피는 봄날 삼청동에 있는 문학단에 초대할 것이라는 교수님의 말씀에 무척 반가웠다.

대한민국 사람이라면 누구나 그를 존경하겠지만 더욱 교수님을 존경하게 된 것은 '지성과 영성' 이라는 책을 통해서다. 기독교인 나에게는 그 한 권의 책이 마음 깊숙히 와 닿았다. 처음에는 기독교인이 아니었던 그가 딸을 통해 많은 기독교인들의 정신적 지주 역할을 하게 된 것이다.

이렇게 1년에 자주는 아니지만 가끔 만나 뵐 수 있는 것이 언론인으로서도, 개인적으로도 너무 뿌듯하고 자부심을 느낀다. 2008년 봄에 진행된 인터뷰는 그래서 더욱 의미가 남달랐다. 깊은 지식과 심오한 철학, 거침없는 달변으로 유명한 한국 최고의 석학으로부터 '한국골프문화와 철학' 에 관한 이야기를 들어 본다.

-오래 전에 '골프망국론' 이라는 글을 신문에 쓰신 적이 있지요?(웃음)
"사실 제가 골프를 하기 전에는 골프의 단점, 즉 쓸모 없는 시간의 낭비라든가, 환경오염, 혹은 고비용을 가진 자들만의 운동 등등을 꼬집어 가면서 '골프망국론' 이라는 제목으로 신문에 칼럼을 기고했습니다. 그러다가 계속되는 업무과중, 집필로 인한 심한 스트레스로 인해 신경쇠약까지 걸려 이것이 우울증으로 이어졌으니, 병원을 찾을 수밖에 없었어요. 병원에서 치료를 받게 되었고, 주치의는 강원용 목사의 동생인 강형용 박사로 내과의사였는데 가장 좋은 우울증 치료제로 '골프를 치라' 는 처방(?)을 내려주셨습니다.

이것이 1978년부터 골프를 시작하게 된 동기가 되었으니, 그 당시 북악 스카이웨이 연습장에 등록을 하고 프로 한 명을 소개받아 본격적인 연습에 몰입하게 되었습니다. 연습장에서 타구한 백구가 푸른 하늘을 날아 나비처럼 계곡 밑으로 떨어지는 쾌감을 맛보며 골프의 진가를 알기 시작했습니다. 그 때 골프에 관한 한 '새 사람'으로 태어난 거죠. '골프망국론자'가 아닌 '골프찬양론자'로 말이지요.(웃음)"

-과거에 비해 많이 대중화되었으나 한국사회에서 골프는 여전히 '가진 자'들의 운동이란 개념에서 완전히 자유롭지 못합니다.
"우리나라 골프가 미국의 남자, 여자 무대를 석권하고 있고 경제대국으로 랭크되는 글로벌 시대에 아직도 사회통념상 골프에 대한 부정적 이미지를 갖고 있는 것은 개선되어져야 마땅하다고 봅니다. 골프는 국민건강을 증진시켜주고, 또한 바쁜 현대인에게 잠시 휴식과 대화를 할 수 있는 기쁨과 여유의 가교가 되어주고, 국제 비즈니스의 장을 마련해 주기도 하고, 인간관계의 연결고리를 더욱 공고하게 해주는 역할을 하고 있습니다. 따라서 일부 가진 자들의 사치운동이라는 편견을 버리고 '사회가 행복해지는 스포츠'라는 개념을 가져야 할 것입니다.

이렇게 되기 위해서는 유휴토지를 개발하여 외국처럼 퍼블릭 코스를 많이 만들어 저소득층에 이르기까지 골프를 할 수 있는 제도와 기회를 제공해 주어야 합니다. 시골의 골프장에서 행복한 결혼식도 올리고, 칠순 잔치도 벌이고, 마을 세미나도 하고, 더불어 도서실과 여타 스포츠를 즐길 수 있는 마을의 광장이 되도록 해야 합니다. 최근 여성골퍼들이 골프장에서 라운드하는 광경을 많이 목격하는데, 상당히 바람직한 현상입니다. 가정이 건전해져야 사회가 튼튼하고 국가가 발전할 수 있는 계기를 마련해주기 때문입니다."

-특히 한국인의 골프에 대한 자질이 우수하다고들 평가합니다. 이에 대한 시각은 어떠신지요?

"골프는 18홀을 플레이하는 동안 집중력과 정성을 들여야만 좋은 스코어를 낼 수 있는 정신집합체운동입니다. 우리나라는 오랜 농업국으로 인해 쌀 한 알을 생산하는 데에도 모심기부터 추수하여 탈곡할 때까지 혼을 집중하여야만 했습니다. 이런 훈련을 반복해 온 민족성으로 인해 우리나라는 IT강국이 되었다고 생각합니다. 우리 여성들이 골프나 양궁, 피겨스케이팅 등에서 세계를 제패하는 이유도 동일합니다. 한 수, 한 수 자수를 놓고 빨래 방망이로 옷을 두들겨 풀을 하여 다람질하는 과정, 어릴 적부터 공기놀이를 하여 손놀림이 좋은 것, 한 올, 한 올 뜨개질하는 정성, 만두를 만드는 정교함 등등. 이 모든 것이 골프의 18홀 동안 한 타 한 타에 세심하게 신경을 써야만 좋은 스코어를 낼 수 있는 것과 다르지 않기 때문입니다.

여기에 덧붙여 골프는 '좁은 국토 내에서 치열한 생존 경쟁으로 인한 투기심을 자극하여 세계무대에서 대한민국을 높이 고양시키는 일'을 담당하고 있습니다. 미국이나 동남아, 일본, 중국 골프장에서 아침 해가 떠서 질 때까지 하루종일 골프를 치는 민족은 한국인 밖에 없다고 혀를 내두르는데, 이 또한 골프가 우리민족성과 잘 맞기 때문이라고 봅니다. 반대로 우리나라 골퍼들만큼 코스에서 친선 골프를 칠 때 후한 민족도 없다고 합니다.

첫 홀에서 파를 하면 일파만파라 하여 모두 동일 스코어로 적어주고 멀리건도 자주 주고 더블 파 이상 스코어는 계산하지 않고, 그린에서 오케이 퍼트 길이도 후합니다. 우리나라 골퍼들은 융통성이 많으나 일본인들은 원리원칙의 규율성 골프를 쳐서 두 나라 골프성향을 합쳐서 반으로 나누면 어떨까 하는 생각도 해보았습니다."

–30여 년 골프를 즐겨 오셨는데 골프가 주는 인생의 교훈은 무엇일까요?
"골프라는 스포츠를 통해서 우리가 터득해야 할 교훈과 철학 그리고 규율성이 있습니다. 골프는 심판이 없는, 자기 스스로가 감독인 신사도가 강조되는 스포츠입니다.
골프는 힘만으로 되는 운동이 아니고 리듬과 강약조절, 심리적, 정신적면이 요구되는 복합스포츠로 오늘 잘 된다고 내일 또한 잘 칠 수 있다는 미래가 보장되지 않는 운동입니다.

골프는 우리 인생과 같이 변화무쌍하고 기복이 심한 면이 있고, 300야드의 드라이버 샷이나 30센티의 퍼트가 동일한 한 타로 취급 받는 모순성도 갖고 있습니다.

골프라는 운동은 오늘 처음 만나 라운드하는 골퍼를 10년 지기 친구처럼 만들어주는 마법도 가지고 있고, 반대로 평소에 존경받는 분이나 윗 상사를 골프매너나 에티켓으로 인해 비난과 졸부로 격하시키는 마술도 가지고 있습니다.
골프는 인간의 내면의 세계를 흔들어 놓아 주체성을 잃게 하고 순간 격노하게도 만들어 자아성을 상실시켜 버리기도 합니다.

골프는 너무 재미가 있어 가정과 직장을 돌보지 않게 만들고, 심하면 파멸의 구렁텅이로 빠지게 도 됩니다. 건강을 얻기 위해 시작한 골프가 도리어 건강을 해치고 때에 따라서는 그린에서 사망에 이르게 하기도 합니다. 골프에 몰입하다 보면 크고 작은 인사 사고가 발생하여 결국 골프룰 제1조는 안전을 강조하고 있습니다. 나이가 들수록 건강관리에 힘써야 함은 당연한 일이나 골프에 빠져 하루 54홀씩 치다가 심장마비나 뇌졸중으로 쓰러지는 경우를 본 적이 있습니다.

골프에서 가장 신경 쓰이는 경우는 1미터 이내의 짧은 퍼터인데 반드시 넣어야겠다는 집념으로 인해 그 자리에서 쓰러져 사망하는 사건도 가끔 봅니다. 여름에 번개가 치면 위험 경고 사이렌이 울려 퍼지는데 이를 무시하고 치다가 번개에 맞아 다치는 경우도 종종 보았습니다.

영국 속담에도 "너무 골프에 빠져 공만 칠 것이 아니라 가끔은 서서 장미꽃 향기도 맡아보는 여유를 가져라"는 말이 있습니다. 이처럼 유유자적하면서 동반자들과 담소하는 여유를 가지면 마음이 평안해질 수 있습니다. 좀 더 삶에 대한 철학을 가지기 위해서는 조나던의 '갈매기의 꿈'에서 표현했듯이 높이 날아올라 하늘 위에서 먹이만을 쫓아다니는 검은 갈매기가 아니라 이상과 꿈을 가지고 날개를 넓게 펴고 하늘을 몇 바퀴씩 돌면서 즐기는 흰 갈매기가 될 것을 권하고 싶습니다."

그는 처음부터 골프를 치던 사람은 아니었다. 골프 비판론자가 골프 애호가로 변신한 것이다. 승리나 스코어를 위한 경기가 아니라 골프를 철학적으로 접근해 진짜 골프를 즐기는 방법에 대한 이어령 선생님의 말씀은 아직도 가슴 속 깊이 남아 있다.

사람들은 나이가 들면 들수록 자신이 만든 규율에 얽매이고 다른 사람의 이야기를 들어 주려고 하지 않는다. 자신이 아는 것만이 정답이라고 생각하기 때문이다. 하지만 이 시대 최고의 지식인 이어령 선생님도 새로운 것을 받아 들이고 다른 사람의 의견을 듣고 변화를 가진다는 것에 다시 한번 감동을 받았다.

그가 기독교인이 된 것도 그러하고 이 시대 리더의 가장 필요한 덕목이 유연함이라고 생각하는 것도 그러한 이유에서이다.

조금 더 높이 날아 더 높은 세상을 보고자 하는 열망은 죽을 때까지 잊지 말아야 할 것이다. 아직도 우리가 보지 못한 수많은 세계가 기다리고 있기 때문이다.

# "생명보다 큰 가치는 없다"
# 박카스 신화의 주인공, 강신호

청춘은 인생의 한 기간을 말하는 것이 아니라 마음가짐을 말하며 스무살 노인이 있는가 하면 여든 살 청춘이 있다.

2002년 푸르름이 가득한 초여름 강신호 동아제약 회장과 자연경관이 뛰어난 이스트밸리C.C와 4년 전 안양베네스트에서의 라운딩을 떠올려 본다. 당시 강 회장은 노장의 나이에도 불구하고 골프는 항상 마음을 설레이게 한다고 고백했다. 라운딩을 하며 타인을 배려하는 마음과 흐트러짐 없는 단정한 모습, 무엇보다 도우미들에게도 겸손했던 강 회장. 익을수록 고개를 숙이는 벼의 모습을 연상케 했다. 골프장에서 변화하는 계절의 아름다움을 느끼며 한 홀 한 홀 돌면서 삶의 지혜를 배우곤 한다는 강 회장은 골프예찬론자이다.

골프가 단순히 육체적 건강을 위한 운동 수준을 넘어선다는 것은 골프의 규칙 제1장이 에티켓이라는 점만 바도 알 수 있다. 티업시간을 엄수하기 위해 일찍 일어나야 하고 라운딩을 하다가 공이 벙커나 러프에 빠져 좌절을 맛볼 때는 모든 일을 겸허하게 받아들이는 지혜를 터득하기도 한다. 남을 배려하는 태도와 정직함 등 모든 면에서 삶의 교훈을 얻게 된다. 또한 골프는 선비정신을 갖춘 스포츠라는 점에서 골프 매너의 정도를 어기지 않는 훌륭한 골퍼만이 동시에 훌륭한 사람으로 존경 받을 수 있다고 말한다.

강 회장은 겸손한 사람이다. 평소 그를 가까이 아는 지인들은 이구동성으로 겸손함에 머리를 숙인다. 매사에 정확하고 정직하고 진지한 그의 정신세계가 지금의 '40년 박카스 신화'를 일궈 낸 것이라고 입을 모은다.

골프대중화의 바람이 불기 전, 1976년 스폰서 대회의 효시인 오란씨 오픈을 개최해 한국 골프 발전에 초석을 다졌다. 어렵게 생긴 스폰서 경기들은 업계 불황의 이유로 스폰서측이 취소하면 없어지고 마는 것이 골프계의 현실이다. 기업체의 총수가 홍보를 위해 대회를 한 두 번 열고는 생각이 바뀌어 중단해 버리면 그만인 예가 허다했다. 강 회장은 1976년 오란씨 오픈으로 시작해 1987년 12회 대회부터 일간스포츠오픈과 통합한 뒤 현재는 포카리스웨트오픈  으로 타이틀을 바꾸어 그 전통을 이어왔으며 현재는 박카스배 전국시도학생 골프대회로 '골프강국 KOREA'를 위한 꿈나무 육성을 위해 꾸준히 지원을 아끼지 않고 있다. '박카스배 전국시도학생 골프대회'는 기존에 활동하고 있는 프로골퍼들이 아닌, 장차 국내 골프계를 빛낼 꿈나무를 발굴, 육성한다는 데 의의를 두고 있어 더욱 의미가 크다. 대회마다 골프를 좋아하고 아끼는 강신호 회장의 깊은 생각이 담겨 있기에 더욱 소중하다.

그의 기업가 정신은 골프장에서 보여준 선비 정신과 맞닿아 있다. 사업으로 인해 힘든 마음을 골프를 통해 위로 받았다는 강 회장. 골프와 더불어 산 인생이었기에 행복한 삶이었다고 회고하며 힘든 일이 닥치면 피하지 않고 더욱 적극적으로 도전해야 한다는 지혜를 골프장에서 배웠다고 전한다.

매 년 골프헤럴드 경영인 자선대회마다 잊지 않고 물질적 지원과 응원을 아낌없이 보내준 따뜻한 마음과 특히 창간 20주년 강회장의 진심 어린 선물로 필자를 감동시키기도 했다.

사람으로 따지면 고희에 이르는 긴 세월동안 동아제약이 생명을 다루는 일에 정진해 오기까지 그에게 생명보다 더 큰 가치는 없었다. 생명은 세상 모든 것의 근본이고 의미이기 때문에 새로운 질병을 슬기롭게 극복할 수 있었던 것도 그의 경영 이념이기도 한 생명에 대한 외경 때문이었다.

85세의 나이에도 젊은 사람들 못지않은 체력을 자랑하는 그는 건강과 비만을 염두하며 소식을 생활화 하고 있다. 생활 속 자기 관리 역시 철저하다. 언제 어디서든, 약속을 하거나 보고를 받을 때도 항상 수첩에 메모를 하는 그는 메모가 바로 '남을 위한 배려' 라고 말한다. 혹시 기억력을 믿고 있다가 잊어버리거나 약속이 겹쳐 난감해지는 상황을 피하고, 미리 만날 사람과 참석할 행사에 준비하기 위함이다. 그간 써 온 수첩은 어림잡아 60권이 넘는다. 60년 전의 수첩은 누렇게 빛이 바랬지만, 한 자, 한 자 눌러 쓴 그날의 기록은 여전하다. '메모가 모이면 책이 된다' 는 말처럼 그 수첩에는 당신과 동아제약의 역사가 고스란히 담겨 있다.

올 해 동아제약 창립 제80주년을 맞이한 강 회장을 보면서 한 세기에 가까운 80년의 세월을 하나의 씨앗으로 나무로 키워온 그의 경영 철학에 존경을 표하며 이제 반도 못 미치는 35년의 세월을 반성하며 앞으로 걸어가야 할 계획을 떠올리며 다시 한 번 숨을 고르게 된다.

60년 전의 수첩은 이미 빛바랜지 오래지만 여전히 늙지 않는 청춘의 강신호, 그가 중심에 있는 한 앞으로도 (주)동아제약은 '생명의 주체' 로서 '생명을 위한 기업' 으로 거듭날 것임을 믿어 의심치 않는다.

# 골프 외교관, 대한골프협회
## 허광수 회장을 말한다

제16대 대한골프협회 허광수 회장은 한국의 '골프 외교관'으로 불린다. 피터 도슨 영국 왕립골프협회(R&A)회장, 마스터스를 주관하는 빌리 페인 오거스타 내셔널 G.C 회장 등 美 PGA 투어 골프장들과 친분이 두터운 그는 아시아태평양골프연맹 회장이기도 하다.

2016년 브라질 올림픽에서 골프가 112년 만에 다시 정식종목으로 채택되면서 책임을 느낀다는 허 회장은 기존의 틀을 재정비 하며 좋은 성적을 거둘 수 있도록 만전을 기하고 있다. '사실 어떻게 준비해 나가느냐'가 관건이다. 올림픽은 국가 대항전인 만큼 모든 선수들이 애국심을 갖고 집중력을 발휘할 수 있도록 다각도로 고민하고 지혜롭게 헤쳐 나가야 할 문제이다. 변화하는 골프 환경의 현주소에서 본질을 깨닫고 현실에 알맞게 꾀할 것이다.

그를 통해 진정한 리더쉽에 대해 생각해 본다. 평소 굳은 신념과 준비된 경영인으로 통하는 그이기에 기대와 신뢰가 따르는 것도 마땅하다. 모든 것은 준비하고 노력하는 자에게 주어지는 과제이기 때문이다.

하지만 그가 골프에 대한 애착을 보이는 이유는 또 하나 있다. 바로 골프계에 훌륭한 업적을 남긴 선친이 해왔던 일을 이어 받아 이을 수 있다는 자부심이다. 처음 서울 C.C(지금의 군자동 어린이대공원 자리)에 갔다가 그 곳 연습장에서 선친의 권유로 드라이버를 쳐 보게 된 것이 골프의 시작이었다.

처음 치는 공이지만 볼이 운 좋게 잘 맞아 제법 멀리 날아가는 것을 보고는 허정구 회장은 앞으로 틈이 나는 대로 연습을 계속해 보라는 말씀으로 격려를 해주셨다고 한다. 아버지가 쓰던 골프채를 물려받아 본격적인 연습을 하고 클럽을 잡은 지 1년 만에 핸디캡 7을 기록하는 위력을 보이며 그는 한국 아마추어 골프계의 히로인으로 혜성같이 등장해 화제를 모았다. 그 시기만 해도 젊은 나이에 골프를 친다는 것은 드문 일인데다 골프 실력마저 출중해 허광수 회장은 늘 주위의 이목을 끌었다.

고려대 재학 시절 아이스하키선수로 뛰었던 허 회장은 아이스하키를 하면서 임팩트 감각을 키울 수 있었고 한창 때는 벙커샷만 수백 번씩 반복해 연습할 정도로 골프에 몰두했다.

1971년 한국아마추어골프선수권대회를 제패하는 등 프로선수 못지않은 실력을 지닌 아마추어였던 그를 아버지는 매우 자랑스럽게 생각했다. 비록 대학 졸업 후 유학기간을 거쳐 곧 바로 사업에 전념하면서 프로골프의 세계에 입문하지는 못했지만 (주)삼양인터내셔널을 통해 미국 핑 골프용품을 수입하고 현재 남서울 골프장 회장을 맡으며 각별한 골프와의 인연을 이어오고 있다.

선친은 그에게 진정한 골퍼는 훌륭한 매너가 밑바탕이 되어 있어야 한다고 말씀하셨다. 선친의 영향을 받은 그는 출중한 실력의 골퍼라 해도 매너 소양이 갖추어져 있지 않거나 동반 플레이어에 대한 배려가 없는 경우에는 기본기가 없다고 판단한다고. 골프를 통해 그 사람의 됨됨이를 본다.

허 회장과 동반라운딩을 한 사람들은 여지없이 그의 매너와 실력을 높이 평가한다. 스코어보다는 과정을 중요시 하고 매너와 에티켓 준수를 우선으로 하기 때문이다. 실력은 언제든지 만회할 수 있지만 매너는 그럴 수 없다는 것이 그의 생각이다.

물론 젊은 시절만큼 힘 있는 플레이를 하기는 어렵다. 하지만 아이스하키 출신의 허 회장은 튼튼한 하체발달과 기본적인 체력 덕에 여전히 녹슬지 않은 실력을 자랑한다. (주)삼양인터내셔날의 골프사업 부문의 하나인 '핑 골프' 역시 유일하게 브랜드 활동하며 애착을 증명한다. 골프에 대한 남다른 정성과 제품만으로도 판매를 자신하는 핑의 기술력과 그만의 고집스러운 경영철학은 어찌 보면 소박하지만 꾸준한 성장세를 유지하는 성공비결일지도 모른다.

'골프는 소년을 가장 빨리 어른으로 만들고 어른에게는 영원히 소년의 영혼을 갖게 한다.'고 누군가 말했다. 골프와 함께 해 더 없이 맑은 영혼을 지닌 영원한 청년 허광수 회장. 그는 사나이다운 카리스마를 지난 진정한 골퍼이다.

지난 2011년 남서울 골프장에서 특별히 요청 끝에 허광수 회장과 골프클럼니스트 김맹녕 통일문화연구원 라종억 이사장과 함께 라운딩을 한 기억이 떠오른다. 그 날은 긴장된 탓인지 공이 제대로 맞지 않았고 그 뒤로 함께 라운딩을 하고픈 생각이 들어도 당시 부끄러운 실력에 선뜻 나서지를 못하고 바램으로만 간직하고 있다.

허광수. 이름 석 자. 어쩌면 그의 삶은 생생한 골프현장이자 기록일 것이다. 바쁜 비즈니스맨이지만 오롯이 자신만을 위한 골프철학에는 평생 변함없다. 한국 골프계 발전에 있어 역대 골프단체회장들이 있었기에 지금의 발전이 가능했듯 우리나라에 골프가 전파된 지 100여년 역사가 흐른 지금, 역사 속 큰 획을 그은 또 하나의 인물로 그가 자리 잡기를 소망해 본다.

# 한국 체육을 세계무대로…
# 김운용 前 국제올림픽위원회 (IOC) 부위원장

지난 2009년 12월, 새해를 눈앞에 둔 거리에는 크리스마스 캐롤이 정겹게 울려 퍼지고 있었다. 연말연시를 맞아 더욱 바쁘게 움직이는 도심의 한복판, 창 밖의 분주한 발걸음들을 뒤로 한 채 김운용 전 IOC 부위원장과의 만남이 있었다. 오랜 시간 알고 지낸 세계체육기자 연맹의 박갑철 부회장이 주선해준 만남이었다.

김운용 부위원장은 1931년 서울에서 태어났다. 김 부위원장은 본래 법과 정치학을 공부한 인물이다. 미국 텍사스 웨스턴 대학을 졸업한 후 미국 조지워싱턴 대학원, 1976년 미국 메리빌 대학에서 법학박사 학위를 받았으며, 91년에는 연세대학교에서 명예 정치학 박사학위를 받았다. 이렇듯 법학도이자 정치가였던 그이지만 체육인으로서 더욱 큰 족적을 남겼다. 생생한 역사의 현장에서 살아온 그의 인생은 한국 체육을 빼고는 설명될 수 없는 것이다.

김운용 부위원장이 한국 체육사에 끼친 영향은 지대하다. 71년에는 태권도 협회장, 이듬해엔 초대 국기원장을 역임했으며, 73년에는 세계태권도연맹(WTF)을 창설해 총재의 자리에 올랐다. 86년에는 국제 올림픽(IOC)위원에 선임되었고 92년 국제 올림픽 부위원장, 93년 대한 체육회장 겸 한국 올림픽 위원장을 맡았다. 세계 체육계 일을 하면서 그 동안 받았던 훈장만 해도 일일이 열거할 수 없을 정도다.

"지금의 체육이 부흥한 것은 오랜 시간 전부터 지속적인 투자와 성장의 연장선에서 비롯된 것이라고 생각합니다. 스포츠도 나름의 역사와 전통 없이는 불

가능하기 때문이지요."
김운용 부위원장은 많은 기록을 세우며, 한국 체육의 역사와 전통의 기반을 세웠던 체육인이다.

1986년 한국을 대표하는 IOC 위원으로 선출된 지 불과 6년 만에 IOC 부위원장의 자리에 올랐다. 특히 2001년 모스크바 IOC 총회에서는 비록 아깝게 실패하기는 했지만, 유색인종으로는 처음으로 IOC 위원장에 도전하기도 했다.

김 부위원장은 2004년 IOC 위원을 자진 사퇴하기까지 임기 4년 동안 부위원장을 두 차례, 집행위원 두 차례, 그리고 TV분과위원장 등을 역임한 바 있다. 그리고 또 하나의 커다란 기록이 있었으니, 그것은 바로 한국의 태권도를 올림픽 공식 종목으로 당당히 올려놓은 것이다.

"태권도가 시드니올림픽 정식종목에 채택되는 과정은 마치 한 편의 드라마 같았지요. 모두들 불가능하다며 가능성 제로라고 말했지만 결국에는 만장일치 찬성을 이끌어 내지 않았습니까. 이 모든 일이 불과 며칠 사이에 일어났으니 얼마나 긴박했는지 말로는 표현 못합니다."
그는 특유의 여유로운 웃음으로 당시를 회상했다.

사마란치 위원장을 찾아간 김 부위원장은 끈질긴 노력으로 사마란치의 마음이 움직이게 만들었다. 이에 사마란치는 '남녀 1체급씩 2개 금메달'을 제안했는데 "남녀 1체급씩이면 안 하는 게 낫다"며 강경책을 썼다고 한다.

"내가 의외로 강력하게 나오니까 사마란치가 놀라는 표정을 짓더군요. 부탁하는 입장에서 강경한 자세를 취하는 게 좀 미안하긴 했지만 이건 국가적인 자존심 문제였습니다. 결국 '남녀 2체급씩 4개 금메달'로 수정하더니 집행위원들을 설득해 보랍디다." 김 부위원장은 밤새 집행위원들을 찾아 다니며 설득작업을 했다. "반응들이 영 밋밋해서 불안했지만 이왕 뽑은 칼이었습니다. 절대 포기할 수가 없었지요." 집행위원회에서도 그는 과감히 '남녀 3체급씩 6개 메달 안'을 상정했는데, 지성이면 감천이라 했던가. 그의 밤샘 설득이 먹혔는지 뜻밖에도 받아 들여졌다. 그에 힘 입어 김 부위원장은 총회에서 또 한번 무리를 해 '남녀 4체급씩 8체급'을 제안했고 결과는 89명의 IOC 위원 중 출석한 85명 전원 찬성으로 이어졌다.

"통과를 기대하곤 있었지만 만장일치라니 나도 놀랐습니다. 김영삼 대통령이 민족의 쾌거라며 축하전화를 해줬고, KBS가 주관해서 '올림픽정식종목 채택기념 태권도대회'가 장충체육관에서 열렸지요."

김용운 부위원장은 IOC 내에서 주목받지 못했던 한국의 위상을 높였으며 한국 스포츠 외교의 중심에 서서 각종 국제대회를 유치하는 데 앞장 섰다. 하지만 정작 그는 '스포츠 외교'라는 표현을 탐탁치 않게 여겼다. 스포츠에는 외교라는 게 있을 수 없다는 그의 지론 때문이었다.

"스포츠 외교 하는데 외교라는 게 무엇입니까. 교섭의 기술 아닙니까. 스포츠에 그것을 갖다 붙이는 것은 어불성설이지요. 사람의 품성과 어학, 지식, 이러한 것들이 조화를 이루고 신뢰를 주는 게 바람직한 것이지 단지 고도의 기술만 믿으면 안 됩니다."

실제로 그의 모든 활동은 6개 국어를 사용하는 언어 능력과 뛰어난 대인관계를 바탕으로 이루어졌다. 김 부위원장은 영어, 불어, 일어, 스페인어, 독일어에 능통하다. 상대방의 문화와 언어를 이해하지 못한다면 그에 맞는 감동을 줄 수 없으며, 스포츠에서도 어학과 같은 지식이 수반되어야 한다고 믿는 것이 그의 지론이다.

"상대방의 문화를 모르고 이해하지 못하는데 진정한 스포츠 정신이 나오겠습니까. TV에서도 문화적인 프로그램을 더 많이 활성화해야 합니다. 외교도, 교류도 그 나라의 문화를 이해해야만 가능한 것입니다. 요즘 세대는 역사와 문화, 전통을 너무 무시하는 것 같아 안타까워요." 김 부위원장은 '우직한 사람은 자신의 경험에서 배우고, 현명한 사람은 조상의 경험에서 배운다'는 옛 말을 예로 들었다.

"진보든 보수든 간에 이것은 놓치면 안됩니다. 선조들은 성공과 실패의 경험이 있지요. 역사는 돌고 돕니다. 옛 것에서 배우면 틀림없이 교훈이 있을 겁니다. 물론 나도 급진적일 때가 있었지만 말입니다. 선생님한테 반항도 해 보았고…" 그는 허심탄회하게 웃으며 말했다. 김 부위원장은 어지러웠던 한국 근대사를 살았던 인물이다. 한국 체육사에 큰 발자국을 남겼지만, IOC 위원을 자진 사퇴하기까지 조사도 많이 받았고 굴곡도 참 많았다. 그는 성공하기까지 자신의 일하는 스타일에 대해 말없이 혼자 뒤집어쓰고 묵묵히 일하는 타입이라고 했다. '요란하게 책상 두드리면서' 일을 하지 않았기 때문에 그 만큼 남모르는 속앓이도 많았다고 한다.

세계를 넘나들던 체육 최고지도자의 영광을 뒤로한 채, 평범한 범인으로서의 심정을 담은 그의 말을 들으니 세월을 뛰어넘은 초연함과 여유가 묻어 나왔다.
"내가 살았던 시대는 낭만이 있었어요. 정치든 뭐든 무에서 유를 창조한 시절이기 때문에 꿈도 많았고 무엇을 하고자 하는 의지도 의욕도 많았지요. 하고 싶은 게 참 많았습니다."

그는 어렸을 때부터 재주가 남달랐다. 소학교 때 스모를, 중학교 때는 유도, 복싱, 육상, 공수, 스케이트까지 수준급으로 탔다. 특히 스케이트를 좋아해서 아킬레스건이 쓸리는 것도 모를 정도로 스케이트를 탔다고 한다. 태권도는 30대에 5단까지 했을 정도로 만능 스포츠맨이다.

또한 연대동문회 때 음악회를 열 정도로 피아노도 자유자재로 다루는데 주로 쇼팽을 연주하길 좋아한다. 미국 TV에서도 그의 연주가 방영되었을 정도라고 하니 그 실력이 짐작이 간다.

김 부위원장은 요즘 매우 바쁜 생활을 하고 있다. 이곳저곳에서 특강 요청도 들어오고 있고, 일본 게이오 대학의 교수이기도 하다. 칼럼니스트로 활동하기도 하는데 특히 몇 년 전 중앙일보의 '남기고 싶은 이야기들 – 올림픽 30년? 태권도 40년'라는 칼럼을 통해 대한민국 올림픽과 태권도 역사에 대한 생생한 에피소드를 연재했었다. 현재는 지금까지 알려지지 않았던 재미있는 체육계 뒷이야기들을 사진 자료와 함께 챙기며 집필하고 있다.

"예전에는 골프를 치는 사람이 별로 없었지요. 골프가 우리나라에 알려진 것은 아마 1960년대로 기억합니다만, 나는 골프를 70년도 경호실장 시절에 시작했습니다."

김 부위원장이 청와대에 근무할 시절, 그는 새벽 출근 전에 뉴코리아CC나 한양CC 등 가까운 골프장을 찾아 라운딩을 즐겼다. 새벽 4~5시에 필드에 나가 출근 전까지 돌 수 있는 만큼 12홀 정도 돌고 청와대로 바로 출근했는데 그 때 골프를 즐겼던 멤버들끼리 '조타회(朝打會)'라 이름 붙였다 한다. 1974년 그가 대한체육회 부회장직을 맡았을 때는 각종 골프대회에서 우승, 메달리스트, 장타상을 휩쓸었다고 한다. 그때 그의 베스트 스코어는 80타 수준이었는데 지금까지도 80타를 유지하고 있다.

"그것도 매일 라운딩할 때 얘기지요. 요새야 80타 치는 사람이 부지기수지만, 그 당시에는 이 정도면 참 잘 치는 스코어였답니다."

88올림픽을 준비할 때부터 김 부위원장의 골프 공백기는 시작되었다. 골프 칠 새가 없을 정도로 너무나도 바빴기 때문이다. IOC 위원들과도 골프를 친 경험이 있느냐 물었더니 그게 그렇게 쉬운 일이 아니란다.

"IOC위원들은 골프를 잘 안칩니다. 골프라는 운동이 하루를 꼬박 소비하지 않습니까. 위원들은 그런 여유가 없어요. 겉으로는 화려하고 명예롭게 보일지 몰라도 책임이 무겁고 사명감이 따라야 하는 자리입니다. 굉장히 고되기도 하고 할 일도 많지요."

IOC위원직을 맡은 후로는 눈코 뜰 새 없이 바빠서 라운딩을 한 번도 못 나갔다. 게다가 최근에는 허리가 좋지 않아서 골프를 칠 수가 없었는데 지금은 그래도 많이 나아져서 조만간 다시 필드에 나갈 계획이라고 한다. 일본에서도 라운딩을 많이 즐겼는데 기억에 남는 코스로는 삿포로의 골프장들을 꼽는다.

김 부위원장은 "스포츠를 사랑하고 골프를 즐기는 팬으로서 해외에서 선전하는 선수들을 볼 때마다 뿌듯하고 기쁘다"고 말했는데 특히 LPGA에서 활약하는 선수들을 보면 자랑스러움을 느낀다고 했다. 선수들을 육성함에 있어서도 환경적인 지원이 뒷받침 되어야 하는데 아직은 열악한 점이 많은 실정이라며, 한 명의 뛰어난 선수를 키우려면 그 노력에 비해 낮은 성공률 등 여러 가지를 감안해야 한다고 말했다. 선수 육성층이 두터워야 훌륭한 선수를 발굴할 수 있다는 것이다.

"스포츠에 있어서 가장 중요한 것은 승패를 떠난 교류에 있습니다. 그것이 진정한 스포츠 정신이기도 합니다."
김 부위원장이 바라보는 골프계에 대한 시선은 세밀하고도 애정 어린 것이었다. 세계 체육계를 이끌었던 한 사람으로서 선수들을 키우는 법, 선수들의 국위선양, 올림픽 종목 채택 등의 문제에 관심이 많았으며, 그 지식과 견해에도 깊이가 있었다.

김운용 부위원장은 자신이 생각하는 스포츠 정신을 이야기하면서 이 날의 만남을 마무리했다.

# 조중건 회장의
# 골프인생 & 경영철학

골프 혹은 일상생활에서 중요한 한 가지는 상대방을 칭찬하는 것입니다.

탁월한 외교력과 사교술, 사람을 중시하는 매니지먼트, 미래를 꿰뚫는 예리한 판단력, 일등주의 경영 철학 등으로 짧은 시간에 대한항공을 세계적 항공사로 성장시키는데 평생을 바친 조중건 대한항공 회장을 만나 귀한 이야기들을 들을 수 있었던 걸 행운으로 생각한다..

조회장은 항공운송 외길로 매진한 40년 세월의 흐름 속에서 어느덧 80을 바라보는 시니어가 되었지만 아직도 힘과 박력이 넘쳐 나는 모습이 나이를 의심할 정도였다.

그의 외양은 깔끔한 영국신사 차림에 겸손함이 배어 있었고, 편안한 마음을 갖게 해주는 대인관계 노하우는 오랫동안 국제외교와 협상을 통하여 닦여진 값진 산물로 보였다.

'실리주의를 택하여 현명하게 처신하였던 시대는 안정과 번영을 구가하였지만, 명분과 자기 주장만을 내세우는 시대는 반드시 위기와 고통을 겪을 수 밖에 없으며, 철저히 현실주의적 시각에서 모든 문제에 접근해야만 민족과 국가가 튼튼해질 수 있다는 것' 이 조 고문의 지론이다.

역사 서적을 매주 한 권씩 독파할 정도로 독서에 열중하며 틈나는 대로 음악회도 다니고, 한 달에 두 서너 번 정도는 골프를 치는 것이 최근의 근황이다.

그가 처음으로 골프채를 잡은 것은 1955년 UC버클리 대학 수학시절이다. 체육시간에 배운 이론과 실기를 활용하기 위해 샌프란시스코 근교에 있는 퍼블릭 코스에 나가 머리를 얹은 것이 그의 골프인생의 시작이라 한다.

골프 구력 55년에 핸디캡은 18정도로서 누구와도 어울릴 수 있는 수준이다. 본격적으로 골프에 입문한 것은 대한항공이 정상화되던 1964년부터다. 해외출장이나 세미나, 학회가 있을 때 시간을 쪼개어 건강을 다지기 위해 골프라운드를 하였다. 때로는 세계적인 항공사 CEO나 외국정부 수반, 세계적 기업가 등과 업무상 많은 라운드를 했으며 그렇게 맺어진 다채로운 인간관계는 회사경영에 큰 보탬이 되었다고 한다.

그는 "지금까지 살아온 경험으로 볼 때 이 세상에서 게임에 지고 좋아할 사람은 하나도 없는 것 같습니다. 그러나 이기기보다는 지는 편이 마음이 편하고 좋아 핸디캡을 후하게 주고 플레이를 하는데, 특히 비즈니스 관계나 혹은 윗사람과 작은 내기라도 걸려 있을 때에는 더욱 그렇습니다. 골프 혹은 일상생활에서 중요한 한 가지는 상대방을 칭찬하는 것입니다. 상대방 플레이의 내용, 멋있는 드라이버 샷, 기막힌 버디 등을 기억해 두었다가 적절한 때 언급해주면 상대방의 기분도 좋게 해주고 서로의 호감도도 상승시킬 수 있습니다. 이것이 사교골프의 효과를 최대로 얻어 낼 수 있는 포인트지요."

그는 언제나 골프코스에 가면 직위여하를 막론하고 편안하고 유쾌하게 골프를 즐길 수 있도록 분위기를 리드한다. 남을 배려하는 마음이야말로 일상생활에서

나 골프에서나 꼭 필요한 요소라고 그는 강조했다.

"지금까지 나의 베스트 스코어는 79이고, 홀인원은 두 번을 했습니다. 이글은 5번 정도라 기억합니다. 홀인원은 모두 하와이에 있는 호놀룰루 컨츄리클럽에서 해서 그곳이 나와는 특별한 인연이 있는 것 같이 생각됩니다."

골프는 한번 빠지면 헤어 나오기 힘든 마력을 가진 운동으로, 인간의 판단과 이성을 마비시키는 특수성을 가진 운동이다. 대만이나 일본인들은 자동차 트렁크에 골프채가 들어 있으면 사업거래를 하지 말고 은행에서는 돈도 대출해 주지 말라는 말이 있다고 한다. 미국에서는 골퍼가 70대를 치면 가정, 직장, 사업을 등한시 한다는 경고성 속언도 있다. 서양의 골프 속담 가운데는 '골프에서 속임수를 쓰는 사람은 사업에서도 속임수를 쓴다' 는 말이 있다. 특히 비즈니스 파트너와 함께 골프를 칠 때는, 이 골프명언을 마음에 새겨두고 라운드 했으면 좋겠다고 말했다.

"공직자가 골프를 치러 나갈 때는 상황판단을 잘하고 나가는 것이 사회에 비판을 받지 않고 자기를 보호하는 방도가 됩니다. 그 동안 우리는 신문지면과 TV방송을 통해서 많은 고위 공직자와 사회인사가 부적절한 시기에 부적당한 인사와 골프를 하여 사회의 엄중한 비판을 받고 더 나아가 직책을 박탈당하는 경우를 수없이 보아 왔습니다. 또한 골프접대를 통한 비즈니스 유착관계로 문제가 되어 난관에 봉착한 인사들도 많이 보았지요. 골프에 너무 광적인 집념을 갖게 되면 가정이나 직장, 경제적인 면으로도 득보다는 손해가 많다는 것을 인지하고 중요한 시기에는 항상 이성적으로 판단한 후 결심하는 것이 골프나 인생에서 대단히 중요합니다."

항공인생 40여 년. 조 고문은 세계를 두루 다니며 항공노선 개척과 협상, 국제회의 그리고 항공기 구매 등으로 1년 365일 중 120여 일을 해외에서 바쁘게 보내면서도, 조금씩 시간을 할애하여 골프를 통해 건강을 다졌다. 해외 출장일수가 3박 4일 또는 5박 6일 정도여서 그는 늘 수면부족과 피로에 시달렸다. 하지만 비행기 탑승 전에 공항부근 골프장에서 9홀이나 14홀을 돌고 비행기에 탑승하면, 서울까지 숙면을 취할 수 있기 때문에 이러한 독특한 방식으로 피로를 풀었다고 한다.

그는 은퇴 후 시간이 나면 세계의 명코스 순례를 하겠다고 계획을 잡아두었는데, 스케줄에 따라 한 군데씩 실천에 옮기고 있는 중이다. 골퍼라면 가장 라운드하고 싶은 코스, 마스터스의 무대로 널리 알려진 오거스타 내쇼날 코스는 세계침례교회 회장이자 극동방송 이사장을 역임한 김장환 목사의 안내로, 그는 이 곳을 두 번이나 라운딩하는 영광을 갖게 되었다고 한다.

오거스타 내쇼날 코스는 환상적인 정경과 매 홀 마다 감탄을 연발하게 만드는 코스디자인과 완벽한 관리로, 라운드 도중 숨을 고르며 주위환경을 감상하는 일이 빈번했다고 한다. "코스를 도는 동안 건장한 캐디를 대동하고 일일이 코치를 받으면서 코스공략을 하다 보니 마치 내가 세계적인 프로인 것처럼 착각이 되기도 하더군요" 그는 웃음을 지으며 말했다.

마스터스 중계 때 보았던 구름 같은 갤러리의 함성이 금방이라도 들려올 것 같은 감회에 휩싸여 샷을 하다 보니 기대이상의 스코어를 기록하는 행운도 맛보았다. 마스터스 TV중계 때 자주 등장되는 12번 아멘홀에 서서 이 골프장을 만든 보비 존스의 노력과 헌신에 다시 한번 머리를 숙여 찬사를 보내기도 했다.

골프의 발상지로써 골퍼들의 영원한 고향인 스코틀랜드 세인트 앤드르스 골프장에서 항아리 벙커에 빠져 10번 만에 나온 추억, 아름답기로 유명한 미국의 페블비치에서도 가장 아름다운 홀인 파3 시그네쳐홀에서 버디를 한 기록도 그만의 에피소드들이다.

스페인의 유명프로인 세베 발레스트로스가 설계한 오이타의 BFR골프장, 호놀룰

루의 코럴 컨츄리 클럽, 필리핀 마닐라의 와쿠와쿠 골프장, 말레이시아 페낭의 신타사양 골프장, 아프리카 케냐 골프장, 남아공의 악어가 나오는 썬시티 골프장 등 전세계 골프장을 돌며 자연의 아름다움과 코스디자인에 매료되었다. 이 모두가 항공사 대표로 일한 덕에 얻은 '특전이라면 특전' 일 것이라며 그는 호쾌한 웃음을 보였다.

"바쁘게 앞만 보고 달려오다 보니 어느덧 나이가 80을 바라보게 되어, 골프로 치면 지금 16홀 그린에 와있지 않나 하는 생각을 하게 됩니다."

그의 호를 따서 만든 '화암장학회'에 매년 1억 원씩을 기부해, 미국에서 공부하는 학생들의 장학금으로 지원하고 있다. 조 회장과의 좋은 인연 속에 필자의 여식이 캐나다 밴쿠버에 있는 카필리아노 대학 유학 중에 화암장학회에서 주는 장학금을 받은 적이 있어 개인적으로 감사한 마음을 간직하고 있다. 지금까지 15여 년 동안 장학금을 받은 학생들이 의사, 변호사, 박사, 교수, 경영인, 특수 전문인이 되어 사회에서 활동하는 것을 볼 때 마음이 뿌듯하고 자랑스럽다고 한다.

88올림픽 때는 평소 친분이 두터웠던 사마란치 올림픽 위원장을 도와 우리나라에서 최초로 열리는 올림픽이 성공적으로 개최되도록 최선을 다했고, 국위 선양과 체육발전을 위해 전폭적인 지원과 후원을 아끼지 않았다. 그도 젊었던 시절 대학에서 어렵게 공부하며 '리바이스진' 창업주 아들에게 도움을 받았던 적이 있다. 자신이 그러했듯이 그 도움을 남들에게도 똑같이 되갚고자 하는 그의 신념은 여러 가지 사회환원 사업을 통해 실천되고 있다.

바쁜 일정 속에서 한국과 하와이를 오가며 가까운 이웃들을 챙기며 열심히 사는 모습에서 "아! 바로 저 모습이 아름다운 인생이구나!" 하고 느꼈다.

# 사회를 치유하는 이시형 박사

이시형 박사와의 인연은 1975년 이박사가 고려병원에서 신경외과 의사로 재직 중이던 시절부터이다. 큰 키에 검은 뿔테 안경, 붉은 가디건을 즐겨 입는 지적인 의사로 기억되어 있었다. 그 후 한동안 신문 등 각종 언론을 통해 다양한 글을 쓰는 의사로도 만날 수 있었다. 그러던 중 지난 여름 영종도 을왕리에 있는 골든스카이 리조트를 통해 다시 가까워졌다.

오랫동안 염원해왔던 이시형 박사와의 인터뷰가 2011년 신년호에 일정이 잡혔다. 인터뷰가 있었던 날 아침엔 서울이 새하얀 눈으로 덮여 있었다. 그의 연구실 입구에 들어서자 '골프헤럴드 이순숙 작가님을 환영합니다' 라고 쓰여진 예쁜 팻말에 작은 감동을 받기도 했다. 그의 작은 배려 하나가 추운 겨울 날 눈길의 교통체증을 잊고 약속시간에 늦을까봐 헐레벌떡 달려온 우리 일행의 마음을 녹여 주었다.

새하얀 눈으로 뒤덮인 연구실 밖의 설경과 이시형박사의 모습이 마치 한 폭의 그림처럼 평안해 보였다. 여러 인터뷰를 해 왔지만 골프에 대한 언급은 골프헤럴드가 처음이라고 한다.
이박사는 한국이라는 나라는 어느 곳보다 경제성장 속도가 빠른데 이것은 우리의 골프역사와도 닮아 있다고 말했다. 골프 강국이지만 아직 골프 선진국으로 말하기엔 이르다는 말이다. 고액의 강연료를 받는 인기강사이기도 한 이시형 박사와의 인터뷰는 명강사답게 마치 강의처럼 물흐르듯이 이어졌다. 그 날 이시형 박사와의 인터뷰 내용 전문을 그대로 실어 본다.

Q 한국인들이 특히 골프를 좋아하는 이유에 대해 '정신분석학적'으로 접근을 하신다면?

우리나라는 기마유목민족이라고 합니다 시베리아, 몽골, 요동반도에서 말을 타고 한반도까지 내려오게 된 것입니다. 넓은 곳을 누비고 살던 민족이 한반도에 정착하게 되면서 더이상 갈 곳이 없어진 거죠. 그래서 말을 버리고 정착을 하게 됩니다. 우리민족의 핏줄 속에는 광활한 평야에 대한 향수가 남아 있습니다. 해외교민이 전 세계적으로 1,700만에 달합니다. 그동안 억눌려있던 기질이 분출된 것이라고 할 수 있습니다. 대한민국의 뿌리에는 광활한 초원을 달리던 유전자가 남아 있는 겁니다. 아마도 유난히 골프를 좋아하는 이유가 여기에 있지 않을까 생각합니다. 추운 겨울에도 골프를 치는 나라는 우리나라 밖에 없다고 합니다.(웃음)

옛 조상들이 광활한 평야를 달리던 기분으로 골프를 즐기는 겁니다. 샤머니즘이라고 하는 것도 대평원에서 살아가는 유목민들 사이에서 시작된 것입니다. 정착하지 않는 이들에게 믿을 곳이라곤 하늘뿐이었기 때문입니다. 인간 자연체의 모습과 가깝습니다. 현대인들에게 도시의 잔디밭은 관상용이지만, 골프장에서는 잔디를 밟고 다닐 수가 있으니 자연으로 돌아가는 것입니다. 인간 자연체란 태양 아래 바람을 맞으며 대지를 밟고 사는 모습입니다. 저의 평소에 삶에 대한 철학과 골프가 많이 닮아 있습니다.

제가 골프를 좋아하는 이유이지요.(웃음) 또한 공간의식이 우리나라만큼 발달한 곳도 없습니다. 어른들이 눈대중으로 한다는 말을 종종 하지 않습니까? 그게 그냥 하는 말이 아닙니다 그만큼 공간의식이 뛰어나기 때문에 가능한 일입니다. 홀이 보이지도 않는데 눈대중으로 정확하게 칠 수 있는 것입니다. 양궁을 잘하는 이유도 비슷하다고 할 수 있습니다. 공허한 하늘에 쏘아 올리는 활은 공간을 인식하지 않으면 안 되는 것입니다. 우리나라는 지금 세계적인 골프선수들이 많은데 대평야의 평온을 그리워하고 좋아하는 DNA 유전자가 흐르고 있어 서 잘 할 수 있는 것입니다.

한국의 고속성장과 골프의 역사가 참으로 많이 닮아 있습니다. 지금처럼 골프가 대중화된 것도 많은 사람들이 넓은 골프장에서 엄청난 스트레스를 해소할수 있기 때문입니다.

Q '골프는 멘탈게임이다'라고 하는데 어떤 정신적 수련을 해야 할까요?
골프는 닦으면 좋아지는 게 아닙니다(웃음) 열심히 골프 연습을 하는 사람들이 들으면 화를 내겠지만요. 골프장만큼 행운과 불운이 명확한 곳이 없기 때문입니다. 골프를 인생에 비유하곤 하는데 그 행운과 불운을 직접 체험할 수가 있습니다. 홀인원의 경우도 잘 쳐서 맞춰서 들어 갔다기 보다는 빨려 들어간다는 말이 더 어울립니다. 한 타, 한 타 치면서 행운과 불운이 반복되는 것입니다.

사람들이 내기 골프를 많이 하며 내기에서 지면 실력이 없다고 생각하는 게 아니라 운이 없다고 생각하는 이유입니다. 잘 쳐지지 않아서, 기분이 더욱 나빠져서 골프장을 나서는 경우도 있습니다. 스트레스를 해소하러 갔는데 오히려 스트레스를 받고 오는 경우입니다. 문제가 뭘까요? 자기 자신을 잘 다스리지 못하는 것입니다. 자기 조절을 잘하는 사람이 골프를 잘 칩니다. 골프를 공격적인 것으로 생각하면 이길 수가 없습니다. 잘 맞으면 기분이 좋아져 엔돌핀이 분비되지만 잘 되지 않으면 기분이 나빠지죠. 아드레날린이 분비되어 공격성이 강해집니다 그 사이를 조절하는 것이 '세로토닌'이라는 호르몬입니다.

한국골프가 비약적인 발전을 이루었듯이 한국인의 삶도 그렇게 빠르게 성장했습니다. 그러나 빠르게 변화하는 사회 속에 사람들의 행복지수는 어떠할까요? 더 발전한 지금이 예전보다 과연 행복하다고 할 수 있는 것일까요? 수많은 질병이 있지만 현대인에게 정신의 병은 이제 다른 어떤 병보다 심각하다고 할 수 있습니다. 스스로 우울증이라고 느껴보지 않은 사람이 몇이나 될까요? 정신병원이 필요 없는 세상은 세로토닌에 의해서 가능합니다. 세로토닌이 부족하면 우울, 자살, 강박, 중독, 수면장애, 불안 공황장애, 만성피로 증후군 등 정신병리 현상이 일어납니다.

이제는 우리가 마음의 소리에 귀를 기울여야 할 때이지요. 바로 세로토닌의 시대인 것입니다. 골프를 잘 친다는 게 뭘까요? 바로 즐겁게 치는 것 아니겠습니까? 성적에 연연하지 말고 여유를 가지고 '자연과 사람과의 만남'을 즐기라고 권유하고 싶습니다.

그러면 세로토닌이라는 좋은 호르몬이 많이 분비되어, 최상의 컨디션으로 동반 파트너와도 화기애애한 분위기를 유도하며 당연히 좋은 스코어에도 접근할 수 있는 것이죠.

Q 박사님의 유년기는 어땠나요?

초등학교 2학년 때 담임 선생님이 여자 선생님이셨어요. 문경에 있는 학교에 다녔었는데 그분이 한국계 일본여성이셨습니다.
그 때는 학교에 양복을 입고 있는 학생이 형이랑 저밖에 없었어요.(웃음) 팔봉산 끝자락에 있는 집에서 십리를 걸어서 학교를 갔는데 아마 그때부터 자연과 가까워 질 수 있었던 것 같습니다. 그 당시에는 일본말을 할 줄 아는 아이들이 아무도 없어서 선생님과 유일하게 말이 통했던 사람은 저뿐이었습니다. 그렇다 보니 자연스럽게 선생님과 가까워지고 저를 많이 예뻐해 주셨습니다. 솔직히 편애를 받았죠.(웃음)
아버님이 그 당시 성균관을 다니셨고 삼촌들이 일본 유학을 다녀와 저희 집은 빨리 개화가 된 편이었습니다. 해방된 이후에는 제가 태극기 그리는 것을 아이들에게 가르칠 정도였으니까요. 여하튼 선생님께서 자연과 더욱 가까워 질 수 있도록 큰 계기가 되어주셨습니다. 문경 강가에 텐트를 치고 바이런의 시를 읽어 주시며 자연 속에서 편안하게 쉴 수 있도록 해주셨습니다.

달빛이 물에 비칠 때면 선녀가 놀고 있다며 시를 읊조려 주시기도 하시고 그릇에 아침이슬을 받아주시며 그 안에 우주의 혼이 담겨 있다고 말씀해 주셨습니다. 그래서 제일 기억에 남았던 선생님이고 제게 가장 큰 영향을 끼친 스승님이기도 합니다. 그때 들판을 걸으면 저희 걸음 소리 때문에 풀벌레가 울음을 멈추었습니다. 그런 기억들이 지금의 저를 만들고 있는 지도 모르겠습니다.

Q 골프는 언제 시작하셨는지요?

1982년도 쯤이었습니다. 사실 처음에는 골프가 제게 안 맞는다고 생각했습니다. 제가 원래는 테니스 광이었습니다. 의사 테니스회에서 준우승도 했었습니다. 어느 날 허리와 무릎이 좋지 않아서 정형외과에 갔더니 주치의가 너무 운동강도가 높다며 테니스에 '사형'을 선고하셨습니다. 그래서 골프를 시작하게 되었습니다. 골프는 자기 페이스대로 천천히 치면 되니까 무리를 하지 않게 되었습니다. 한 달에 한 번 안양C.C에서 골프 시합이 있었는데 골프 배우던 첫 해에 8번홀에서 홀인원을 기록했습니다. 워낙 운동에 소질이 있다보니 말입니다(웃음)

친구들에게 농담으로 국산치고는 잘 빠졌다는 말을 종종 듣습니다. 90년에 대통령이 취임하면서 골프는 안 친다고 하길래 다니고 있는 병원이 골프 때문에 혹시라도 사회적으로 가십거리가 되어 폐를 끼칠까봐 골프를 중단했습니다. 그리고 IMF가 터져 예의가 아닐 것 같아 또 치지 않았습니다 그러다 병원을 떠나게 되었고 사람들과의 모임이 줄어 들다보니 자연스럽게 골프와 멀어졌습니다. 요즘도 자주 치는 것은 아니지만 그래도 보기플레이는 합니다.

Q 골프경기가 잘 안 풀릴 때의 '마인드 콘트롤'에 대해 조언해 주신다면?

프로가 아닌 이상 안 맞는 샷이 더 많은 것은 당연합니다. 그때마다 스트레스를 받는다면 건강에 더 나쁜 운동이 될 것입니다. 가장 좋지 않은 것은 내기 골프입니다. 내기를 하면 골프자체의 매력을 느낄 수가 없습니다. 공을 치는 순간은 집중해야 하지만 그 이외의 시간은 자연을 느껴야 합니다. 골프의 매력은 자연과 함께 하는 데에 있기 때문이지요. 그런데 내기를 하다 보면 세로토닌이 아닌 아드레날린이 분비되어 공격적이 됩니다.

맨발로 대지를 걸으며 바람의 소리를 듣고 태양을 느끼며, 밀릴수록 공격적이 되어지는 것이 아니라 밀릴수록 좋다는 느낌의 철학을 가질 줄 알아야 합니다.

골프장에서 보면 부부싸움을 하는 사람도 있고 일행과 다투고 상한 마음으로 따로 집으로 가는 사람도 있습니다.

골프는 자기 자신과의 싸움입니다. 무엇보다 정신 수양이 필요한 것입니다. 그래서 '멘탈게임'이라고 하는 것이죠. 다시 강조컨대 되도록 내기 골프를 자제하고 '대자연 속의 여유를 즐기며 천천히 집중하라'고 조언해 드리고 싶습니다. 마음이 여유로와지면 경기가 자연스레 풀리며 미스샷도
줄어들 것입니다.

# 내공이 깊은 국민배우 안성기

작품을 고를 때에는 자신이 맡은 역할보다는 작품 전체의 작품성을 먼저 고려해 선택한다는 그의 말에서 그가 왜 국민배우로 오랜 시간 사랑받을 수 있었는지 알 수 있었다.

안성기씨는 같은 세대이기 때문에 나의 여고시절부터 각인되어 있었다. 영화 애호가였던 언니의 영향이었다. 나는 그 시절 집안의 엄격한 규율로 극장이라는 곳의 출입은 엄두도 낼 수 없었다. 아역배우 '황혼열차'로 출발한 점잖은 영화인이라는 것을 충무로 영화인들로부터 들었다. 그 후 PGA 박삼구 회장 취임식과 청룡영화제 시상식에서 바로 옆자리에 앉게 되어 공식적으로 여러 번 만날 기회가 주어졌었다. 그리고 작년 봄에 한국의 집에서 만나 인터뷰를 약속하게 되면서 그의 골프와 영화에 대한 내면세계를 들어 볼 수 있게 되었다.

한국을 대표하는 국민배우이자 '내공이 깊은 배우'의 대명사로 불리는 안성기씨는 공인 핸디캡 6를 자랑하는 '검증된 골프광'이다. 오랜 세월 대중에게 변함없는 사랑을 받아 왔고 또한 후배 배우들에게는 존경받는 배우로 첫 손가락 꼽히는 그는 한국전쟁 중이었던 1952년 1월 1일에 태어나 5살에 아역배우로 데뷔해 올해로 연기인생 52년에 접어들며 그동안 150여 편의 영화에 출연했다. 영화 내, 외적인 여러가지 스케줄로 바쁜 일정들을 소화해 내며 60을 바라보는 나이에도 출연의뢰를 가장 많이 받는 배우인 영화계의 '젊은 오빠' 안성기씨는 '골프가 너무 재미있어 골프광이 됐다'고 했다.

바쁜 촬영 스케줄로 필드에서의 라운딩은 거의 한 달에 1번 꼴로 밖에 즐기지 못하지만 그는 6개월 만에 나가도, 심지어 1년여 만에 필드에 나가도 흔들림없이 평균 78~9타를 유지하는 싱글골퍼다. 골프장을 자주 찾는 일반 골퍼들도 유지하기 힘든 그의 마법의 골프실력은 대체 어디에서 나오는 것일까?

'골프는 갈등의 소지가 많은 운동, 많은 연구와 엄청난 고민을 하게 하는 운동'이라는 안성기씨는 마음 먹은대로 되지 않을 때는 화가 나고 오기가 생기기도 한다며 자신의 골프 실력의 비결을 '오기'라고 밝혔다. 엄청난 연습량으로 주위 사람을 놀라게 하는 그는 스스로를 인도어 맹렬연습파라고 칭한다.

안성기씨는 영화배우들의 골프모임인 싱글벙글 골프회의 회장이기도 하다. 부회장은 박중훈씨가 맡고 있으며 임하룡, 한석규, 정우성, 장동건, 정준호, 김승우, 신현준 등의 배우들이 참여하고 있는 골프 모임이다. 결성한 지 7년 된 '싱글벙글 골프회'는 싱글벙글 웃으면서 즐겁게 골프를 즐기자는 취지로 시작되었다고 한다. 싱글벙글이라는 말은 그의 웃음과도 잘 어울리는 이미지였다. 영화배우들이 이런저런 일로 받는 스트레스가 많은데 골프라는 스포츠를 통해 필드에서 만나 시원하게 날리는 타구 속에 온갖 잡념과 스트레스를 날려 버린다고 한다.

그의 부친도 영화제작 및 영화 기획 일을 하였는데, 부친은 대학시절 철인 10종 경기선수와 아이스하키 선수를 하였을 정도로 스포츠광이었다고 한다. 영화계에 몸담고 있던 아버지의 영향으로 어린 시절, 우연한 기회에 영화에 출연하게 되었고, 당시만 해도 평생을 연기자로써 지낼 것이라는 생각은 하지 못했다고 한다. 무지에서 시작된 52년의 연기인생이었다며 털털하게 웃는 그의 모습에서 그만의 독특한 여유가 느껴졌다.

후배들에겐 '늘 초심을 잃지 않고 길게 보라'고 말하는 안성기씨. 내공이 깊은 배우로 유명한 그에게서 '자만하지 않고 늘 새로운 것을 받아 들일 줄 알며, 옳다고 생각하는 것을 지킬 줄 아는 사람'이라는 인상을 받았다. 작품을 고를 때에는 자신이 맡은 역할보다는 작품 전체의 작품성을 먼저 고려해 선택한다는 그의 말에서 그가 왜 국민배우로 오랜 시간 사랑받을 수 있었는지 다시 한번 느낄 수 있었다.

앞으로 그처럼 감동을 주는 연기를 할 수 있는 배우가 많아지면 한국영화가 더 발전할 수 있지 않을까 하는 생각이 들었다.

# 골프에 대한 철학을 실천한
# 이병철 회장의 無限追求의 삶

그는 완벽주의자이면서, 합리적인 사고 위에 제일주의를 추구하는 삶을 살았다. 그의 골프에 대한 열정과 다방면에 걸친 풍부한 지식은 결국 안양CC를 한국 최고의 골프장으로 만들어 낸 것이다.

골프는 좋은 사람들과의 교분을 쌓기에 매우 좋은 운동이다. 또한 자연을 산책하며 얻을 수 있는 잔잔한 감동은 삶의 正道를 걷도록 이끌어주니 골프야말로 좋은 친구라고 할 수 있다. 매년 연분홍 진달래꽃이 필 때면 화사한 분홍빛 셔츠에 흰 바지, 흰 구두를 멋지게 차려 입고 꽃이 만개한 안양CC를 지켰던 故 호암 이병철 회장의 모습이 아련하게 떠오른다.

보통 키에 야윈 편의 체구였지만, 야무진 풍모였던 그는 머리카락이 흐트러지거나 단추 하나, 구두끈 하나 흐트러지는 모습을 보이지 않았다.

호암은 '4시간 동안 18홀을 라운드해 보면 그 사람의 인격의 일면을 파악할 수 있다'는 지론으로, 라운드 하면서 보이는 모습으로 사람들의 품성을 판단했다. 스코어를 속이거나 부정행위를 하는 사람, 티 오프 시간을 못 지키는 사람은 물론이거니와 그린을 발로 차고 침을 뱉는다거나 캐디에게 막말하는 사람들은 사람 취급을 하지 않았다.

호암은 1950년대 중반 사업상 일본에 다니면서 고바리 프로(1960년 일본 오픈 우승자)에게 레슨을 받으며 스윙을 익혔다. 한국보다 먼저 골프가 유입된 일본인 친구들의 영향으로 그는 일찍부터 골프의 매력에 빠졌다고 한다. 어려운 시절에 외국에 나가 여의치 않은 상황에서 골프코스 관리 및 운영 내막까지 지도 받으며, 한국 골프의 수준 높은 보급에 큰 기여를 했다.

호암은 당대 유일의 골프 클럽 수집가였다. 삼성의 일본 지사는 새 클럽이 시장에 나오면 나오는 대로 이 회장에게 보냈으며, 각종 골프 클럽을 사 모아 테스트해 본 후 모아둔 것이 500세트에 이를 정도였다. 그 중에는 골프 수집가들이 경탄해 마지않는 스코틀랜드 명장의 작품으로 초고가품인 앤티크 클럽들도 수두룩했다.

그가 가장 애용한 골프 클럽은 미국의 케네스 스미스(Kenneth Smith). 이회장은 골프 클럽 뿐만 아니라 골프 웨어, 신발, 볼 그리고 장갑도 좋은 것만을 선호했다. 홀인원할 때 쳤던 스폴딩 볼은 그 이후로 호암이 애용하는 골프볼이 되었다. 클럽은 손가공으로 정교하게 만들어진 수제 클럽을 선호했으며, 골프클럽들 하나하나를 저울에 올리고 길이를 재는 등 정확한 수치를 비교한 뒤 철저한 분석 아래 사용했다.

그의 완벽주의는 골프에서도 여실히 반영되어 핸디캡 13인 평소의 스코어 이상을 치지 못했을 경우에는 자신의 플레이를 녹화하여 비디오로 보면서 단점을 집어내는 열의를 보였다.
이렇듯 남에게 지기 싫어해 마지막 홀에서 승부를 뒤집는 역전의 명수로 보기 드문 정신력을 발휘했으며 이러한 성품이야말로 그를 재계 정상에 오르게 한 원동력이 아니었을까?

호암은 골프를 단순한 게임이라고 생각하지 않았다. 호암은 일본 가스미카세키CC와 호도가야CC, 안양베네스트에서 홀인원을 기록했다. 참아야 할 때 참고 어려운 상황에서는 탈출한 다음 만회를 노리는 집중력, 침착함, 때로는 과감하게 도전하는 용기가 필요한 것이 골프다. 호암은 누구보다도 먼저 골프의 참된 의미를 깨닫고 있었다.

호암 이병철 회장을 단순한 골프마니아라고만 말하기에는 부족하다. 골프 불모지 시절부터 골프를 친구처럼 가까이 하며 골프에 대한 철학을 실천한 사람이 바로 호암이다. 그는 골프 이론은 물론 코스의 관리, 클럽 등 용품에 대한 연구까지 아마추어의 경지를 뛰어 넘는 열정과 식견의 소유자였다. 그래서 그는 경제계의 주춧돌이자 한국 골프계의 뿌리였다.

그는 완벽주의자이면서, 합리적인 사고 위에 제일주의를 추구하는 삶을 살았다. 그가 설립한 삼성도 현재 세계적인 기업으로 자리를 굳혔고 그의 손을 거친 물건만큼은 믿을 수 있다는 신화를 만들어 내기도 했다. 그의 골프에 대한 열정과 다방면에 걸친 풍부한 지식은 결국 안양CC를 한국 최고의 골프장으로 만들어 낸 것이다.

일찍부터 코스 전반의 레이아웃에 관해 자세히 공부하던 그는 1960년대 초부터 나름의 이상적인 코스의 이미지를 확립하고 코스 건설을 계획했다. 건설에 앞서 일본 유명 골프장을 모두 돌아보고 미국이나 유럽의 명문 골프장에 대한 문헌을 뒤져가며 그 장점을 따서 가장 이상적인 설계를 하려고 노력했다. 그의 골프에 대한 열정과 다방면에 걸친 풍부한 지식은 결국 1968년 경기도 군포에 안양컨트리클럽을 오픈하기에 이른다.

안양CC에서 라운딩해 본 경험이 있는 사람이라면, 남다른 안양CC의 잔디맛을 알고 있을 것이다. 잎이 가늘고 촘촘하며 뿌리가 튼실한 '중지(中芝)'를 심으며 라운딩 중에도 매 순간 골프장 관리에 촉각을 곤두세웠던 이병철 회장의 일화가 있다.

옛 서울CC의 군자리 코스는 배수 시설이 원활하지 못해 비가 오면 페어웨이는 물론 그린까지 침수되기 일쑤였는데, 군자리 코스에서 자주 라운딩해 오던 이병철 회장은 일본을 왕래하면서 일본명코스들의 '잔디 양성과 배수' 두 가지에 유난히 관심을 갖고 연구했다.

안양CC 개장 초기의 페어웨이는 야지(野芝)라고 불리는 들잔디였다. 그런데 초가을 라운드에 나선 이 회장이 9번 홀 페어웨이에 앉아 열심히 잔디를 살피던 중 들잔디 속에서 잎이 가늘고 촘촘한 잔디를 발견한 것이다.

이후 이병철 회장은 전 코스에 걸쳐 잎이 가는 잔디가 얼마만큼 자생하고 있는가 조사하도록 한 뒤, 약 300평 분량의 잔디를 모두 뽑아 수원 삼성전자 공터에 이식, 재배토록 했다. 이 우연한 발견을 계기로 4년에 걸친 실험과 재배 끝에 일본의 금잔디와 성분이 같고 한국의 기후와 토질에 맞는 이른바 중지(中芝)를 개량 양생하여 안양 코스에 깔기에 이른 것이다.

이병철 회장은 골프장이 건설되는 동안은 텐트를 쳐놓고 도시락을 준비해 먹으면서 코스건설을 일일이 지시할 만큼 골프장 건설에 열의를 보였으며, 심지어 그린만 완성된 코스를 성급하게 라운딩하기도 했다.

골프는 인간이 누릴 수 있는 최고의 스포츠라고 생각한 호암에게 안양베네스트는 요람과도 같은 곳이었다. 안양CC 클럽하우스 앞 정원에 들어서면 '無限追求'라는 단어가 새겨진 비석이 눈에 들어온다. 첫 홀에서 티샷을 한 뒤 페어웨이와 러프를 지나고 물을 건너면서 一喜一悲를 경험하며 작은 공 하나를 쫓아 18번 홀까지 이른다는 뜻이다. 목표 달성에 한계를 두지 않고 끝까지 추구한 이병철 회장의 골프와 인생 또한 '無限追求'의 삶이 아니었을까. 골프장에 오면 항상 자신은 만인 중 한 사람일 뿐이며, 평범하고 소박한 노신사에 불과하다며 자신을 낮추던 그는 한 시대 부귀영화를 아낌없이 누렸지만 그 누구보다도 골프를 사랑했다.

지금도 벚꽃이 만발한 4월이 되면, 어김없이 벚꽃이 눈꽃되어 휘날리는 안양CC 필드에 선 이병철회장의 모습이 눈에 아른거린다. 골프를 인생의 마지막 친구로 선택한, 한국 골프사에 영원히 기록될 훌륭한 아마추어 골퍼이다.

# 추억 속의 현대그룹 회장
# 故 정주영

라운드 할때는 진행이 밀려 앞팀을 만나더라도 절대 패스를 받지 않고 앞 팀이 치기를 기다렸다가 쳤으며 또 라운드 하는 도중에는 절대 사업이야기를 하지 않았다. 골프는 오로지 운동으로서만 즐겼다.

얼마전 뉴코리아CC를 오랜만에 방문했다. 뉴코리아CC는 그 지역의 개발 붐으로 입구는 옛모습을 거의 찾을 수 없을 정도로 변해 있었으며 클럽 하우스에 당도하니 클럽하우스는 리모델링 하여 현대적인 모습으로 바뀌어져 있었다. 실로 오랜만에 친정집에 온 기분이었으며 젊은 날 뉴코리아CC에서 라운딩했던 시절을 회상할 수 있었다. 마침 25년간을 근무한 마영애 차장과 자리를 함께하며 옛이야기를 하던 중에 정주영 회장님에 대한 이야기를 나누면서 회장님에 대한 기억들이 떠올랐다.

각종 여론 조사에서 가장 존경하는 기업인 1위로 뽑히는 정주영은 세계인이 찬탄해 마지 않는 60년 70년 대의 한강의 기적을 일으킨 제1세대 60~70년대 기업인들 중 가장 걸출한 인물이며 우리나라 자동차 산업에 한획을 그은 인물이기도 하다.

1915년 강원도 통천 소작농의 집안에서 태어난 그는 6남 2녀중 장남이었다. 서당에서 4년 송전소학교를 졸업한 것이 그의 학력의 전부다. 사업 미천이라고는 맨주먹 뿐으로 쌀가게를 시작한 것이 지금의 정주영에 이르게 된다. 경부고속도로의 건설, 해외 건설시장 진출, 세계 최대의 조선소 건립, 세계를 누비는 현대자동차는 한국 경제 발전의 기틀을 다지는데 큰 역할을 했다. 기업인중에 그만큼 기상 천외한 일화가 많은 사람도 없다. 사람들은 그를 무에서 유를 창조해낸 사람이라고 한다. 시련은 있어도 실패는 없다는 유명한 그의 말처럼 끊임없는 도전과 포기를 몰랐던 그의 인생은 많은 사람들의 마음속에 깊이 남아 있다.

정주영회장을 처음 만난 것은 1978년 취재차 태능골프장을 방문했을 때 우연한 기회로 알게되면서 인연이 시작되었다. 당시에는 자가용이 드물어 골프장을 오갈 때는 골프장 차 이외에는 이용할 수 없어 매우 불편하여 골프장을 갈때는 라운드했던 사람들의 차를 이용하던 시절이었다.

기자로 활동 하던시절이기 때문에 30년 전의 일이지만 아직도 기억이 생생하다. 한번은 골프장을 회장님의 호의로 (당시 정회장님의 차는 포드20M이었다) 차를 얻어 탈 기회가 있었다. 마침 그 때 살던 우리집이 청와대와 이웃한 채부동이어서 회장님 댁과는 같은 동네였기때문에 자연스럽게 차를 타게 되었다. 그후 골프장을 갈때는 개인 승용차가 없어 다른 사람들의 차를 이용했는데 정주영회장님 차 이외에 허정구(대한골프협회)회장과 강신호(동아구룹)회장 차도 탄 적이 있다.

당시 50대의 정주영 회장의 첫인상은 참으로 소탈했다. 하루는 뉴코리아 골프장으로 정주영회장을 취재차 간적이 있었다. 당시 삼부토건 조정구회장, 대림산업 이재준 회장, 동아그룹 최준문 회장까지 지금은 고인이 되었지만 당시 한국건설 업계의 대부들이었다. 그 날 모처럼 이들은 골프에 집중하며 재미있게 어린시절로 돌아가 매우 재미있게 서로 반말을 하며 라운딩을 즐겼다. 동심으로 돌아가 골프 경기에 집중하며 즐길 줄 아는 모습이 기억되고 있다.

정회장은 마치 시골 농부같은 사람이었다. 그저 소탈하기만 해서 회장이라는 어려움보다는 인간적인 편안함이 더 컸다. 그 날따라 더워서 그런지 뒷주머니에 타올을 넣고 다니고 골프장갑이며 옷이며 얼마나 오래 입고 신었는지 모두 허름해 보였다. 부자인 티가 절대 나지 않는 소박한 사람이었다. 차를 함께 타고 가면서 당시 미국에서 공부하고 있는 정몽준 회장에 대한 이야기를 들으며 울산 중공업에 초대를 받았지만 그 약속을 지켜지지 못했다. 아들이 내 나이또래라며(정몽준 회장) 딸처럼 친절하게 대해주신 것이 아직도 기억에 고스란히 남아있다.

삼성 이병철회장과는 정말 대조적인 분이었다. 흐트러짐 하나없는 것이 이병철회장이었다면 정주영회장은 자주 뵙지는 못했어도 만날 때마다 격없이 인사하며 반가워 해주시고 음식도 가리지 않았으며 까탈스런 모습은 찾아볼 수 없었다.
기업문화도 달랐고 개인적 취향도 달랐던 두분은 골프에서도 여실히 반영이 된 것이다.

하루는 같이 차를 타고 가면서 라디오를 들으며 고향을 생각하듯 "진달래 먹고 다람쥐 쫓던 어린시절에 눈사처럼 커지고 싶던 그 마음 내마음(이용복)" 노래를 부르시면서 그림엽서를 하나 보내라고 웃으시면서 주문했다.

그 당시 기자들의 주선으로 이병철회장과 정주영회장의 골프 라운딩기회를 관악CC(현리베라CC)에서 만들려고 했었는데 무산된 것이 아직도 아쉬움으로 남아있다. 이병철회장이 이론적으로 골프에 다가섰다면 정주영회장은 즐기기 위한 골프로 다가섰다고 할 수 있다. 실제로 워낙 부지런한 분으로 이른 새벽 프로만 데리고 나가 9홀 골프를 집이 가까운 뉴코리아CC에서 자주 쳤으며 골프 코스에 대해서도 아마추어들이 스코어가 잘 나오게 해야 한다며 일주일에 한 번 골프치러 와서 스트레스를 받아서 돌아가면 안된다고 하신 말씀에서 골프를 즐기기위한 그의 마음을 느낄 수 있었다.

그의 일화는 대부분 유명하지만 그 중에서도 골프를 사랑했던 일화가 많이 있다.

라운드 할 때는 진행이 밀려 앞팀을 만나더라도 절대 패스를 받지 않고 앞 팀이 치기를 기다렸다가 쳤으며 또 라운드 하는 도중에는 절대 사업이야기를 하지 않았다. 골프는 오로지 운동으로서만 즐겼다. 그의 골프 매너는 잘못치더라도 절대 멀리건을 받지 않았고 스코어도 줄여서 적지 않고 곧이 곧대로 적으며 스코어에 연연하지 않았던 것도 모두 골프를 참 재미를 만끽 할 줄 알았던 그의 생각에서 그러한 연유일 것이다.

1986년 재일 교포들이 만든 안산에 있는 제일CC 개장식에서 뵈어서 반갑게 인사했고 88올림픽 때는 각국 기자들을 위한 신라호텔 만찬장에서도 반가운 얼굴로 인사할 수 있었다. 인터뷰를 하지 못했던 것이 아쉽다. 세월이 흘러 정몽준회장을 인터뷰할 기회가 있어 그때 정주영 회장님을 회상하며 그리워했던 기억이 난다.

그의 업적은 이루 말 할 수 없이 많이 있지만 금강산을 처음으로 개방하여 남북한 대화의 물꼬를 텄으며 그 이후 금강산에 에머슨퍼시픽 그룹(회장이준명)이 아난티골프장이 만들었을 때는 그가 하늘에서 소박한 웃음으로 웃고 있지않을까 하는 생각이 들어 나도 흐뭇해졌었다.

빛바랜 사진같은 정주영회장과의 추억에는 늘 인간적인 따듯함이 묻어 있어 이른 봄 매서운 바람에도 봄기운을 느끼는 인간으로 기억되며 그 동안 중년을 훌쩍 넘은 이 나이에 세월의 뜰을 거닐며 옛 생각에 젖어본다.

# 이경재 방송통신위원장
# 그에겐 사람을 편하게
# 만드는 힘이 있다

불교에서는 인연의 각별함을 겁(劫)에 비유한다. 겁이란 사방 1유순(약 15km)이 되는 성 안에 겨자씨를 가득 채우고서 100년마다 겨자씨 한 알씩을 꺼내어 비우는 시간 또는 사방 1유순의 큰 반석을 100년마다 한 번씩 흰 천으로 닦아 그 돌이 다 마멸되는 시간이다. 즉 가늠할 수 없는 오랜 시간을 말하며 힌두교에서 1겁은 86억 4천만년이라고 한다. 부부가 되려면 8천 겁, 형제는 9천 겁, 부모와 자식, 스승과 제자는 1만 겁의 인연이 있어야 한다고 한다. 그러고 보면 우리 모두의 인간관계는 겁의 인연으로 엮어져 있다고 해야 하는 건가?

이경재 의원과 여러 번의 만남이 뇌리에 깊이 새겨져 있는 것을 보면 그와의 인연 역시 범상치 않은 '겁'의 인연으로 엮어져 있는 것 같다.
몇 년 전 골프헤럴드 인터뷰를 위해 현역 국회의원 신분이었던 그와 여의도 의원 사무실에서 차 한 잔 하면서 정치와 그동안의 인생 이야기를 들었다.

이경재 의원은 정치가로서가 아니라 기자출신이라는 점에서 처음부터 친근감이 들었다. 더욱이 동아일보 해직 기자 출신이기에 그의 올곧은 기자 정신은 충분히 가늠이 되었고 나 역시 기자 신분으로 많은 인터뷰를 하다 보니 유대감, 공통점 같은 것이 느껴졌다.
언론인 출신의 4선 국회의원으로 오랜 기간 의정활동을 펼친 그는 국회의원직을 했을 때

부터 봉사단체인 사단법인 H2O 이사장으로 있었고, 현재는 방송통신위원회위원장으로서 중책을 수행하고 있다.

언론인, 국회의원, H2O 이사장, 방통위원장 등 그의 다양한 이력 중에서도 내 마음 속에 가장 인상 깊게 자리 잡고 있는 것은 H2O 이사장으로서의 이경재다. 사단법인 H2O는 NGO 단체로 회원 대부분이 순수한 마음으로 힘을 합쳐 어려운 이웃을 보살피는 일에 앞장서고 있는 단체이다.

H2O 봉사 현장에서 만난 당시의 이경재 이사장은 그 어느 장소에서 만났을 때보다 소탈한 매력이 물씬 풍겼다. 그는 시골에 가면 영락없는 농부로 변했다. 밀짚모자 눌러쓰고 농부들하고 스스럼없이 어울리며 막걸리 한잔을 걸치는 모습은 당장 논에서 모심기를 하다 나온 농부 같아 보였다. 또한 시장에 가면 영락없는 상인의 모습이었다. 시장 보러 나온 아줌마들과 이야기를 나누고 상인들과 어울려 물건을 운반하기도 하며 순댓국 한 그릇을 훌쩍 비우는 매우 평범해 보이는 모습은 어쩌면 그의 가장 뛰어난 장점일런지도 모른다.

그에겐 사람을 편하게 만드는 힘이 있다. 더욱이 다양한 분야에 식견이 출중한데다 사람을 대하는 데에 높낮이가 없고, 교류의 폭이 넓다보니 그 평범한 이미지 속에 대중을 리드하는 카리스마가 있는 듯하다. 또한 인자하게 보이는 반면에 그는 중심이 있는 단호함을 갖추고 있어 그것이 바로 국회의원 4선의 관록을 이뤄낸 힘이 아닌가 싶다.

2년 전쯤, H2O에서 매년 실시하는 여름방학 행사인 '키다리아저씨' 캠프에 참여하기 위해 강화도에 간 적이 있는데 오랜 국회의원 생활로 두루 어울린 탓일까. 그는 아이들과 함께 놀며 때론 선생님처럼 자상한 모습으로, 때론 친구 같은 장난기 가득한 행동으로 아이들을 이끌며 리더십을 발휘했다. 저녁에는 모두 어울려 캠프파이어를 하며 격의 없는 농담도 주고받곤 하며 늦은 시간까지 함께 노래를 부르며 여름밤을 즐겼다.

그가 모든 의정활동을 접고 야인으로 돌아온 작년 가을, H2O 남산걷기 모임을 끝내고 남산 하얏트호텔 건너편의 분위기 있는 카페에서 커피 한잔을 하며 이런저런 사람 사는 이야기를 했는데 이제는 남은 인생을 봉사하는 일에 매진하고 싶다는 마음을 피력하며 모든 공직을 내려놓고 나니 마음이 홀가분하다고 했다.
이제 자유인으로서의 삶을 만끽하고 싶다는 그런 모습을 보고 그동안 애쓴 것을 위로도 해줄 겸 강원도 삼척 파인밸리 골프장에 가까운 지인들과 함께 초청을 했는데 기꺼이 받아들여 2박3일 동안 즐겁게 골프를 치고 저녁에는 바다가 보이는 횟집에서 소주와 회도 먹고 아주 편안한 분위기에서 자연을 만끽하며 함께 간 일행들과 격의 없이 즐거운 시간을 보냈다. 당시 대선 5개월여를 앞둔 시점이라 간간이 정치에 관한 것을 논하기도 했지만 모처럼 여백이 있어 보이는 그의 모습이 편하고 자유스러워 보였다. 여행을 통해서 그 사람의 모든 것을 읽을 수 있다고 하는데 짧은 여행에서도 지극히 소탈한 그의 면모가 유감없이 드러났다.

의정 활동으로 바빴던 탓인지 그의 골프 실력은 엔조이 골퍼였다. 드라이버거리도 짧고 스윙 폼도 멋지진 않지만 그 단점이 오히려 장점으로 부각되어 티샷을 할 때 일행의 박수를 받았다. 그동안 얼마나 쫓기며 살았나를 한 눈에 읽을 수 있었기 때문이다.

올해로써 골프헤럴드는 이웃돕기 자선 골프대회 16회째를 바라보고 있는데 이 의원은 5년 전부터 바쁜 와중에도 다른 일정을 모두 제치고 매 대회에 참석해줘 늘 감사한 마음을 가지고 있다. 작년엔 아들 결혼식과 겹쳐서 빠졌지만 올해는 꼭 참석해 자리를 빛내 주었으면 하는 바램이다.

자선골프 당시 여주 캐슬파인c.c에서 영화배우 태현실씨와 한 조가 되어 라운드 했는데 젊은 시절 자신이 좋아했던 사람이라는 고백을 해 좌중을 웃게 했고 태현실씨 역시 환한 웃음으로 화답했다. 타고난 유머감각과 여성에 대한 친절성이 숨어 있는 위트있는 멘트였다.

그에겐 가수활동을 하는 딸이 하나 있다. 한번은 그의 결혼기념일 날, 한강서 그의 가족과 미국에서 온 홍성은 회장(레이니에 그룹) 등과 함께 즐거운 시간을 보냈는데 둘째 딸의 예술적 끼가 남다름을  보며 아버지 이경재 의원한테도 그 DNA가 내재되어 있지 않을까 생각되었다.

그는 한국의 경제 발전을 몸으로 체득하며 또한 한국 격동기의 정치사를 함께 해 온 인물로 아마도 그동안의 경륜이 좋은 경험이 돼서 훌륭한 방통위원장 직을 수행해 내리라 기대해 본다.

# 음악으로 소통하는 아름다운 세상
## 세계적 거장 첼리스트 정명화

고악기(古樂器)는 수세기에 걸친 음과 진동, 겹겹이 쌓인 소리 나이테를 기억한다. 그래서 청중은 감동을 잊을 수 없다. 그녀 눈가의 아름다운 주름도 연륜에 녹아 마치 소리 나이테처럼 깊이를 더해준다. 2012년 9월, 가을 하늘을 가까이서 맞이하는 구기동 자택 2층 서재에서 밝고 유쾌한 그녀와 만나게 되었다.

스트라디바리우스의 연인이라 불리는 그녀, 영혼을 울리는 첼리스트 정명화는 한국이 낳은 세계적 거장이다. 그녀를 수식하는 단어에는 '세계적인'이 항상 따라 붙는다. 그도 그럴 것이 서울 예고(藝高)를 졸업한 뒤 세계적 명문 학교인 미국의 줄리아드 음악 학교를 졸업, 1966년 모스크바의 차이콥스키 음악 콩쿠르에 초청을 받을 만큼 세계적으로 유명세를 탔다. 특히 1969년 동생 경화·명훈과 함께 키싱거 서독 수상 환영 백악관 초청 특별 연주회에서는 닉슨 대통령이 관례를 깨뜨리고 직접 그녀와 한국에 대해서 소상히 이야기하는 등 영광을 누리기도 한 주인공이다.

매년 정경화·정명훈과 함께 40여 회씩 공연을 하며 〈에드 설리반〉쇼 등 TV에도 출연한 것을 비롯하여 베토벤 탄생 200주년 기념 연주회, 링컨 센터 공연 등 한 해 동안에 평균 40회의 독주를 가지고 있다. 1971년 9월 권위 있는 제네바 국제 음악 콩쿠르에서 드보르 작의 첼로 협주곡을 연주, 폴란드 출신 첼리스트와 공동으로 우승, 동양인으로서는 처음으로 첼로 부문에 우승하였다.

현재 그녀는 자연이 살아 숨 쉬는 평창에서 2년 연속 대관령국제음악제 감독을 맡고 있다. 평창은 사계절이 뚜렷하고 자연경관이 수려해 소리를 나타내기에 안성맞춤인 공간이다. 그녀만의 돋보이는 감각과 세련된 개성으로 완벽한 하모니를 연출하고 있다. 평소 실내악을 좋아하기 때문에 함께 프로그램 짜는 일은 행복 그 자체라고 말한다. 그녀가 실내악을 좋아하는 이유 중 하나가 서로의 소리를 배려할 수 있기 때문이다. 상대를 받쳐 주며 서로가 하모니를 이룰 때 아름다운 소리는 솔로의 몇 배로 강하다. 2012 대관령국제음악제 역시 아티스트들이 춤과 리듬의 아름다운 앙상블을 재현해 음악 애호가들에게 뜨거운 갈채를 받았다. 특

히 염원하던 1300석의 규모의 뮤직텐트가 완공되어 특별한 음향장치 없이 작은 홀에서 웅장한 오케스트라의 공연이 가능해 더욱 황홀한 음악제를 열 수 있었다.

그리스의 철학자 아리스토텔레스가 말했다. 진정한 휴식은 자연속의 명상이라고. 자연속에서 호흡하고 음악을 통해 인간과 자연이 하나가 될 때 제대로 된 음악을 즐길 수 있는 것이다. 더구나 대관령국제음악제는 예술의 전당 공연 수준을 자연과 함께 가까이서 접하며 소통할 수 있는 기회이기 때문에 더욱 특별함이 있다.

그녀는 어머니에 대한 이야기를 빼놓지 않았다. 성공한 사람 뒤에는 마치 공식처럼 훌륭한 어머니가 존재한다. 정명화 그녀의 경우도 예외는 아니다. 어머니에 대한 큰 헌신과 존경을 표하는 그녀는 이야기 도중 〈어머니〉라는 단어에 회상하듯 생각에 젖는다. 아마도 타계한 어머니 생각이 스쳤을 것이라 짐작해 본다. 한 명의 음악가 탄생도 보통 일이 아닌데 정명화, 경화, 명훈 남매를 세계적인 음악가로 키워내기까지 어머니의 조기교육 열정과 헌신은 이루다 말할 수 없다. 첼로와 정명화. 이 둘이 이토록 오랜 세월 한 길을 고집 할 수 있었던 것도 어머니의 교육에 대한 열정과 사랑 덕분이었을 것이다. 흔히들 '영혼을 울린다' 평하는 정

트리오의 하모니 실력도 자식마다의 개인적 성향과 개성을 이해하고 존중하려 했던 어머니의 이해가 있었기에 가능했다.

매 년 한국음악 발달 수준이 높아진다는 것을 몸소 느낀다는 그녀. 현재 한국예술종합학교에서 후진양성에 힘쓰는 그녀는 예전보다 업그레이드 된 실력 있는 학생들을 볼 때면 가슴이 벅차오른다. 그녀가 스승으로부터 가르침 받았듯 유명해 지기 위한 수단으로서의 음악이 아닌 음악 자체의 본질을 깊이 있게 이해하고 즐기라 조언한다.

2000년 이후 한국에 거주하면서 적지 않게 지방연주 러브콜을 받는다. 사람들은 그녀에게 지방 공연을 왜 하느냐 묻는다. 하지만 그녀는 대도시에 비해 문화적 혜택이 적은 소도시에서 사람들에게 음악을 통해 기쁨을 줄 수 있다는 건 행복한 일이라고 말한다. 연주를 원하는 곳이 어디든 달려 갈 준비가 되어 있는 그녀. 오히려 그런 소도시에서 숨 쉴 수 없는 뜨거운 감동을 느끼기도 한다는 소소한 마음을 간직한 그녀가 아름답기까지 하다.

예순이 넘은 나이, 하지만 여전히 무대에서는 청춘에 뒤지지 않는 실력자이다. 과연 그녀에게 나이가 든다는 것은 어떤 의미일까. 그녀에게 있어 나이가 들어간다는 것은 젊은 시절 커리어 때문에 할 수 없었던 무대 선택의 폭이 넓어졌다는 것을 의미한다.

완벽한 하모니를 위해 매 순간 노력하는 그녀. 숨이 다하는 순간까지 함께할 첼로. 그녀를 바라보면 연주하지 않아도 마치 천상의 소리가 들리는 듯 한 착각마저 든다. 50년 가까이 첼로와 사랑에 빠져 외길을 걸어온 그녀의 단단하고 올곧은 첼로인생이 진실로 부럽다.

# 우먼파워로 국가브랜드 위상을 높인다
## 국가브랜드 위원회 이배용 위원장

현장에서 바쁘게 일하다 보면 마음의 안식이 절대적으로 필요하다. 인생의 반 이상을 골프와 호흡한 필자의 경우도 필드를 밟으며 삶의 가치를 재발견하고 꿈을 꾼다.

영혼의 안식을 문화 현장에서 느낀다는 국가브랜드 위원회 이배용 위원장.

몇 백 년 된 소나무를 보면 자연 앞에서 품어야 할 겸허한 가치가 보인다고 말한다. 그녀는 피곤함을 지역의 문화, 자연, 그 시대 사람들을 기억하면서 위안을 삼는다. 문화현장이 삶의 안식처인 그녀가 부럽기까지 하다.

세계 어디에 내놓아도 자랑할 만한 찬란한 우리 문화자원들이 그녀에게는 삶의 활기를 준다. 그녀에게 현장이란, 걸으며 연구하고 설명하는 터전이며 가장 큰 즐거움을 주기 때문이다. 알면 알수록 감동과 마음의 평화를 가져다주는 것이 바로 우리의 혼이 담긴 문화유산이다. 우리의 전통 문화 자산으로 대한민국의 국가브랜드 가치 창조 및 제고하는 일이야 말로 국가브랜드 위원회 위원장으로서 마땅히 할 일이라고 그녀는 말한다.

국가브랜드위원회는 국제사회에서 대한민국의 위상과 품격

을 높이고 국가브랜드 가치를 제고하기 위해 지난 2009년 1월 22일 대통령 직속 기관으로 정식 출범했다. 어윤대(전 고려대총장)초대위원장에 이어 2010년 9월 제2대 위원장에 학계의 '우먼파워'로 불리는 이배용 위원장(전 이화여대 총장)이 취임했다.

한국 근대사를 전공한 사학자인 이배용 위원장은 문화야 말로 시대를 아우르는 진정한 키워드라고 강조한다. 곳곳에 산재한 우리의 전통 문화로 스토리를 엮고 명품을 만들어 세계화시키는 열정적 행보로 한국의 국가 브랜드 가치 제고의 중심 역할을 하고 있다. 국가브랜드라는 용어 자체가 생소하던 시절도 있었다. 하지만 이제 대중에게 이 단어는 낯익은 단어가 되었다. 그 이면에는 이배용 위원장의 열정적인 추진력, 부지런한 행보가 뒷받침 되었다.
물론 국가브랜드 가치를 제고시키는 일에도 타이밍이 중요하다. 한류 열풍, G20 정상회의, 핵 안보 정상회의, 평창 올림픽 유치 등 굵직한 행사들은 속도감 있는 성과를 낼 수 있도록 자리를 마련해 주었다.

한 국가에 대한 신뢰감과 호감도를 일컫는 국가브랜드는 주로 기업에 적용하던 브랜드 개념을 국가차원으로 확대한 것으로 넓은 범위로 보면 국가의 품격, 즉 국격을 표현한다. 예를 들면 우리가 물건을 구입하기 위해서 브랜드를 살피듯 해외에서 대한민국이라는 브랜드를 보고 우리 국민이나 기업의 제품, 서비스의 가치를 평가하는 기준이 된다. 대한민국의 강점 분야인 경제, 기술 등의 하드파워를 기반으로 21세기 국가 경쟁력의 척도가 되는 문화, 이미지 등의 소프트 파워를 강화하고자 노력하는 그녀. 문화를 컨텐츠화하고 그 안에서 살아 숨 쉬는 나눔과 배려, 소통과 화합이라는 인류 공통의 가치를 대한민국이라는 브랜드에 담아 내고자한다. 이렇게 소통을 확대하고 국가 이미지를 개선함으로 글로벌 사회의 역할을 담당하는 것이 즐겁기만 하다.
우리나라의 하드웨어 브랜드 가치는 10위권 이내, 하지만 소프트웨어는 이보다

낮다. 국제사회에서는 나눔이 있어야 하고 그 나눔이 있을 때 대한민국은 뭔가 다르다는 차별화 느낌을 갖게 된다.

'주인의식, 전문성, 자긍심'의 첫 글자를 따서 만든 용어로 그녀를 주전자 전도사라고도 부른다. 잠재력이 뛰어난 우리 국민들이 실력과 전문성을 갖추고 있음에도 불구하고 스스로를 낮추는 아쉬움에 스스로 주인의식을 찾고 자긍심을 높여야 한다는 것이 그녀의 주장이다. 전국의 문화유산을 돌다보면 저절로 생기는 자부심, 지역의 명품 브랜드로 홍보하고 우리의 정체성을 전통 문화에서 찾으려는 그녀의 다부진 노력은 '이배용 브랜드'라 불리 울 만큼 열정적이다.

세대, 이념, 계층을 어우르는 시대의 진정한 키워드 문화. 그 문화의 이면에는 그녀를 닮은 진정성이 숨어 있고 그 진정성이 배제되면 헛것에 불과하다. 문화는 결국 지역과 모든 언어를 초월한 감동이다. 공식행사에서 힘 있게 애국가를 4절까지 부르기 운동을 전개하며 내재된 애국심을 갖고 있는 그녀. 우리가 주인이 되는 세상을 꿈꾸며 나라사랑을 실천하는 그녀를 보면서 세계속의 문화 강국을 외쳐 본다.

# 지혜로운 소유, 그 열정으로 '세계의 농촌신화' 김용복 회장

"인생의 아침 프로그램에 따라 인생의 오후를 살 수는 없다. 아침에는 위대했던 것들이 오후에는 보잘 것 없어지고 아침에는 진리였던 것들이 오후에는 거짓이 될 수 있기 때문이다." 스위스의 위대한 심리학자 칼 융의 말이다.

인생의 아침에 품었던 신념을 앞으로도 계속 품고 살기가 얼마나 어려운가. 나 역시 인생의 아침에 꿈꾸던 계획과 포부를 지키지 못한 채 오후에 접어들고 있으며 이 길에서 혼란스러워 하고 있다. 혹, 인생에 있어 좋은 시절이 다 간 것은 아닌가하는 불안함이 찾아 올 때도 있다. 하지만 한 길을 걸어오며 악착스러울 때보다 지금의 마음이 한 결 홀가분해 진 것은 사실이다.

1970년대 열사의 땅 사우디아라비아에서 배추와 무 재배에 성공한 주인공으로 '녹색혁명'을 일으키며 사우디 정부에 영농기술을 전수한 '세계의 농촌신화' 김용복 회장. 그는 가난의 굶주림, 사랑의 굶주림을 극복하고 그 시기를 도약의 발판으로 삼아 인생을 달려온 주역이다. 오히려 그 굶주림의 시절이 그에게는 축복이었다고 고백한다.

시련을 달게 이겨낸 김 회장은 1982년 대한민국 개인 외화획득 1위를 기록하며 수출역군으로서 석탑훈장을 받았고 1989년 〈용복장학재단〉을 설립하면서 형편이 어려운 학생들을 돌보는데 주력했다. 현재 재단의 명예회장으로 활동하며 각종 강연에 초청돼 이 시대 젊은이들에게 희망을 전하고 있다.

작년 1월 코엑스에서 김 회장의 성공스토리를 들었다. 한 시간이 넘는 강의에도 불구하고 지칠 줄 모르는 열정과 진솔한 강의 내용을 들으며 삶의 진정성에 대해 생각해 보았다. 열정적인 사람은 많다. 하지만 열정을 위해 열심을 다하는 사람은 적다. 이 시대가 원하는 〈열심〉을 다하는 사람 바로 김용복 회장이다.

강의 내내 희망과 용기 그리고 확신을 심어주기 위해 노력한다는 그의 정성이 묻어난다. 예상컨대 1분 1초를 쪼개어 사용하는 김 회장의 일정도 만만치 않을 것이다. 하지만 기분 좋게 인터뷰에 응해주었고 뉴서울C.C에서 함께 라운딩하며 많은 이야기를 나누었다. 호쾌하고 낙천적인 생각만큼 장쾌한 비거리 소유자였다. '평생 농사꾼' 이라는 김용복 회장의 검게 그을린 피부 역시 그 간 열사의 땅 사우디아라비아에서의 고생을 그대로 느낄 수 있어 인상적이었다.

8월 중순 원아시아 주최로 한국, 일본, 몽골의 국제교류 차 몽고를 방문할 기회가 생겼다. 당시 동행한 김 회장은 한국 대표로 인사말을 했으며 유창한 외국어 실력은 국제적 비지니스 감각을 돋보이게 했으며 물질 봉사는 가진 자의 여유가 아닌 상대방을 위한 진심어린 배려였다.

새해 초 그가 사회복지공동모금회에 1억원 기부를 약정하고 229번째 아너소사이어티 회원이 됐다. 1982년과 2005년 각각 10억과 100억 원을 출연해 용복장학회와 한사랑농촌문화재단을 설립, 장학사업과 농민 지원사업을 펼쳐오며 기부의 삶을 실천해 오고 있다.

좌절 앞에서 꿈을 접을 수도 있는 일이었다. 하지만 연이은 실패와 고통의 굶주림 속에서도 그는 다시 꿈을 꾸기 시작했다. 사우디에서 직접 배추를 심어 김치를 보급하기로 결심한 것이다. 모래땅과 섭씨 40-50도의 불모의 땅 사막에서 채

소를 경작하겠다고 하자 많은 사람들이 비웃었다. 하지만 그는 농업 전문가들을 찾아가 묻고 공부하면서 영농기술을 터득했다. 밤잠을 이루지 못하며 구슬땀을 흘렸지만 번번이 실패를 맛보았고 자신을 믿고 따라온 직원들도 동요하기 시작했다. 시련을 이기면 반드시 성공의 길을 열린다는 마음으로 도전을 멈추지 않았다. 그러자 모래사막에서 기적처럼 배추와 무 싹이 올라오기 시작했다. 사우디 정부는 그에게 농장경영을 부탁해 왔고 '녹색 혁명의 기수'로 그는 1982년 개인 외화송금액 1위를 기록하며 석탑산업훈장을 받기에 이른다.

'농업은 혼이요, 정신' 이라는 그의 강직한 신념은 지금도 변함이 없다. 전남 강진의 뻘밭 100만평을 매입해 간척지를 일구고 현대식 농경지로 바꾸어 그린음악 농법으로 유기농 쌀을 생산하는데 주력해 연간 12,000석 이상의 질 높은 쌀을 생산해 냈다. 그에게 농업은 시들어가는 사양산업이 아닌 블루오션이다. 전인미답(全人未踏)의 길을 선택한 그. 아무도 손대거나 발 디딘 적 없는 옥토의 땅에서 그는 자신의 노력으로 진정한 성공을 맛본 셈이다.

흔히들 국가를 위해 기부하는 노블리스 오블리제를 실현하는 삶, 그는 보람된 일을 하는 사람이 성공하는 사람이라며 나누고 함께 하기 때문에 더 이상 배고프지 않게 되었다고 고백한다. 열사의 사막에서 야채재배에 성공하며 누구보다 배고픔에서 자유로워 졌고 가족을 사랑하고 자식들에게 존경을 받으며 가족 사랑의 굶주림에서 해방되었고 배움의 굶주림에서도 벗어날 수 있었다. 생각해 보면 인생의 배고픔이 그에게는 축복의 시작이었다.

목숨 걸고 인생을 달려온 김용복 회장의 인생도 오후에 접어들었다. 흙 농사를 지어 장학재단에 나누었으니 사랑농사를 지어 세계인들과 나누고자 굶주린 아이들을 향해 발걸음을 재촉하고 있다.

세상 살면서 무엇을 했느냐는 신의 물음에 흙농사, 사람농사, 사랑농사를 열심히 짓다가 왔다고 대답하고 싶다는 작은 소망. 그리고 그 순간을 위해 작은 것을 베풀며 사는 것이 삶의 지혜라고 한다.

인생의 황혼기가 사실은 인생의 황금기라는 것을 짐작해 본다. 나눔을 우선으로 하는 그의 인생과정을 통해 지혜로운 소유를 배워보며 열정 가득함으로 내 인생의 오후 프로그램이 오전을 꿈꾸어 본다.

인생을 성공의 길로 인도하는 것은 능력이 아닌 올바른 가치관이다. 올바른 가치관은 진정성을 만들고 진정성은 소통하는 힘을 가지기 때문이다. 그는 4월18일 롯데호텔에서 인생의 고마운 지인 700명을 초대해 사회에 환원하는 자리를 마련했다. 더불어 자서전의 지면을 통해 행복한 마음을 전할 수 있어 내게도 뜻깊은 자리였다.

# Relation

Column ● Interview ● Relation ● Travel

하나님과 함께 한 인생여정(旅程)
중세 르네상스 음악과 함께 한 밤
이방자 여사의 칠보반지와 박용경 교장 선생님
어머니 생각
골프의 모든 것
골프는 예술이다
눈물 훔친 날
맥길로이
경주 최부잣집
한성컨트리클럽
원아시아클럽
하늘의 향기 침향
와인과 영화
미술관유람
여성의 힘은 위대하다

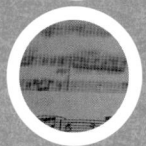

# 하나님과 함께 한
# 인생여정(旅程)

기대는 늘 설렘과 두려움을 동반한다. 마찬가지로 '처음'이란 단어도 늘 미지의 영역에 뛰어든다는 설렘과 두려움을 동시에 느끼게 해준다.

정해년(丁亥年) 새해 첫 임무로 예고에도 없었던 대학 CEO 특강을 하게 되었다. 평생동안 교단에 서서 남을 가르친다는 생각은 하지도 못했던 일이었다. 남의 앞에 서기엔 많이 부족한 내가 아직은 누구를 가르칠 때가 아니라 생각하여, 거듭 사양을 하였지만, 결국 강의를 수락하게 되었다. 설렘과 두려움을 안고 첫 강의를 마친 후, 지교수가 나에게 해준 말이 아직도 생각난다.

"이 선생님과의 인연도 하나님의 뜻인 것 같습니다. 골프 CEO 과정 프로그램에 대하여 고민하던 중에 우연히 스포츠 조선 기사를 통해서 '이순숙의 골프풍경'을 접하게 되었습니다. 이때 '아 이분이로구나!' 라는 생각이 들더군요. 그래서 어렵게 찾아 의뢰를 하게 되었습니다. 이것은 우연이 아닌 하나님의 부르심이었던 것 같습니다."

이러한 독실한 기독교 신자인 지교수의 위로의 말이 내가 가지고 있던 부끄러운 마음을 조금이나마 떨쳐주기엔 충분했고, 때로는 내 마음대로 결정 할 수 있는 것이 아니라 하나님께서 결정해주시는 거라 생각되었다. 결국 내가 강단에 설 수 있었던 것도 하나님의 부르심 덕이었고, 지금의 내가 있기까지도 하나님이 마련해 주신 은혜의 통로가 있었기 때문이 아닌가 생각된다.

지난 젊은 시절, 두려움도 몰랐던 그 때부터 어느덧 두려움에 익숙해진 중년의 여성이 된 지금까지 돌이켜 생각해보면 부족한 나에게 언제나 하나님께서 많은 은혜를 베풀어 주셨다.

중학시절부터 책과 함께 호흡했던 나는 어렸을 적 꿈 또한 잡지사를 경영하여 좋은 글을 싣는 게 꿈이었고, 결국 난 꿈을 이뤄 지금의 내가 되었다. 이렇게 되기까지는 대학시절, 출판사에서의 아르바이트 경력과, 아울러 졸업 후, 신문사와 잡지사에서의 기자생활이 있었기 때문이고, 마침내 지난 76년 봄, 당시 골프 잡지사로부터 원고 청탁을 받아 골프와의 첫인연을 맺게 되었다. 마치 예정되어 있던 것처럼 '글' 이라는 매체를 통해 소통할 수 있는 곳에 둥지를 트게 된 것도 하나님께서 마련해주신 축복의 통로를 쫓아 온 덕이라 생각한다.

인생은 선택에 따라 바뀐다고 한다. 지금도 우리는 매순간 선택을 하고 있고, 이러한 선택의 결과물이 지금의 나를 존재하게 만든다. 중학시절부터 좋아하였던 펜과의 사귐을 지금까지도 유지하고 있는 것도 내가 했었던 선택들 때문이었고, 이 선택으로 인해 지금도 축복 받은 삶을 살고 있다고 생각한다. 종종 다른 길로의 유혹을 받은 경우도 있었지만, 그럴 때마다 하나님은 다시 한번 내가 가야할 길을 찾아 인도해 주셨다.

무엇보다 골프를 통해 하나님이 맺어주신 인연으로 고난속에서도 영혼의 재산을 쌓는 일에 감사를 느끼며 일해 왔다. 지난 81년에는 낙선재에서 한국 최초의 여성골퍼인 이방자여사를 만나 영친 왕과의 골프교우(交友)에 대한 이야기를 들었고, 故 삼성 이병철 회장과의 만남을 통해서는 백구를 좇아 일희일비하는 골프의 인생사를 듣는 유일한 기회를 얻었다. 또한 전경련 강신호 회장과의 라운드를 통해서는 겸손함과 방우영회장(조선일보회장)과의 라운드를 통해서는 상대방에 대한 따뜻한 배려를 배웠다.

사람은 거울이라는 말처럼, 나는 항상 닮고 싶은 거울을 찾아 헤맸고, 골프는 그런 나에게 언제나 멋진 거울을 소개시켜 주었고, 결국 그들의 모습을 나에게 비춰 교훈적인 삶을 살도록 노력해오고 있다. 이렇듯 많은 골프문화를 통하여 나 자신을 더 인간적으로 만들었다.

장 폴 샤르트르는 "문화는 아무것도 누구도 구원할 수 없고 어느 것도 정당화 하지 않는다. 그러나 문화는 인간을 비추는 거울이며 이 비판적 거울만이 인간 이미지를 반영한다."고 했다. 즉, 문화교류를 통해 두 개 거울이 상응하게 되면 큰 영향력이 발생한다고 장 폴 샤르트르는 말했다.

이 말처럼 골프 문화를 통해서도 많은 삶의 가르침을 배울 수 있다고 생각한다. 다른 스포츠와는 달리 자연과의 교감이 강한 골프를 통해 자연 앞에서의 겸손함을 배웠고, 골프 스윙에서의 부드러움과 절제, 즉 강제적 힘을 주어서는 결코 멀리 날 수 없다는 쉽고도 어려운 원리 속에서 나 자신의 교만함과 아집에 대해서도 깊게 생각하고 고칠 수 있는 기회도 얻었다. 아울러 골프 덕분에 얻게 된 여행의 즐거움은 나의 삶을 한층 더 풍요롭게 해주었다.

지난 30년 동안의 기자 생활을 통해서 세계 곳곳을 돌아다닐 수 있는 기회를 갖게 되었고, 1987년, 당시에는 아무나 가보기도 힘들었던 개방되기 전의 중국을 골프인으로서는 최초로 다녀오는 영광도 누렸다. 그 당시 중국 방문을 통해 느낀 중국인의 삶 속에서 지금은 이미 거대한 국가가 되어버린 중국의 미래에 대한 무한한 가능성을 점쳤다.
또한 북아일랜드 로얄카운티다운 CC에서는 예이츠의 時를 떠올리며 문학소녀였던 여고시절을 산책하는 듯한 느낌을 가지며 행복을 만끽했다.

이러한 여행을 통해서 무엇보다 인생의 행복을 어디에 두고 사는 것이 진정한 행복인가에 대해 생각해 볼 수 있었고, 그로인해 내 삶 자체도 많이 달라져, 행복의 가치가 물질적인 면보다는 정신적인 면에 있다는 것을 조금이나마 깨달았다. 이 밖에도 세계곳곳을 여행하며 행복의 최대치를 만끽하려 노력했고, 지금도 바쁜 와중에서도 여행의 기회가 찾아오면 만사를 제치고 나선다.

하지만 이러한 밝은 일면 다른 한편으로는 어두움도 있었다. 오직 글과 골프가 주는 정신적 교감에만 취해서 경제에 대해서는 까막눈이 되어 요즘같이 물질이 전부인 듯한 세상에서 바보처럼 살았다는 생각을 하곤 한다.

또한 지난 22년전에는 업무에서 오는 스트레스와 피곤함이 누적되어 중심성 망막이라는 불치병으로 거의 장님이 되어 절망 상태에서 하느님을 찾으며 절규했던 적도 있다.

연이어 2002년 월드컵열기가 한반도를 뜨겁게 달구었을 때 직업상 잦은 목(?)사용으로 성대 수술을 하게 되었다. 한 달 가량 말을 못한 채 벙어리의 심정을 이해하며 자연속에서 휴식을 취했고 知難迎難而上(어려운 일도 어렵지 않게 여기고,

어려움이 닥쳐도 이겨나갈 각오를 다지며 인생의 안식일이라 생각하며 극복했다. 20년 간 이끌어 온 잡지사의 큰 고비를 넘기면서 여러 번의 역경 속에서도 하나님을 찾게 되었고 하나님은 그때마다 나의 기도를 저버리지 않고 응답해 주셨다. 지금도 어려운 일이 생길 때면 새벽기도를 통해 마음의 위안을 삼는다. 내가 마음을 담아 부르면 언제나 하나님은 응답해주실 거라 믿고, 언제까지나 곁에서 지켜봐 주실거라 믿기 때문이다.

지금의 나는 물질적으로는 가난하지만, 정신적으로는 누구보다 큰 힘이 있는 부자라 생각한다. 물질적 풍요와 육체적 건강만이 행복을 보장하지 않는다. 부족함 속에서도 작은 일에 의미를 부여하고 삶의 가치를 발견한다면 그것이 진정한 행복이라고 생각한다.

글을 쓰는 사람이면 누구나 자신의 이름으로 책을 출판하길 원한다. 그런면에서 2007년에는 내 인생의 큰 축복을 받은 한해였다. 25년간의 기자생활을 토대로 발간한 '이순숙의 골프풍경'을 통해 지나간 세월을 반추 할 수 있는 기회를 가졌고, 이러한 과정 속에서 덤으로 문화관광부장관 표창도 받았다. 이 또한 나의 기도를 저버리지 않는 하나님이 은혜라 생각된다.

잘라루딘 루미는 인생을 여인숙에 비유했다. 기쁨 슬픔 등 찰나의 신간선상에 있다가 사라지는 감정들이 하루에도 몇 번씩 예약도 않고 찾아온다고 했다. 기자생활을 시작 한 지도 어느덧 해가 더해 30이라는 숫자를 만들었고, 주위에서는 이제 그만 현장에서 물러날 때가 아니냐고 묻기도 한다. 하지만, 매순간 여전히 나를 잊지 않고 방문해주는 '열정'이라는 손님 덕분에 난 여전히 현역일 수 밖에 없다.

그가 올 때면 난 언제나 기대감에 설레고, 다시 한 번 손님 맞을 준비를 하게된다. 행여나를 다시 찾진 않을까 걱정도 해보지만, 나는 그를 진실로 믿는다. 최고의 서비스로 정성을 다한다면 외면하지 않을 것이라고, '열정'은 늘 사람을 힘차게 만들고, 셀레게 만든다. 앞으로 내 인생에 기다리고 있을 많은 일들을 대비할 수 있도록 도와준다. 이러한 하나님의 선물인 '열정'을 가슴 속에 품고 오늘도 은혜의 통로를 거닌다.

# 중세 르네상스 음악과 함께한 밤

찬 바람이 옷깃을 여미게 만드는 초겨울 밤, 감미로운 중세 르네상스의 음악이 도곡동의 '힐스테이트 갤러리'를 가득 메우고 있었다. 이 연주회는 중세 르네상스 음악을 시대와 공간에 맞게 다시 편곡해 부르는 '앙상블 브아믹스'가 출연한 특별한 무대였다. 여고시절부터 문학과 음악 등 예술 방면에 관심이 많았던 나는 골프헤럴드 발행인으로 있으면서 음악과 미술, 공연 등 다양한 예술분야에 지면을 할애하여 많은 아티스트들을 접할 수 있었다.

음악과의 인연은 유년 시절부터 각별하였다. 당시만 해도 피아노가 귀하던 시절, 이웃에 피아노를 전공하는 여대생이 있었는데 그녀 덕분에 나는 늘 피아노 소리를 들을 수 있었다. 어린 나는 그 피아노 소리에 이끌려 그 집 처마 밑에서 추위도 잊은채 한참동안 피아노 소리를 듣곤 했다. 그리고 집에 와서는 어머니에게 피아노를 사달라고 졸랐던 기억이 난다.

앙상블 브아믹스의 '특별한 동행'이라는 이름의 이번 공연은 우리말 가사로 바꾼 '비잔틴 성가'를 비롯, 르네상스 시대의 대표적인 다성부 양식 음악들을 연주하며 고악기라는 공통점 안에서 전통악기와의 연주를 시도하여 성공적인 사운드를 이끌어 내고 있었다. 청중들이 다가가기 어려웠던 다성부 양식의 음악을 처음으로 가까이 느낄 수 있는 시간이었다.

낯선 시대에 낯선 언어로만 불리던 노래를 그대로 답습한 것이 아닌, 우리 말 가사로 현시대에 맞게 재해석하는 작업을 해냈다. 우리 민족의 정서를 담은 가곡들로 뜻깊은 공연을 보여 주었던 지난 2005년 '한국가곡 60년 대축제'와 같은 향수를 느낄 수 있었고, 이 공연을 관람하면서 루이 16세가 작곡가였다는 사실도 알게 되었고, 우리에게 그동안 익숙지 않았던 새로운 장르의 음악을 친한 지인들과 함께 감상할 수 있어 매우 행복한 시간이었다.

지난 2005년 늦가을, 광복 60주년을 기념하는 음악회가 금호 아트홀에서 있었다. 1920년부터 현재까지 작곡한 200여 곡의 가곡들을 한국 최정상의 음악인들이 참석하여 공연한 무대로 한국가곡 80년사를 돌아보는 '한국가곡 축제' 였다.
당시 총감독을 맡은 장윤경 감독의 청을 거절할 수 없어 '추억' 이란 주제의 공연에서 사회를 맡게 되었다. 이화여자대학교 음대 학장으로 있는 한국의 유명한 소프라노 이규도 교수를 비롯해 기라성 같은 성악가들이 참여해 서정적인 가곡의 선율을 들려주었던 기억이 아직도 생생하다.

노래란 영혼을 담아내는 그릇이라 하듯이 가곡은 우리 민족의 삶의 애환과 정서를 담아 내면서 지난 세월의 아픔과 기쁨, 슬픔을 떠올리게 한다. 이 날 어린 시절 어머니와 함께 불렀던 '봉선화' 를 들을 때는 돌아가신 어머니 생각에 눈물이 고이기도 했다.

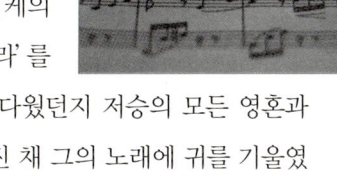

그리스 신화를 보면 오르페우스는 아내 에우리디케의 죽음을 슬퍼하며 그녀를 찾아 저승에 들어가 '리라' 를 반주하며 노래를 불렀는데 그 노래가 얼마나 아름다웠던지 저승의 모든 영혼과 신 그리고 시지프스가 밀어 올리던 바위마져 멈춰진 채 그의 노래에 귀를 기울였다고 한다.

갈수록 빠른 것만을 추구하고 메말라 가는 세상에 18홀을 천천히 걸으며 자신과의 대화를 갖는 골프나, 말초적 감상이 아닌 마음 깊은 곳의 정서을 건드리는 가곡이나 고음악은 시대에 뒤떨어져 보일 수도 있다. 하지만 요즘처럼 여유가 없는 세상일수록 고전음악과 고미술 등 옛 것을 가까이 함으로서 마음의 여유를 찾는 시간이 값진 인생이 아닐까.

# 이방자 여사의 칠보반지와
# 박용경 교장선생님

겨울의 잔설이 아직도 그 흔적을 지우지 않고, 차고 맑은 바람이 옷깃을 여미게 하는 춘삼월이다.

아직은 이른 봄 햇살을 받으며 서 있는 창가의 수목을 바라보면 "나의 살던 고향은 꽃피는 산골, 복숭아꽃 살구꽃 아기진달래~" 홍난파작곡의 '고향의 봄'이 생각난다. 자연스럽게 흘러나오는 멜로디와 함께 기억의 흐름을 타고 42년 전 여고시절로 줄달음친다.

'인생성공 단십백'이란 말이 있다. 진심으로 존경하는 한명의 스승과 마음을 나눌 수 있는 열 명의 친구, 좋은 책 백 권을 주위에 두면 성공한 인생이라고 하지만 우리의 짧은 인생에서 이토록 소중한 인연을 맺기란 쉬운 일이 아니다.

나의 경우도 모든 것을 다 이루었다 할 수 없지만 다행히 지금도 마음속 깊이 존경하는 스승이 있다. 지금은 고인이 되신 박용경 교장 선생님이시다. 선생님께선 해방 전 일본 동경 여자 대학교를 우수한 성적으로 졸업하시고, 한국 여성교육에 진력하신 선각자이셨다.

작은 키이긴 하지만 개량 한복차림에 항상 엄격하고 근엄한 표정으로 일관하셨지만 오히려 매주 조회시간, 삼일당에서 전교생을 모아놓고 고전음악을 들려 주셨다. 한국 사회에 귀감이 되는 여성들을 육성하는데 교양과 품격 역시 중요함을 갈파하신 듯 이었다.

그 영향으로 학창시절부터 고전음악을 즐길 줄 아는 음악 애호가가 되어 아직도 틈틈이 고전음악을 들으며 마음의 여유를 찾곤 한다

당시 삼일 당에서 고전음악과 함께 자주 귀에 익었던 음악이 바로 '고향의 봄' 이었다.

박용경 선생님께서는 이 곡을 좋아하셔서 전교생이 합창을 하면 선생님의 눈가에 어느새 눈물이 촉촉이 고이곤 했다. 우리들은 매주 조회시간마다 '고향의 봄'을 불렀다. 때문에 아직도 이 노래를 들으면 박용경 선생님의 그 곱고 단아한 모습이 떠오른다.

선생님과의 소중한 인연은 졸업 후에도 깊은 추억을 남겼다. 88년도 봄에, 나는 한 여성지로부터 '잊을 수 없는 사람'이란 주제로 원고를 청탁받았고, 나는 주저없이 여고시절 박용경 선생님께서 보여주신 헌신적인 교육의 모습을 그렸다.
글이 실린 책이 나오자 그해 스승의 날에 6살, 5살 난 두 남매를 데리고 세검정 선생님 댁을 방문했다. 선생님께선 헨델의 곡을 감상하고 계셨다.
당시 80세 초반이셨는데도 아름다운 클래식 선율처럼 곱게 늙어가는 모습이 아직도 눈에 선하다.

작고한 황순원 선생이 오산 중학교 재학시절, 당시 교장님이던 남강 이승훈 선생님을 뵙고 '남자도 저렇게 늙을수록 아름다워질 수 있는 것이로구나. 선생님은

생각했다는데 박 교장 선생님을 뵌 나의 경우가 그러했다.

선생님께선 제자의 글에 깊이 감동을 받으셨는지 일본 황실을 교육하는 학습원에 선생으로 있는 지인에게 모범적 글의 예로 보내겠다고 말씀하셨다. 이렇듯 선생님께선 제자가 스승님께 보이는 존경에 진심으로 기뻐할 줄 아시는 진정한 교육인이셨다.

그날 선생님께선 정산, 신기에게 냅킨으로 곱게 접은 컵에 주스를 주시면서 그동안 못 나눴던 이야기에 시간 가는 줄 몰랐다.

선생님께서 세계 총교육자 회의 참석을 위해 아프리카로 가셨다가, 시내 한 복판에서 갑자기 복통이 나 어쩔 줄 모를 때, 마침 누군가 차를 세워 위기를 면했다. 알고 보니 아프리카에서 의료 활동 중인 의사 남편과 함께 현지에서 의료 봉사를 하며 거주하는 제자였다. 고국에서 멀리 떨어진 이국땅에서 제자를 만난 우연도 우연이지만, 당신께서는 이처럼 세계 여러 곳에서 맡은 바 소임을 다하는 제자에 대한 강한 자부심을 가지셨다.

또한 한국 근대 여성을 대표하는 엘리트이셨던 선생님께선 구한말의 마지막 영친 왕비인 이방자여사가 준 칠보반지를 소중히 간직하고 계셨는데 이날 선물로 주셨다. 이 칠보반지는 지금까지 우리 집의 가보로써 소중하게 간직하고 있다.

지금도 나름대로 예절과 품위가 몸에 밴 것은 여고시절 은사이신 박용경 선생님의 가르침이 아닐까 생각해본다. 그에 대한 감사함만큼이나 좀 더 선생님의 가르침에 충실하지 못했던 점이 아쉬움으로 남는다. 그랬더라면 분명 지금보다 훨씬 나은 삶이 되어 있지 않을까 반추해 본다.

헤르만 헤세는 "우리가 살고 있는 이 세상은 음산해 보이기도 하지만, 역시 봄이 오면 모든 꽃으로부터 영원하고 즐거운 선물을 받게 된다."고 말한 바 있다.
이처럼 온갖 생명이 경이롭게 눈 뜨는 봄이 오면 박용경 선생님의 모습이 떠오른다.

# 어머니 생각

우리는 태어나서 죽을 때까지 언제나 마음 한 구석에 '이 사람'을 모시며 살아간다. 생각만으로도 눈물이 나는 사람, 생각만으로도 가슴이 벅차오르는 사람, 그 이름만 불러도 가슴이 저며 오는 사람. 바로 '어머니'란 사람이 그 주인공이다.

내 고향은 서울이다. 그래서 늘 명절 때면 양손에 짐을 한보따리씩 들고 기차, 혹은 버스를 타고 고향을 찾아 가는 사람을 부러워하며 사춘기 시절을 보냈다. 하지만 나에겐 언제나 든든한 마음의 고향이 있었기에, 그 사람들을 보며 느낀 감정은 딱 '부러움' 뿐이었다. 사실 어린 마음에 '고향'의 참된 의미를 어찌 알았겠는가? 단지 어딘가로 떠나는 사람들의 모습이 마치 미지의 세상으로의 여행을 떠나는 것처럼 느껴져 부러워했을 뿐이다. 사실 나에겐 마음의 고향이 따로 있었는데, 바로 '어머니'가 바로 그 고향이다.

늘 정서적으로 평안함을 선물해주셨던 어머니야말로, 기차도, 버스도 선물해주지 못하는 진정한 '나의 고향' 이었던 것이다.

지금도 어머니를 보면 감사하다는 표현만으로는 부족함을 느낀다. 아마 지금껏 존재하는 그 어떤 미사어구로도 어머니가 선사해주는 감사함의 아름다움을 표현할 길은 없을 것이다. 어찌 보면 지나가 버린 것을 다시 돌이킬 수 없다는 사실 때문에 더욱 아름다운 것은 아닐까?

어머니의 외가는 지금의 압구정동으로 어머니는 그곳에서 유년시절을 보냈다.

당시 압구정동은 서울에서 볼 때는 깊은 산골이나 다름없었는데, 아주 어릴 때 외갓집을 가기 위해 한겨울 오빠와 함께 금호동을 지나 꽁꽁 얼은 한강의 얼음을 지치며 즐거운 마음으로 오가던 생각이 난다. 외할아버지와 외할머니는 비교적 부농(지금의 현대아파트 일대가 외할아버지의 배 밭이었다)이었는데 6.25가 터지면서 돌아가셨고, 막내 외삼촌은 지금의 서울대에 다니셨지만, 당시 장안의 부자였던 이모의 재산을 지키기 위해 인민군에 입대하여 전쟁터에 나간 후 돌아가셨다. 역사적 비극인 6.25를 통해 겪은 집안의 비극이다.

어머니는 어린 시절부터 양보심과 희생정신이 강해 집안일을 도맡아 하셨으며 외할머니의 사랑을 듬뿍 받았다고 한다. 지금의 현대여성처럼 많이 배우지 못해 배움은 짧았으나, 동생들을 위해 많은 것을 양보했기 때문에 아주 지혜로운 처녀였다고 한다.

친할아버지께서는 지금의 아현동 굴레방다리 근처에서 목재소를 경영하셨고, 할아버지의 형제들은 한국 최초의 신발공장(태평양 고무)을 경영하며 당시로서는 서울의 둘째가라면 서러운 부잣집이었다고 한다. 당시 큰아버지께서는 서울에서 미인으로 꼽히는 분을 맞아 들였는데 큰어머니께서 하도 빼어난 미인이여서 그림으로 그려도 못 그릴정도였고 한다. 하지만 빼어난 미모와 달리 살림과 덕이 부족하여 결국 시부모님 눈 밖에 났고, 이러한 것을 바로 옆에서 목격하였던 아버지는 얼굴도 안보시고 착한 부인을 맞이하셨다고 한다. 바로 나의 '어머니' 이다

내가 태어난 시기는 6.25가 터진 후, 서울을 수복한 때로 당시 식량 사정이 불안정하여, 대신 경기도 용인으로 내려가 집안 일꾼들이 냇가에서 잡아온 미꾸라지와 메기들을 거의 매일 드셨다고 한다. 그래서일까? 태아 때부터 이러한 보양식

만을 먹어서인지 내가 갓 태어났을 때 미꾸라지처럼 피부가 반짝였다고 한다. 그래서 그런지는 몰라도 지금도 다른 사람에 비하면 신체연령이 10살이나 아래로 본다고나 할까?

어머니께서는 6.25 직후 집안이 폐허로 변해 한동안 고생을 하시며 우리 5남매를 키우셨고, 아버지께서는 목재소를 다시 시작하셨다. 집안에 일이 워낙 많아 늘 일속에서 파묻혀 사시면서도 단 한 번도 피곤한 표정을 보이지 않으셨다.

새벽부터 밤까지 일하면서도 돌아가실 때까지 평생 화를 내는 모습을 본 적이 없는 어머니였다. 워낙 큰살림을 도맡아 하셨기 때문에 심신이 지치실 법도 한데, 그러한 내색 하나 없이 오히려 남을 위해 희생하는 삶을 사셨다.

매년 김장때면 300포기씩 담가 이웃들에게 나눠주는 것을 좋아하셨고, 간장, 된장, 고추장 등도 손수 담가 해마다 필요한 사람들에게 주곤 하셨다.

설날에는 엿과 인절미, 흰떡, 수정과, 식혜, 다식, 한과를 직접 준비하셨고, 또한 종류만 해도 5가지 이상인 김치를 설 두 달 전부터 준비하셨는데, 이러한 과정을 지켜보며 자란 나에게 있어 어머니는 세계 최고의 살림꾼이었던 것이다. 또한 나에겐 어머니가 만들 수 있는 모든 음식과 다리미질, 방망이질, 바느질과 같은 살림하는 방법을 가르치시면서 "네가 나중에 부잣집에 시집가게 되더라도 일을 알고 사람을 부리는 것과 모르고 부리는 것은 엄청 다르다"며 부지런히 배우라고 독려하셨다. 그런 까닭에 지금도 나의 몸 구석구석에는 어머니의 모습이 배어 있다.

우리집은 이렇듯 큰 생각과 큰살림 속에 우리 집은 손님이 잦은 편이었고 당시에 시주를 하려는 스님들이 마을을 찾을 때면 자주 꼭 들르는 곳이었다. 늘 문을 열어 놓았기에 하루에도 서너번 걸인들에게도 먹을 것과 입을 것을 주시면서 따뜻하게 대했다.

한편, 여성으로서의 어머니 모습은 유달리 꽃을 좋아하셨다는 것이다. 어린 시절 지금의 정릉 뒷산에 집이 있었는데 대지가 무척 넓었는데 어머니께서 직접 꽃밭을 가꾸셨고, 토끼도 기르셨다. 꽃밭에는 양귀비꽃을 비롯하여 이름 모를 아름다운 꽃들이 어린 내 마음을 설레게 하였다. 또 어머니께서는 가끔 수유리 화계사로 공양을 드리러 가시면서 항상 막내딸인 나를 데리고 가셨고, 가는 길에 언덕길에 핀 민들레꽃, 할머니꽃 등 이름 모를 야생화를 가리키며 꽃의 아름다움과 생명의 소중함에 대해서 일깨워주곤 하셨다.

이렇듯 꽃에 마음을 빼앗기는 여인이셨지만, 집안에서는 영락없는 어머니셨고, 한평생 쉼 없이 살아오시며 자식들을 위해, 그리고 지아비를 위해 희생하셨던 분이셨다. 10년 전, 병마에 쓰러져 돌아가시기 전까지 새벽 녘, 정화수를 떠놓고 자식을 위해 늘 불공을 드리셨는데, 특히 막내딸인 내가 대학 입학시험을 볼 때, 그리고 오빠가 계룡산에서 고시 공부를 한다고 입산했을 때 백일기도를 정성껏 드리셨다.

가끔 달이 휘영청 밝을 때면 어머니와 툇마루에 앉아 달님을 보며 소원을 빌었던 어릴 때가 생각난다. 어린 시절, 나는 유독 감수성이 강했는데, 옛날 아랫동네에 음대에 다니는 언니가 있었는데, 언니가 치는 피아노소리에 이끌려 담장에 앉아 한동안 시간가는 줄 모르고 흘러나오는 피아노 소리를 감상했던 기억이 난다. 한번은 추운 겨울 날, 손을 호호 불며, 발을 동동 구르면서 피아노 소리를 들었던 적이 있는데, 이 때 어머니에게 들켜 집으로 끌려간 적이 있었다. 이 때 피아노를 갖고 싶은 마음에 '엄마! 나도 저런 피아노 갖고 싶어. 사줘!' 라고 말하면 '아버지가 언젠간 사주실 거야' 라고 하셨는데, 그 때 엄마의 대답은 힘없는 대답이었다.

당시 아버지께서는 음악, 미술은 환쟁이들이 하는 것이라며 펄쩍 뛰는 지극히 엄하고 보수적인 분이셨는데, 이런 환경에서 미술을 좋아했던 나는 미술을 전공하려던 꿈이 깨어지고, 결국 글로서 감정을 표현하는 문학의 길로 빠지게 되었고, 음악에 대한 욕구는 당시 집에 있었던 전축을 통해 흘러나오는 팝송과 클래식을 들으며 달래곤 하였다. 이런 나에게 어머니는 항상 딸이라 해주지 못하는 것들에 대해 미안해하셨고, 상처받은 어린 마음을 달래주셨다.

이렇듯, 내 인생에 뜨거운 사랑을 베풀어준 분이 바로 '어머니'이다. 어머니께서는 내가 잡지사를 창간할 때부터 경제적인 어려움으로 고통 받을 때부터 줄곧 나를 위해 안스러워하며 기도하셨는데, 정작 자식으로서의 나는 어머니가 하늘나라로 돌아가실 때까지 편안하게 해드리지 못한 것이 후회의 못이 되어 가슴이 저며 온다.

어머니는 폐암으로 고생하시다 결국 2001년, 프라자에서 열린 경영인자선골프대회 날 타계하셨는데 정작 자식인 나는 대회 준비 때문에 임종도 못 지키고 하늘나라로 떠나보낸 것이 평생의 한이 되었다. 가족들은 나에게 알리지 않고 있다가 대회가 끝난 후, 시상식을 하기 전에 알려주었는데, 그 자리에서 울음을 참으며 인사말을 전한 기억이 생생하다.

돌아가신 날, 그 자리에 있었던 많은 사람들이 찾아와 조의를 표했고, 결국 어머니는 꽃가마에 묻혀 엄마가 그토록 좋아했던 꽃 속에서 생과의 작별을 고했다. 여태껏 살아오는 동안 그렇게 큰소리로 목이메어 울어보기는 처음이었다.

유태인의 격언에 이런 말이 있다.
"하나님은 언제 어디서나 계시지 않는다.
그래서 어머니의 존재를 만들어 주셨다."

지금도 매 년 창간호를 준비할 때면 극도의 스트레스가 찾아오는데, 가끔은 이러한 스트레스를 아무도 알아주지 못하는 것만 같아 외로움이 엄습해 올 때가 있다. 그리고 이러한 외로움에 어머니의 자애로운 품이 그리워 눈물이 어느새 고인다. 세월은 그냥 흐르지 않고 마음과 함께 자라며 그리움을 더하는 것만 같다.

아! 꿈에서라도 보고 싶은 그리운 어머니여!

# 골프의 모든 것

새로운 길에 첫 발을 들여 놓는 일은 모험이다. 필자는 오랜 기간 골프기자 생활로 새로운 길을 가는 것에 대한 두려움 보다는 모험을 즐기는 편이다. 그리고 새로운 장소에서 무한한 상상력만큼이나 에너지를 얻는다. 많은 사람이 가지 않은 길을 가는 진짜 즐거움은 그 길을 갈 때 느끼는 자유와 해방감이다. 새로운 세계로 들어설 때 얼마나 황홀한지 그 기분인지 느껴본 적 있는가. 그 순간만은 과거의 내가 아닌 내가 되고 싶은 사람이 될 수 있다.

골프가 사람의 마음을 사로잡고 시간을 초월해 인기를 얻는 이유 중 하나는 자연과 인간이 만든 골프장이 존재하기 때문이다. 골프장은 도전적인 골프경기가 펼쳐지는 곳이기도 하지만 드넓게 펼쳐진 아름다운 전원 속으로의 즐거운 여행을 선사하기도 한다.

골프 기자로 활동하며 비교적 높은 안목과 넓은 시야를 가졌다 자부하지만 세계의 명문 골프장 앞에서면 저절로 탄성이 나오는 것은 막을 길이 없었다. 물론 이론적으로는 알고 있지만 실제 가보지 못한 아쉬움이 남는 세계 명문 골프장도 있고 실제로 방문해 그 생동감을 잊을 수 없는 곳도 있다.

스코틀랜드 서쪽 바다에 접해 있는 세인트 앤드류스 골프클럽은 에딘버러에서 1시간 정도 떨어진 곳에 있다. 가장 유명한 코스로는 골프의 메카로 불리는 '올드 코스'이다. 이 코스는 만들어 진지 600년이 지났지만 인공적인 디자인을 가하지 않은 원초적인 링크스 코스라 더욱 매력적이다. 1990년부터 5년에 한 번씩 올드 코스에서는 The Open개최된다. 좁은 페어웨이와 무성한 러프와 항아리 벙커에 북해에서 불어오는 돌풍과 비와 같은 자연을 극복해야 우승할 수 있는 특징을 가지고 있다.

1990년 세인트 앤드류스와 흡사한 북아일랜드 수도 벨파스트에서 한 시간을 달려 도착한 로열카운티다운의 골프코스를 방문한 적이 있다. 20년이 지난 지금도 지워지지 않는 인상적인 곳이다. 세계 유수의 골프장을 다녀볼 기회가 있었지만 '신이 내린 골프코스'를 꼽으라면 단연 이 곳을 꼽을 정도이다. 대서양의 검푸른 파도와 푸른 잔디가 만연한 티잉그라운드에서 티샷을 날릴 때의 장엄함과 설레임은 잊을 수가 없다. 티샷한 공이 희뿌연 하늘 위를 가를 때는 마치 지상에서의 '절대 고독'과 맞닿은 듯 했다. 연초록의 가시 금장화와 야생화들 덕분에 페어웨이와 러프의 구분이 모호하지만 천연적인 자연스러움은 이국적 느낌을 물씬 풍겼다. 영국 빅토리아 여왕의 장남 에드워드 7세의 지시로 1889년 전설적인 설계가 톰모리스에 의해 설계된 이 골프장은 100년을 뛰어 넘는 품격 높은 역사의 흔적을 발견할 수 있다. 세월의 흔적을 단순이 낡음이 아닌 역사의 기록으로 생각하고 보존하는 명국 명문 골프장을 보며 세계 유수 골프장 보유국 중 미국(59개)에 이어 영국(19개)이 그 뒤를 잇는 이유를 납득할 수 있었다.

'녹색의 자켓'으로 더 유명한 마스터스 오거스타 내셔널 골프클럽. 이곳을 연상하면 많은 갤러리들의 함성소리와 환호가 마치 들리는 듯하다. 골프 영웅들의 환희와 좌절에 울고 웃는 드라마가 연출되는 곳이며 영웅을 탄생시키는 곳이기도 하다. 마스터스 오거스타 내셔널 골프클럽은 1930년대 초 금세기 최고의 아마골퍼 보비존스가 필생의 혼과 정렬을 쏟아 만들어 낸 하나의 작품이기도 하다. 태양이 동쪽에서 올라오는 것이 숲 사이를 거쳐서 유리알 같은 그린에 투영되는데 해가 움직임에 따라 나무 그늘이 점점 깊어가며 나무사이로 몇 줄의 빛이 마치 대극장의 스포트라이트처럼 그린이 윤곽을 선명하게 해준다. 최후의 영광을 향하여 치열한 싸움을 하고 있는 마스터즈들에게 찬란한 빛은 용기를 그리고 그들은 진정을 요구하는 것 같다고 다녀온 지인을 통해 전해 들은바 있다. 특히 유명한 11, 12, 13번 아멘코스는 인간이 할 수 있는 모든 것을 다하고 그 결과는 오직 신의 섭리에 맡긴다는 뜻이 아닐까 생각해 본다.

1985년부터 세계 최고 코스 1위 자리를 굳건히 지키는 파인밸리 골프클럽은 미국 뉴저지주 남부에 위치해 있다. 소나무와 모래 언덕과 황무지를 조지크럼프가 절묘하게 배합하였다. 끊임없이 거대한 벙커에 가로막히고 정확한 퍼팅을 통해서만 정복할 수 있는 매력의 세계를 창조해 도전정신과 승부욕을 부르는 코스이다. 세계적 명문 골프장의 특색을 살펴보면 바닷가 모래 언덕 즉 사구위에 건설된 링크스 스타일 코스가 높은 평가를 받고 있다는 것을 알 수 있다. 세인트 앤드류스 올드코스와 페블비치도 링크스 코스에 속한다. 산악코스이면서도 세계 최고로 꼽히는 데는 바로 자연 아름다움을 훼손하지 않고 그대로 잘 보존했기 때문이다.

미국 캘리포니아 몬테레이 반도에 위치해 태평양을 끼고 있으며 해안코스로는 미국에서 가장 유명한 페블비치 골프장 역시 많은 골퍼들의 꿈의 낙원이다. 바위에 몰아치는 하얀 거품의 파도속에서 시원하게 스윙을 할 때는 세상을 다 가진듯한 착각마저 들게 한다. 1972년과 1982년에 US오픈이 1997년에는 US PGA챔피언 대회가 개최되었고 2000년 US오픈 100주년 기념 대회가 이곳에서 열려 그 권위와 명성을 인정받았다. 골프장 자체의 명성만으로도 화두가 되기에 충분한 곳으로 잭니클라우스는 죽기 전에 라운드 할 수 있다면 반드시 페블비치에 가고 싶다고 말했을 정도이다.

이제 인생의 절반이 지난 시기이다. 현역에서 은퇴 이후를 생각할 시기이기도 하다. 삶의 무거운 가방을 내려놓고 가벼운 짐을 챙겨 제2의 여정길에 오르고 싶다. 인간과 자연이 만든 환상의 골프코스에서 내 생에 가장 근사하고 장쾌한 라운딩을 꿈꾸어 본다. 그리고 그 곳에서 새로운 자아를 발견하고 여전히 꿈꾸며 도전하는 삶을 살고 싶다.

# 골프는 예술이다
## Golf is an Art

"인간의 가장 큰 불행은 두 가지다. 하나는 꿈을 이루지 못하는 것이고, 또 하나는 꿈이 이루어져 버리는 것이다." - 오스카 와일드

인생의 오후에 접어든 나이, 가장 중요한 것 중 꿈에 대해 생각하게 하는 요즘. 삶의 절반 이상을 골프와 호흡하며 돈독한 인연을 맺어 온 필자는 골프가 지닌 〈예술의 힘〉에 대해 생각해 본다. 청춘, 골프로 인해 꿈을 꾸었고 나이가 듦에 따라 삶의 가치를 느끼고 감동을 받는 포인트가 달라져 이제 골프를 예술의 한 영역으로 수용하며 다시 한 번 도전할 꿈을 꾼다.

골프는 다양한 예술 영역을 포함하고 있는 멀티 아이콘이다. 땅 아래 숨 쉬는 천혜의 자연을 밟으며 즐기는 골프는 사람과 자연이 만든 예술의 한 영역이다. 라운딩은 마치 자연의 아름다움을 존중하며 그 가치를 발견해 내는 창조적 과정이기도 하다. 자연과 호흡하고 하나가 될 때 우리의 정신은 건강해 질 수 있다.

섬세한 손길로 연출된 조경예술은 또 어떠한가. 생명이 주는 색감의 황홀함이란 이루 말 할 수 없는 행복이다. 꽃이란 무릇 살아 있는 생명력만으로도 인간을 겸허하게 한다. 꽃이라는 매개체는 물리적인 물건이 아니기 때문에 잔상을 남기고 배려하는 선한 마음으로 골퍼들에게 작은 변화를 준다. 마음의 힐링, 바로 꽃과 자연이 지닌 감성일 것이다.

골프는 아름답고 풍요로운 미술과 음악의 소통통로이다. 음악과 미술의 필요성은 말로 하지 않아도 명백하다. 자연속에서 펼쳐지는 풍요로운 음악회와 클럽하우스를 메꾸는 아름다운 선율은 골퍼들에게 안식처가 되기도 한다. 악보에도 쉼표가 그림에도 여백이 있기 때문에 그 아름다운이 가치를 더하듯 우리 삶에도 쉬어가는 통로를 마련해 준다. 클럽하우스는 단순함과 섬세함 지적인 유희를 그대로 반영한 예술적 거울이라 할 수 있다. 뛰어난 고전적 작품부터 예술품, 골동품을 비롯 전통의 조화가 시작되는 곳이기도 하다. 또한 미각을 돋우는 요리의 맛은 사람의 정성이 깃든 색색의 향연으로 미를 더하며 이상적인 삶에 더 가까이 가도록 도와준다.

골프는 새로운 세상 이치를 깨달아 가는 삶의 철학 영역이다. 삼성의 설립자 호암 이병철 선대회장은 골프를 이해하면 세상의 이치를 알게 된다며 그 사람의 됨됨이를 한 번의 라운딩으로 판단할 수 있는 기준이 된다고 말씀하셨다. 그래서 흔히들 골프를 마치 인생여정과 닮았다고 비유한다. 내가 살아왔고 살고 있을 살아낼 인생처럼 항상 그렇게 예측불허의 게임이지만 부족하다고 인정하는 순간 또 다른 희열을 맛보여 준다. 라운딩을 하다 보면 이해하기 어려운 상황들이 다 가온다. 때로는 아쉬움이 남기도 하고 생각지 못한 환호와 탄성이 나올 때도 있다. 골프의 시나리오란 예상할 수 없는 자연의 섭리와도 마찬가지이다. 작은 실수도 인정해야 이기는 자의 게임이라는 것을 깨닫는다. 18홀, 마지막에 웃는 자가 진정한 승리자라는 것을 깨닫게 해준다.

필자에게 골프는 사람과 사람을 이어주는 단단한 '브릿지' 역할을 해주었다. 이렇듯 골프의 예술적 가치는 무궁무진하다. 그 가치 덕에 절반의 꿈을 이루어 왔고 아직 남은 꿈을 이루기 위해 노력하고 있기 때문이다. 골프는 우리 삶을 풍요롭게 하는 '예술' 임에 틀림없다.

# 눈물 훔친 날

1991년 봄날, 창간호를 준비할 때의 설렘이 엊그제 같은데 2011년 4월, 어느덧 20년의 세월이 흘러 골프헤럴드가 세상 밖으로 첫 외출을 한 지 20주년을 맞이하게 되었다. 그리고 이러한 뜻깊은 시간을 기념하기 위해 그 동안 골프헤럴드를 변함없이 아끼고 사랑해준 300명의 소중한 분들을 초대하여 잊지 못할 추억을 공유하는 시간을 가졌다.

이제 막 청년으로 자란 골프헤럴드의 성인식을 치룬 이 날, 개인적으로 더욱 뜻깊었던 이유는 바로 33년 기자 생활을 정리한 '인생의 뜰을 거닐며'라는 책을 출간할 수 있었기 때문이다. '열정, 그 뜨거움' 하나로 시작했던 기자생활을 추억하며 써내려간 이 책에는 그동안 골프를 통해 만난 각계각층의 동반자들, 그리고 세계 곳곳의 아름다운 장소들, 아울러 기자생활을 하는 동안 써내려간 칼럼 등이 수록되어 있어 골프 역사와 함께 한 뜻 깊은 자리었다.

또한, 개인적인 출간과 더불어 대한민국 골프기자 1호인 최영정 선생님의 '핀 향한 일편단심'이라는 한국 최초의 골프 시조집 또한 함께 출간할 수 있게 되어 뜻깊음이 더했다. 창간 20주년 기념행사에서 무엇보다 가슴이 뭉클했던 이유는 그 동안 바쁘다는 핑계로 함께 하지 못했던 지인들과 오랜만에 해후할 수 있었기 때문이다.

70년대 말 골프와 인연을 맺은 같은 시기에 프로에 입문한 최상호 프로, 그리고 불굴의 개척정신으로 해외 첫 우승을 장식한 구옥희 프로를 만날 수 있었고 70년대

초부터 대한골프협회 일을 도맡은 골프계의 산증인 임영선 고문과 체육계의 거목 박갑철 아이스하키협회 회장, 박종환 전 국가대표 축구 감독, 골프장 CEO의 대명사 조한창, 안용태 대표 등 골프를 통해 젊음을 불사른 진정한 골프인들을 만날 수 있었다. 또 시대를 풍미했던 원로 골퍼들과 사회각계 각층의 인사들과 골프헤럴드를 변함없이 사랑해 준 구독자들이 있었기에 뜻깊은 순간이었다.

특히 다양한 장르의 음악으로 보는 이들을 한데 묶어 감동의 하모니를 선사해 준 SBS 김정택 예술단장과 골프헤럴드의 주요 행사 때마다 바쁜 시간임에도 불구하고 격려의 말씀을 잊지 않는 이수성 전 총리는 정말 소중한 인생의 스승이다.

영국의 시인 T.S 앨리엇은 4월은 잔인한 달이라고 했다. 하지만 나에게 지난 4월은 가슴 벅찬 달이었다. 개인적인 축복인 골프헤럴드 창간 20주년 행사와 출판 기념회 뿐 아니라 세계 최고의 메이저 대회인 마스터스 대회가 열린 달이었고 또한 타이거 우즈가 7년 만에 한국을 찾은 달이기도 하다.

초창기 대한민국에 골프가 처음 알려졌을 때는 잡지라는 종이매체가 크나큰 역할을 해왔던 반면 시대가 변하면서 과학기술과 IT분야의 발전으로 아날로그인 종이매체는 점점 사람들의 관심 밖으로 멀어지고, 인터넷과 E-BOOK과 같은 디지털 매체로 옮겨가고 있는 추세이다. 이 영향으로 한국 대부분의 잡지사들은 재정적인 어려움을 겪고 있으며 새로운 변화에 돌파구를 찾고 있다. 물론, 시대적 상황이 변화되는 가운데 그것을 거부한다면 퇴보된 생각이다. 하지만 종이매체는 지난 5세기 동안 인류에게 창조적 사고력을 안겨준 장본인이다. 필드를 거닐며 자연과 함께 라운드를 즐길 때 얻을 수 있는 행복함을 디지털 스크린 골프가 대신해 줄 수 없듯이 전자책이 대신해 줄 수 없는 손으로 감촉을 느끼고 먹물의 향기를 느낄 수 있는 종이야 말로 최고 지식의 도구라 생각한다.

# 20대 신예프로
# 로리 맥길로이의 야망

US오픈 챔피언 로리 맥길로이가 2011년 6월 19일 22세의 어린 나이로 US오픈 우승 트로피를 들어 올리자 미국 골프 팬들은 환호성을 터트렸다. 로리 맥길로이가 미국프로가 아님에도 팬들이 그를 좋아하는 이유는 우즈가 없는 골프계에 활력을 불어 넣을 기대주이기 때문이다. 흑인 운동선수가 거의 모든 메이저 스포츠에서 아이콘인 세상에 로리 맥길로이처럼 겸손하고 실패 역시 겸허히 받아 들이는 모습이 갤러리들로부터 매력에 빠지게 하지 않았나 생각해 본다.

골프역사에서 타이거 우즈를 빼면 백인이 지배를 해왔다. 그러다가 타이거 우즈의 등장 이후 비제이 싱 등 흑백이 뒤섞인 모습을 보였고 타이거 우즈가 주춤하는 사이 리웨스트 우드, 이안 폴터, 루크 도날드와 같은 선수들이 등장했지만 골프 팬들을 만족시키기에는 부족한 면이 많았다. 필 미켈슨도 자신의 첫 번째 메이저를 우승하기 까지는 만년 2인자라는 꼬리표를 달고 있어 타이거 우즈 같은 최고의 성적을 가져올 수는 없었다.

잭 니클라우스는 "맥길로이는 겸손하고 필요할 때에는 자신감도 가지고 있는 훌륭한 프로다"라며 그를 치켜 세웠다. 북아일랜드 출신의 맥길로이의 우승을 지켜보며 특별한 감회에 젖었다. 취재차 처음으로 북아일랜드를 방문했을 때 세계 10대 코스라 불리우는 로얄카운티다운링크스에서 비바람에 맞서 라운드를 했던 추억과 북아일랜드 사람들의 유머감각을 잊을 수가 없었기 때문이다.

영국으로부터 오랜 핍박에서 살아온 그들의 과거 이력 때문일까. 그들이 구사하는 유머감각과 아름다운 북아일랜드의 풍경은 지워지지 않고 늘 내 마음 속 한 켠에 자리 잡고 있다. 로리 맥길로이는 스스로 북아일랜드 태생임에대한 긍지와 자부심을 가지고 있다. 남자 골프 세계랭킹 1위의 로리 맥길로이(24 · 북아일랜드)가 2016 리우데자네이루 올림픽 출전을 앞두고 북아일랜드 팀이 없어 난처하다며 의사를 표한 것도 이를 입증한다. 영국 또는 아일랜드 팀으로 올림픽에 나가야 하는지 아예 출전하지 않아야 하는지 고민이라 한다. 하지만 그의 부재는 많은 골프팬들을 실망시킬 것이 자명하다.

맥길로이의 우승 뒤에는 골프 대디의 눈물겨운 헌신이 있었다. 맥길로이는 동네 홀리우드 골프장에서 일하는 아버지로 인해 생후 21개월부터 플라스틱 클럽으로 골프 볼을 치기 시작했다. 두 살 때 40야드 정도를 날렸고 네 살 때에는 집 복도에서 부엌으로 칩샷을 해 세탁기 입구로 볼을 넣는 놀이를 즐겼다고 한다. 어릴 적 어려운 환경에서 시작한 골프였기에 이번 우승을 일궈내었기에 더 값진 우승이 되지 않았나 하는 생각을 해본다.

2013년 시즌, 로리 맥길로이와 타이거 우즈가 똑같은 나이키 골프채를 들고 결투에 나선다. 장비도 같은 만큼 두 선수의 기량차가 그대로 드러나 골프팬들을 주목시킨다. 우리나라 뿐 아니라 세계의 많은 골프팬들이 젊은 신예 선수가 등장하길 기대하고 있다. 신예 프로 맥길로이의 등장으로 다시 한 번 뜨거운 필드의 기운을 느끼기를 염원해 본다.

# 한국을 대표하는 노블리스 오블리주
## 경주 최 부잣집
## "나눔을 통한 상생의 원칙"

'노블리스 오블리주' 라는 단어를 평상시에도 신문이나 책을 통해 이 단어를 자주 접한다. 이 단어는 고귀한 신분에 따른 윤리적 의무로 사회의 지도적인 지위에 있는 사람들이 마땅히 지녀야 할 도덕적, 정신적 덕목을 가리킨다. 프랑스 속담 〈noblesse oblige〉에서 유래되어 〈귀족은 귀족다워야 한다.〉는 뜻이다.

하지만 철학과 도덕성을 갖춘 진정한 상류층이 과연 얼마나 되는가. 노블리스 오블리주를 실천하는 사람들은 많지만 진심 어린 베품과 나눔을 실천하기란 어려운 일이다. 지난 4월 27일 정무공 최진립 장군 동상 제막식 취재로 경주 최씨 종친회 2000명의 문중들과 자리를 함께 하게 되었고 그 곳에서 12대 400여년에 걸쳐 어려운 이웃과 더불어 사는 삶을 실천해 오며 참 된 노블리스 오블리주를 실천해 오는 그들의 참 모습을 보았다.

정무공은 임진왜란, 정유재란 때 나라와 임금(선조)께 충성을 다하고 병자호란에 임금을 구하러 남한산성으로 진격 중 전사한 경주 최씨로 사후 377년 만에 동상 제막식을 하는 이번 행사에 마음속으로 기쁨의 눈물을 흘리는 경주 최씨 종친들과 함께 자리를 하였기에 더욱 뜻 깊었다.

경주 최씨는 당대 재산도 엄청나지만 실은 어려운 이웃과 더불어 사는 삶인 노블레스 오블리주를 실천하는 집안으로 더욱 유명하다. 12대 400여년에 걸쳐 성장과 분배가 조화를 이루는 시대를 앞선 창의적 경영으로 이웃과 사회의 어려운 사람들에게 대대손손 칭송을 받은 만석군 경주 최 부잣집의 나눔과 상생 소통의 패러다임은 새롭게 조명되고 있다. 이는 각박하고 인색하며 상생과는 거리가 먼 작금의 개인주의 사회에서 이들의 소통 방법은 스포트라이트를 받을 만한 역사적 가치가 있기 때문이다.

경주 최씨 집안에는 대대로 내려오는 6훈이 있는데 1. 진사 이상 벼슬은 하지 마라. 2. 재산을 만석 이상 모으지 마라. 3. 흉년에는 남의 논밭을 매입하지 마라. 4. 사방 백 리 안에 굶어 죽는 사람이 없게 하라. 5. 과객을 후하게 대접하라. 6. 최씨 가문 며느리들은 시집 온 후 3년간 무명옷을 입어라. 그리고 6훈으로 철저한 검약 정신과 겸손의 자세를 가르쳤고 후손들에게 이를 철저히 지키게 한 점도 본받을 만하다. 또 스스로 초연하게 지내고 남에게 온화하게 대하며 일이 없을 때 마음을 맑게 가지고 성공했을 때는 담담하게 행동하고 실패했을 때는 태연히 행동한다는 6연을 통해 수신제가를 가르쳐 왔다.

한국의 대표적 명가로 꼽히는 그들이 지켜온 가정 철학은 보는 내내 깨달음을 주는 귀한 시간이었다. 얼마 전에 '경주 최 부자 400년 신화! 21세 시대정신으로 부활하다' 라는 주제로 경주시 공직자들을 대상으로 강의와 나눔과 상생에 관한 학술심포지엄등을 활발히 개최하 였다. 대중들에게 감동을 주어 상생의 정신을 일깨우려 하는 것이 그들의 생각이다. 사실 부자가 되기도 어렵지만 올바른 부자 노릇을 하기란 여간 어려운 일이 아니다. 하지만 지금도 누구를 향해서든 대문을 활짝 열고 있는 경주 최씨 집안의 철학은 그래서 시대가 지난 지금에 더욱 빛나는지 모른다.

나눔과 상생으로 이룩한 경주 최 부자 400년의 신화는 부를 개인적 치부에만 이용하지 않고 나라와 사회를 위해 사용할 줄 알았기 때문에 가능했다. 또한 그 상생의 정신을 배우려 방문을 하는 사람들이 현재까지도 줄을 잇는다. 현대 경영학의 측면에서 본다면 경주 최부자 집안의 철학은 창의적 경영이라 할 수 있다. 다른 고택에서는 입장료를 받기도 하지만 입장료를 무료로 하고 있는 것도 인상 깊은 부분이다.

경주 최씨 부자집의 노블리스 오블리주의 전성기는 3대 최국선으로부터 시작했다. 당시 흉년으로 농민들이 빌려간 쌀을 못 갚자 모든 담보 문서를 없애고 죽을 쑤어 어려운 사람들에게 푸짐하게 나누어 주었다. 최 부잣집의 선행은 흉년에 들었을 때에도 헐값으로 내놓은 땅을 사지 않도록 하였으며 가진 사람의 도리를 다 하도록 가르쳐 왔다. 또한 떨이 물건을 사들였던 다른 부잣집들과 달리 제 값을 주고 깍지 않는 원칙으로 상인들에게 신뢰를 쌓아 도리어 상인들과 소작인들은 최 부잣집의 농사를 짓기 위해 줄을 섰다. 최 부잣집이 잘되면 모두가 함께 잘 살 수 있다고 생각했기 때문이다.

경주 최씨 종친회는 활발한 활동을 통해 존경받을 수 있는 부자상을 마련해야 한다는 변함없는 의지를 가져왔고 이를 우리나라와 세계 곳곳에 알려야겠다는 생각에도 여전하다. 또한 경주를 찾는 관광객들에게 맛있는 향토 음식을 제공하고 유물들을 관람할 수 있도록 하는 기념관 건립 계획과 나눔과 상생의 교훈을 널리 알리고자한다.

최 부잣집은 12대로 막을 내리면서도 마지막으로 나라와 사회를 위한 기부를 행했다. 12대 최준에 이르러 나라를 일본에 빼앗기자 나라가 없으면 부자도 없다는 신념으로 독립자금 마련에 많은 재산을 내놓았고 광복 후에는 나라를 이끌어 가기 위해 교육 사업에 전 재산을 기부했다.

물론 후손들은 그 부를 누르지 못했지만 정신만은 그 맥을 이어 함께 나누는 진정한 기쁨과 상생을 통한 참 된 행복을 느끼며 자부심을 가지고 산다. 이 또한 오랜 세월 조상들의 노력과 희생이 있었기에 가능했다고 본다. 지금도 경주시 교동 최부자집에 들어서면 대대손손 최 부잣집의 가르침으로 내려오는 6훈 6연을 적어 놓은 글귀가 방문객을 반긴다. 이는 보존하고 따라야 할 가치가 있어 왕족 문중인 내게도 좋은 귀감이 되어 주었다.

어려서부터 어머니를 따라 종친회를 다녔던 최민경 여자 종친회 회장. 그녀는 기품있는 어머니를 통해 보고 배운 것들을 바탕으로 경주 최가를 위해 지혜롭고 선량한 인연들을 만나기를 기도한다는 소박한 마음도 전한다.
경주 최씨가 존경 받는 가장 큰 이유는 인격 수양을 바탕으로 한 자기 관리와 끊임없는 노력도 세월이 변해도 그대로이기 때문은 아닐까. 과거 시대 선조의 얼을 이어 받아 대대손손 경주 최부자가 노블리스 오블리주를 실천하기를 바라며. 그리하여 경주 최부자 400년 신화를 21세기 시대정신으로 부활시켜 한국판 노블레스 오블리주의 정신을 새로이 정립하기를 기대해 본다.

# 역사와 전통이 함께한다
# 한성컨트리클럽

한성컨트리클럽은 재일교포 강병준 회장의 꾸준한 노력과 추진력으로 1984년 오픈한 국내 최초 정규 27홀 골프장으로 자연과 인공이 혼연일체로 격조 높은 조화를 이루는 명문 골프장이다.

'진인사대천명' 이라 했던가. 요행을 바라지 않고 최선을 다하라는 초심을 잃지 않았기에 30여년의 세월이 흐르도록 꾸준히 변화하며 지금의 모습을 갖출 수 있었다. 회원 만족도면에서 단연 으뜸인 한성은 무엇보다 솔선수범하는 경영진과 직원들이 한 마음 한 뜻이 되어 더욱 섬세한 배려가 나타난다. 회원들간의 소통하는 골프장으로 유명한 한성은 끈끈한 정으로 융합이 잘되어 유대가 뛰어난 골프장이다. 또한 '잘됨' 을 회원덕으로 돌리는 경영인의 겸손한 마음이 한 몫 한다.

한성컨트리클럽은 각 홀마다 독특한 특징을 갖추고 있고 장엄하게 펼쳐진 신비의 코스를 자랑한다. 어제보다 더 나은 오늘을 위해 더 높은 명성을 위하여 항상 새로운 서비스장을 펼치며 겸손과 골프를 사랑하는 마음을 잊지 않는다.
자연과의 조화로움 속에서 새로운 변화와 무엇보다 편안하고 생동감 넘치는 서비스가 한성컨트리클럽이 추구하는 궁극적 목적이다. 최고를 향한 끊임없는 노력이야 말로 개장 이래 골프문화의 건전한 육성 및 발전을 위하여 한성컨트리클럽이 고수해 오는 이념이기도 하다.

도심에서 접근성이 뛰어난 지리적 위치, 편리하고 쾌적한 명품클럽하우스와 최상의 코스환경, 울창한 수목과 다양한 꽃들이 어우러진 자연속에서 고객에게 스포츠를 통한 활력을 충전하고 편암함 속에서 즐길 수 있는 명문클럽으로의 비상은 계속된다.

신한동해오픈 등 메이저급 대회가 열려 국제 토너먼트 경기를 개최할 수 있는 코스로도 정평이 나 있다. 공략의 묘미가 있다는 한성컨트리클럽은 중후 장대형으로 넓고 시원한 코스를 갖추고 있다. 코스마다 벚꽃, 미국산딸나무, 화해당, 꽃사화, 영산홍, 철쭉 등 다양한 회목들이 장관을 이루고 있으며 무성한 잣나무 숲이 어우러져 삼림욕 효과도 있다. 또한 유실수가 많아 풍요로움을 주고 블루코스의 큰 연못과 무동산 자락을 펼쳐진 울창한 자연림은 꿩, 청둥오리, 오색 딱따구리, 도요새 등 다양한 야생조류들의 낙원이며 도심속의 푸른 공원으로 도시인의 푸른 마음을 지켜 준다.

올해 한성컨트리클럽(대표 강대규)은 제45회 전국골프장대항팀선수권전 단체전과 개인전에서 우승을 차지하기도 했다. 최종라운드에서 한성CC는 최종 합계 295타(153, 142)를 기록 한양CC를 2타차로 따돌리고 단체전  우승을 차지하며 영광을 안았다. 이흥규, 장홍수, 조경윤이 대표로 출전 1라운드에서 합계 153타로 5위를 기록했으나 이날 장홍수 선수가 순수 아마추어 골퍼들의 꿈의 스코어라 할 수 있는 5언더파 67타(33,34)로 데일리베스트를 기록 단체전 우승의 견인차 역할을 톡톡히 했다. 이러한 좋은 성적 역시 골프인들에게는 한성의 변화된 모습을 보일 수 있는 기회가 될 것이다. 또 지난 3월 범죄피해자 가족을 위한 자선골프대회를 개최하여 범죄 피해로부터 고통과 생활의 어려움을 겪고 있는 범죄 피해 가족을 지원하는 참 선의를 베풀기도 했다.

누구나 꿈꾸는 인생 최고의 라운딩, 명예와 자부심으로 운영되는 한성이기에 가능하다. 진정한 가치는 권위가 아닌 품위에서 나온다 했던가. 그때마다 역사와 전통의 맥을 잇는 한성컨트리클럽을 떠올려 본다.

# 아시아가 세계 중심인 시대, 원아시아클럽(OAC)이 꿈꾼다

21세기 아시아가 세계 중심축인 시대이다. 서로 이웃인 아시아인들끼리의 화합이 더욱 강조되는 시대에 우리가 살고 있다. 세계 60%라는 거대한 면적을 차지하는 아시아에는 전 세계 절반의 인구가 살고 있다. 이에 따라 아시아에도 공동체 필요성이 대두되던 2006년 8월 외교통상부의 승인을 얻어 원아시아클럽을 발족하게 된다.

유럽 EU의 경우에도 처음 6개국으로 시작해 현재는 27개국으로 거대시장을 형성하면서 유럽연합공동체를 통해 긴밀한 협조관계를 유지하며 유럽인들에게 생활의 풍요로움을 가져다 주었다.

'아시아가 하나가 된다.(One World)'라는 뜻의 원아시아는 아시아 지역의 민간 교류활동을 통해 아시아공동체 인식확산, 해외자매단체와의 교류, 주요대학에 아시아 공동체론 강좌개설 추진, 아시아지역 유학생 장학금 수여, 다문화 가정 돕기, 한일문화교류 한중 청소년 교류 등의 활동을 벌이고 있다. 원아시아가 궁극적으로 추구하는 목표는 바로 아시아의 평화이다.

지금부터 11년 전, 現 원아시아클럽 김규택 회장이 주일 한국대사관 참사관으로 근무하던 시절, 도쿄에서 사토요지 회장(한국계 일본인으로 다이남 지주회사의 회장)과 친분이 깊어 식사를 자주하며 격변하는 국내외 정세와 국가간 교류 문제에 대해 이야기를 나누

게 되었다. 게다가 국제사회의 흐름을 바라보는 시각이 비슷했다.

그 후 2003년 8월, 사토 회장이 원아시아클럽 도쿄를 발족하며 원아시아 클럽의 첫 장을 열었다. 고건 전 총리, 라종일 한양대 석좌교수(전 주일대사),유준상 한국정보기술연구원 원장 등 많은 국내 유력 인사들이 원아시아클럽의 이념과 취지에 찬동하여 회원으로 적극 참여하고 있다. 2006년 9월 건국대학교 정길생 총장님이 건대를 퇴임하시고 원아시아클럽의 초대이사장을 맡으며 정식으로 발족했고 2009년 2대 이사장으로 김규택 이사장이 취임해 현재까지 이어 오고 있다. 특히 시민간의 교류를 중요시 하는 취지에 따라 국내외 대학에 아시아 공동체론 관련 강좌를 개설하여 젊은이들에게 소통과 교류의 장을 마련하고 아시아 통합의 밑바탕을 다지는데 힘을 기울이고 있다. 물론 대외적으로도 일본 중국 몽골 등 아시아 여러 국가들과 함께 국내 총회를 비롯한 다양한 교류행사를 지속적으로 열고 있다. 앞으로 3-4년 내에 아시아 300여개 대학에 강좌를 개설할 계획을 가지고 있다.

원아시아클럽은 타 연합체에서 시도했던 국가 대 국가, 혹은 시장 대 시장의 틀을 벗어나 국가 간 시민의 교류를 우선하며 민족 국적에 불문하고 사상 신앙 종교를 구속하지 않으면 정치에 개입하지 않는다는 원칙을 고수한다. 어떤 단체든 국가 이익을 대표하다 보면 순수한 민간 차원의 NGO교류에는 제약을 받는다. 예를 들면 대만과 중국은 적대관계라 국제사회에서 함께 어울리려 하지 않고 최근 영토문제를 두고 대립하기도 한다. 아시아의 진정한 평화를 위해서는 민간교류가 바람직하다는 것이 원아시아클럽 김규택 회장의 뜻이기도 하다.
앞으로 원아시아클럽은 아시아를 하나로 엮는 역할에 초석을 마련하고 활발한 활동과 이념과 취지로 적극적으로 아시아 발전에 기여하게 될 것이다. 이제 원아시아로 뭉쳐져 세계 평화를 리드해 나가야 할 시점이다. 원아시아클럽의 적극적인 활동에 큰 박수를 보내본다.

# 하늘의 향기 – 침향

목련꽃이 흐드러지게 피는 4월 오후 서울 강남구 일원동의 한적한 주택가에 있는 '침향박물관' (www.thechimhyang.co.kr)을 바쁨을 뒤로한 채 침향에 대해 관심이 깊은 우리들리조트 김수경 이사장과 방문하게 되었다. 침향(沈香)이란 베트남 북부에서만 자라는 열대나무 아퀼라리아(Aquilaria)에서 나오는 나무기름 덩어리를 말한다. 겉보기에는 나무조각 같지만 나무에 난 상처를 치유하기 위해 상처 부위에 모인 수지(樹脂)가 수천 년에 걸쳐 응결된 것이다.

역사적으로 침향은 매우 진귀한 물건으로 여겨졌다. 3000년 전부터 왕가와 권력자들 사이에서 귀중한 소유물로 전수됐으며, 우리나라의 경우 신라시대 문헌에서부터 침향에 관한 기록이 나온다. 신라 헌덕왕 11년 때 문헌에는 "왕이 지시하기를 '관료들이 귀중한 수입품인 침향을 앞 다투어 사치품으로 사용하고 있으니 지금 이 시간부터 진골 계급을 포함해 침향 사용을 엄히 금지 한다' 고 했다"는 기록이 나온다.

침향박물관의 주인 정용주(56) 관장은 전 세계에서 가장 침향을 많이 보유한 3인방 중 한 명으로 꼽힌다. 박물관에 소장된 침향은 모두 500여 점. 침향으로 만든 유골, 도장, 위패 등에서부터 채취된 상태 그대로의 자연조각물 침향까지 그 종류도 다양하다.

정 관장이 침향에 관심을 갖고 수집하기 시작한 것은 17년 전부터다. 수출업체를 경영하면서 해외를 드나들다가 침향의 오묘하고 깊은 매력에 빠졌다고 한다. 침향의 진품 여부와 등급까지 감별해낼 수 있는 그는 식품의약품안전청에 침향 감별법을 자문해주기도 한다.

매년 극히 적은 양만 생산되는 침향은 값이 매우 비싸다. 베트남 정부가 정한 공식 가격은 kg당 3만 달러(약 2800만원). 국제 시세는 품질에 따라 kg당 2만~7만 달러이며, 무게가 많이 나갈수록 비싸다. 침향박물관에 소장된 침향 중 가장 비싼 것은 무려 50만 달러(약 4억6900만원)에 달한다고 한다.

침향은 약으로도 쓰였다. 본초강목에는 나쁜 기운을 쫓아내고 막힌 기를 뚫어 기의 순환을 원활하게 하며 오장육부를 보호한다고 되어 있다. 기를 발하고 그 기가 인체에 작용해 위와 신경을 경유하면서 경락을 소통시킨다. 침향은 강력한 항균작용을 하여 곰팡이나 세균의 번식을 막아주고 모기와 해충들의 접근을 막는다.

우리나라에서는 삼국사기에 헌덕왕 919년에 매향의 기록이 처음 나온다. 헌덕왕은 당나라에 군사를 파견하였고 흉년으로 인하여 기근이 심해져 백성들이 당나라 절강쪽으로 가서 구걸을 하는 자가 많았다는 기록으로 보아 힘든 시기였다. 암울한 현실에 처한 백성들은 미륵의 구원을 갈망하였다. 고려 말에 매향을 많이 한 것은 원나라의 내정간섭과 관리들의 부패, 잦은 왜구의 침몰로 바닷가 백성들의 피폐해진 삶과 연관이 깊다. 천년 묵은 침향이 떠오르면 미륵이 오신다고 하니 희망은 미륵부처의 출현이었다. 천년의 세월이 흐른 뒤에 침향이 되어 땅위로 나오면 미륵의 세계가 될 것이라는 염원이 담겨 있었다.

우리나라 기록에 오래전부터 침향에 대한 기록이 나와 있다면, 성경에도 침향에 대한 구절이 있다. 침향에 대해 기록한 주요 성경구절을 잠시 인용하면, 요한복음 19장 39~40절)니고데모도 몰약과 침향(유대인의 장례법대로 그 향품과 함께 세마포로 쌌더라) 섞은 것을 백근쯤 가지고 온지라 이에 예수의 시체를 가져다가... 라는 구절에서 성경에도 침향이 귀하게 쓰인 약재였음을 알 수 있다.

니고데모는 침향과 몰약 섞은 것을 가져와 예수의 시체와 함께 세마포로 싸고 장사하였다. 이 두 가지는 모두 장례용품으로서 특히 방부(防腐) 기능이 뛰어난 것으로 알려지고 있다.

시편과 잠언에서는 침향이 아로마테라피 요법으로 사용되었음을 보여주고 있으며, 발람도 침향목의 향기가 얼마나 그윽한지 감탄하였다(민 24:6).

침향(沈香)은 침향나무 속에 응결된 수지(樹脂)로서 함량이 25%이상 되어야 약용으로 사용될 수 있으며, 진품은 물에 가라앉으므로 침향(沈香)이라는 이름이 생겨났다. 침향에는 황색, 흑색, 녹색이 있으며 그중에서 수지 함량이 가장 높은 것은 녹색이다.

'향의 왕' 으로 인정받는 침향은 수지가 굳은 것이므로 날카롭게 깨어지며 향으로 사용할 때는 가루로 빻아서 열을 가하거나 태워야 한다. 향기를 맡으면서 병을 치료하는 아로마테라피(Aromatherapy) 재료로 쓰이며, 맛은 몹시 쓰다.

침향은 히브리어로 '아할림' 이며, 영명은 'Aloes wood' 또는 'Eagle wood' 이다. 'Aloes' 가 'Aloe(알로에)' 라는 식물로 오역되는 바람에 침향이 '알로에 베라' 로 오해되었고, 일본어 성경도 '알로에' 로 오역되어 있다.

침향은 침향목에 일부러 상처를 내어 수지를 얻고 그것을 땅속에 100년 내지 1000년 동안 파묻어 두었다가 파내는 매향(埋香) 방법을 사용하기도 한다. 강과 바다가 만나는 개펄에 묻어 두어야 하는데다 몇 세대가 지나야 매향을 얻을 수 있으므로 역시 귀한 향으로 여겨지며 가격도 비싸다.

침향나무는 팥꽃나무과(科)에 속한 상록교목으로서 키가 30~40m로 자라고, 나무 지름이 2m나 된다. 잎은 피침형(披針形) 또는 도피침형(倒披針形)이며, 어긋나기(互生)로 난다纖표면에 윤기가 나고 크기는 5~7cm로 길며 거치(鋸齒)가 없이 밋밋하다.

흰 꽃이 잎겨드랑이와 가지 끝에 산형화서( 形花序)로 피며 수술은 10개, 암술은 1개이다. 암술머리는 2개로 갈라져 있고 3~4월에 꽃이 핀 후 5~6월에 열매를 맺는다.

침향은 국왕의 전유물이었던 만큼 왕이 신하에 내리는 가장 귀한 하사품의 역할도 했다. 중종은 영의정 김전의 병이 위중해 치료를 위해서는 '침향강기탕(沈香降氣湯)'이 필요하나 침향을 구하지 못하고 있다는 소식을 듣고 침향을 하사해 병을 낫게 했다. 조선왕조실록에는 침향이 사치품으로 신분의 상징이 되고 있다며 국왕이 신하에 침향 하사를 자제해야 한다는 간언을 올렸다는 기록도 여럿 있다.

잠시나마 시간 가는 것도 잊은 채 정관장의 침향과 차에 대한 해박한 지식으로 침향의 향기속에 70년 된 보이차를 그윽하게 음미하며 마시는 두 여인은 행복한 시간을 보냈다. 침향은 은은하게 오래가는 향기다. 그 은은한 향기가 사람의 마음을 적시듯 나도 사람들에게 은은하게 기억되는 사람이 되기를 바란다.
침향 - 그 그윽하고 깊은 하늘의 향기여!

# 와인과 영화

와인을 좋아하는가? 어떤 와인을 좋아하는가? 전통적인 프랑스 와인을 좋아하시는지, 아니면 칠레 와인? 캘리포니아의 와인이 다른 와인들만큼이나 최고의 품질과 맛을 자랑한다는 사실, 알고 있는가?

와인을 좋아하는 사람이라면 누구나 들어봤을 1976년 5월 24일 파리의 심판(Judgement of Paris)이 바로 그 증거이다. 신대륙 와인은 전통적인 구대륙 와인보다 그 맛과 풍미가 떨어진다는 편견을 깨뜨린 사건이라고 할 수 있다.

1976년 파리에 거주하던 영국인 와인중개상 스티븐 스퍼리어가 보르도와 부르고뉴산 최고급 와인과 캘리포니아 와인을 한 자리에 놓고 블라인드 시음회를 열었다. 많은 사람들이 프랑스 최고의 와인이 1등을 차지할 것이라고 예상했지만, 캘리포니아의 샤토 몬텔레나의 샤르도네(1973년산)가 1등을 차지했다고 한다.

샤토 몬텔레나에서는 이 와인을 자랑스럽게 전시해 놓고 있다. 그리고 이 파리의 심판을 소재로 영화화 한 것이 〈와인 미라클〉. 우리나라에서 2008년에 개봉했던 영화라고 하니 관심 있으신 분들은 감상해 보시는 것도 좋을 것 같다.

와인은 음식문화의 주요한 요소로 서양 테이블에서 빠질 수 없는 알코올 음료수라고 할 수 있다. 음식문화는 먹거리가 풍부하고 생활이 윤택한 나라일수록 발달하였다. 와인과 음식의 궁합을 중시하고 음식의 영원한 동반자인 와인은 함께 서로 맛을 보다 더 느끼고 즐기게 하는 빼어난 역할을 하고 있다. 와인을 많이 마시는 나라일수록 음식문화가 발달되어있다.

그들은 음식의 맛과 향을 즐기며 무엇을 먹었는가를 중시하는 것이 아니라 어떻게 먹었는지, 무슨 요리를 어떤 음악과 함께 즐겼고 식탁의 분위기와 조명과 대화와 옷차림등 음식 외적인 부분이 중요하게 인식되는 것이다. 먹고 살기 힘든 나라에서는 술이 문화로 받아 들여 자리매김 할 수 있는 것일까? 아무래도 삶의 유지가 어려운 생존이 급박한 사회에서는 먹거리가 문화로 받아들여지기는 어렵다.

와인이 문화의 한 축이 되고 인류가 창조한 가장 대중적인 환타지를 품고 있는 종합예술의 대표적인 상징이라고 할 수 있는 영화와 와인은 문화라는 공동 코드로 조화의 미적 창조 과정을 거치며 훌륭한 파트너십을 보여주고 있다. 바로 영화 속의 와인의 모습이다.

1953년에 영국의 이안 플레밍이 첩보원 '007 제임스 본드'를 처음 세계무대에 등장시킬 때부터 50 여 년이 지난 오늘날 까지 세월이 흘러도 젊음과 매력과 위트를 잃지 않는 본드의 손에는 볼린저 (Bollinger) 샴페인이 있다.

영국 왕실이 1884년 이후 7번이나 왕과 여왕이 바뀌었지만 왕실의 공식 샴페인은 여전히 볼린저이다. 영화 007에서 영국왕실 공식 지정 샴페인을 이안 플레밍의 본드가 즐기는 것을 수시로 묘사하며 영국 첩보원인 본드의 애국심을 나타내고 있다.

18번째의 이안 플레밍의 007 시리즈 '골든 아이스' 에서 본드로 분한 피어스 브로스넌은 자신의 스포츠카인 아스톤 마틴을 몰며 무려 30분 이상 걸린 자동차 추격전을 끝내고 매력적인 미소를 머금고 그의 곁에 있는 미녀를 위해서 차 안의 버튼을 누른다. 그 들 앞에는 차가운 볼린저 샴페인 1988년 빈티지와 두 잔의 샴페인 글라스가 나온다. 그리고 이 빈티지 샴페인을 마시며 남녀는 오랫동안 키스를 한다.

영화 '러브 어페어'에서는 핑크 샴페인이 케리 그란트와 데보라 카를 연결해 주는 역할을 하고 있다. 선상에서 처음 만난 남녀는 서로 우연히 핑크 샴페인을 주문하며 로맨틱한 관계의 설정을 암시하고 있다. 우연히 배 안의 바에서 다시 만난 그들의 손에 서로 핑크 샴페인을 마시고 있음을 발견하고 그들의 아름다운 사랑의 미래를 암시한다.

일반적으로 샴페인은 포도의 껍질을 제거하고 화이트로 생산하는데 반해서 핑크 샴페인은 핑크색으로 낭만을 연출한다. 세월이 흘러도 기억에 남는 명화의 한 장면에 등장하는 소도구인 와인의 역할이 아름다워서 우아한 핑크 샴페인은 영원히 연인들을 위해 남아있다.

2차 세계 대전의 전운이 감도는 안개 낀 북아프리카의 카사블랑카의 바에서 허스키한 목소리의 '릭'으로 분한 험프리 보가드는 이 영화 내내 술을 마시며 영화 전반에 흐르는 음악과 함께 희망이 없는 사랑과 회한을 뿜어내고 있다. 첫 장면에서 그는 샴페인 두 잔을 연거푸 마시고 이어서 브랜디를 마신다. 그는 파리의 아파트에서 연인 '일자' 역의 일그리드 버그만과 코르동 루즈 (Cordon Rougre) 샴페인을 마시던 기억을 한다.

그가 사랑하는 여인을 바라보며 "그대의 눈동자를 바라보며 (Here's looking at you, kid.)"라고 하는 사랑의 속삭임은 오늘날까지 영화 속의 최고의 사랑의 밀어로 여겨지고 있다. 이 애잔하며 아름다운 영화의 최고 명장면의 순간인 것이다. 그들이 파리에서 연모의 정을 품고 라 벨르 오로르 (La Belle Aurore)라는 작은 바에서 코르동 루즈를 마시던 중에 독일군이 들어온다. 그들은 키스를 하며 샴페인잔을 일부러 건드려 엎지른다.

귀중한 샴페인을 독일군이 마시는 것을 보기 싫었으니까… 영화의 후반부에 목숨을 걸고 탈출을 도운 릭은 바에 외로이 앉아서 브랜디를 마시고 일자는 남편과 함께 리스본으로 무사히 탈출한다. 반세기가 넘어도 명화로 기억에 남는 영화 카사블랑카에서 와인은 처음부터 끝까지 살아서 숨쉬면서 주인공들의 감성, 사랑, 안타까움, 휴머니즘을 보여주는 조연으로 뚜렷한 모습을 각인시키고 있다.

우리에게 알려진 유명한 영화 '아웃 오브 아프리카'에서 열연한 메릴 스트립의 실제 모델이기도 한 덴마크의 작가 이자크 디네센의 소설을 영화화하여 전 세계 20여 개 영화제에서 상을 받은 '바베트의 만찬'은 사람들에게 함께 나누어 먹고 마시는 즐거움에 대해 뒤 돌아 보는 영화이다. 덴마크의 작은 가난한 시골 마을에서 엄격한 기독교의 정신으로 무장한 사람들은 오랫동안 서로 미워하며 반목과 갈등을 하며 불협화음을 내며 살고 있었다.

이 마을에 프랑스 혁명으로 위기에 처한 유명한 요리사로 재클린 비노슈가 연기한 '바베트'가 와서 살게 된다. 그녀는 우연히 복권이 당첨되고 그 돈으로 굴곡진 심성의 이 마을 사람들을 위하여 만찬을 준비한다. 쉐리를 마시고 뵈브 클리코 (Voeve Cliquot) 1860년을 마시며 잊고 있었던 미각과 함께 서로를 칭찬하는 여유와 이해하는 마음을 갖게 된다. 풍요로운 음식과 값진 와인을 맛보며 삶을

생각의 겹 183

긍정적으로 바라보는 자세로 미소를 되찾게 되며 마을 사람들은 손으로 잡혀지지 않았던 '행복'을 서로 나눈다.

영화 속의 핵심 소도구로 등장한 와인은 생활이며 문화며 역사의 의미로 우리에게 다가온다. 단순한 술이기 전에 만남의 자리를 부드럽게 만들어 주는 매개체이며 인생과 비즈니스를 부드럽고 여유 있게 만드는 와인은 인생의 여백의 미를 채워주는 향기 있는 음료이다.

시간이 흐르면서 오묘한 맛을 보이는 와인처럼 인생의 깊은 멋을 풍기는 와인은 영화 속에서 영원히 살아 숨 쉬면서 우리의 가슴을 감동으로 흠뻑 적시어 주고 있다. 영화를 보며 와인에 흠뻑 취할 수 있는 행복을 누릴 수 있는 문화의 감동은 때로 우리에게 삶의 즐거움을 느끼게 한다.

내가 와인의 깊고 그윽한 경험을 할 수 있도록 오묘한 세계로 이끌어준 이는 바로 이동현 대표다. 그는 프랑스 와인대학인 '유니버시테 두 뱅'에서 소믈리에 과정을 수료한 후 이탈리아·스페인·칠레 등 세계 각지를 돌며 현지의 와인문화를 몸으로 익혔다.

와인이 이처럼 신의 물방울로 인간의 역사에 기인한 것처럼 문화와 스포츠로 이 땅에 많은 이들에게 감동을 주었으면 하는 바람을 가져본다.

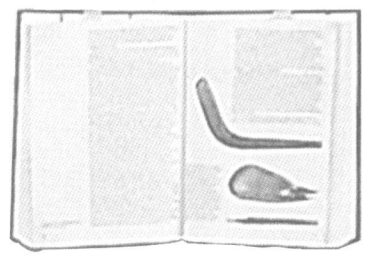

# 미술관 유람(遊覽)

1.

지난 2011년 3월 골프헤럴드 창간 20주년 취재차 국립중앙박물관을 방문한 적이 있다. 평소 문화와 예술에 관심이 많았던 필자에게 당시 김영나 관장이 국립중앙박물관장으로 취임했다는 뉴스를 접하고 만나고 싶은 마음이 있었는데 광화문 조찬 포럼에서 만나 선뜻 취재에 응
해 주었다. 2011년 취임한 김영나 관장은 국립 중앙 박물관과는 뜻깊은 인연이 있는 것으로 유명하다. 먼저 지금의 국립 중앙 박물관이 있게 한 원류로 평가받는 김재원(1909~1990) 초대 국립박물관장의 딸로 취임함으로써 국내 최초 부녀가 국립중앙박물관장에 오르는 기록을 세웠다.

또한, 지난해 외규장각 의궤의 귀환으로 온 나라가 떠들썩할 때 박물관 위상에 걸맞는 품격과 처신으로 외신들의 호평을 받아 국립 중앙 박물관을 외부에 알리는데 크게 일조하였다. 실제 대부분의 외신이 프랑스의 전례 없는 행동을 앞 다투어 뉴스를 쏟아내기 시작했고 그 뉴스가 확대 재생산 되면서 한국과 프랑스뿐 아니라 많은 나라가 국립 중앙 박물관의 존재를 알게 되는 계기가 되었을 거라는데 그 누구도 이의를 달지 않았다.

그리고 이와는 별개로 김 관장 취임 후 2년 동안 재미있고 살아있는 박물관, 다시 찾고 싶은 박물관이라는 컨셉으로 이미지 제고에 많은 노력을 기울이면서 어느 정도 일반 대중의 눈높이에 접근하는데 연착륙했다는 평가도 받고 있다. 그리고 이런 일련의 성과물들이 대중들의 보는 안목을 자연스레 상승시킴과 동시에 2012년, 국립 중앙 박물관에 대한 기대치를 한껏 높여 놓았다는 언론 보도들이 뒷받침되면서 더욱 힘을 실어 주었다.

2.
계절의 여왕 5월초 오랜만에 부부동반으로 오크밸리에서 운동을 즐겼는데 마침 한솔 미술관 개관식으로 짧은 시간을 틈내 가보았다. 이인희(한솔 명예회장)회장의 품격에 맞게 모든 것이 아름답고 웅장하게 들어서 있었다. 신문에서 본 박수근과 장욱진의 그림은 감상의 묘를 더했다.

내가 그림을 감상하는 수준이라야 겉쇠질하는 식이겠지만 신묘함을 느끼는 재미가 있었다. 어느 시대에 어떤 화가가 그린 걸작을 보는 흥취도 재밌다. 이를테

면 〈잉어〉는 18세기 명필이었던 이광사가 잉어의 머리와 눈을 그리고, 나머지 몸통과 꼬리는 20년 뒤 그의 아들 이영익이 완성한 그림이다. 눈알과 비늘이 섬세하게 그려진 잉어 한 마리가 기세 좋게 등지느러미를 세우고 허리를 틀어 헤엄치는 그림인데 달랑 큰 잉어 한 마리가 화면을 차지하고 있는 대작이다. 미완성의 그림을 놓아두고 간 아버지를 흠모하며 긴 20년 세월, 얼마나 뜸을 들였을까. 부자의 애틋한 정이 담긴 예술품은 보는 이로 하여금 생각을 더하게 했다.

첫 관문인 웰컴 센터를 지나 700m에 이르는 거리를 쭉 걸어가다 보면 플라워가든, 워터가든, 박물관, 미술관, 스톤가든, 제임스터렐관이 이어진다.

'플라워가든'에서는 '순수한 사랑'이라는 꽃말을 가진 붉은 패랭이꽃 80만주,

하얀 자작나무 180여 그루와 미국 조각가 마크 디 수베로의 작품이 관람객을 맞는다.

이어 펼쳐지는 '워터가든'은 뮤지엄 본관 주변을 물이 둘러싸고 있어 마치 물 위에 떠있는 것 같은 느낌이 드는 잔잔한 물의 정원이다.

종이의 탄생부터 현재까지의 모습을 보여주는 국보와 유물, 20세기 한국 대표작가들의 전시가 열리는 박물관과 미술관을 지나면 신라 고분에서 영감을 얻은 '스톤가든'이 펼쳐진다.

박물관에서는 종이의 탄생과 제지 기술의 발전, 한지 제작기술 등 종이의 역사와 의미를 유물과 시각자료를 통해 생각해본다.

고려 현종에서 선종에 걸쳐 간행된 초조대장경 중 하나로 화엄경 목판본 중 가장 오래된 '대방광불화엄경 주본 권36' 등 국가 보물과 종이 발명 이전의 기록매체였던 파피루스를 볼 수 있다.

20세기 한국 미술을 대표하는 회화와 종이를 매체로 하는 판화, 드로잉 작품을 대거 소장한 미술관은 김환기, 박수근, 이중섭, 장욱진, 한묵, 문신, 이쾌대, 권옥연, 김창열, 박서보, 정상화, 이우환과 백남준 등 소장품에서 고른 100여 점을 선보인다.

3.

몇 년 전 개관한 〈성북구립미술관〉을 봄의 기운이 감도는 3월 초 찾았다. 아직은 그렇게 알려져 있지 않은 것 같다. 구립미술관이란 명칭이 조금은 낯설면서도 우리도 벌써 구립미술관을 갖게 되었구나 하는 뿌듯한 기대를 갖게 한다. 90년대 초반일까, 일본에서 구립미술관이 개관되는 걸 보았다. 우리는 겨우 국립, 시립이 세워져 있던 때였다. 벌써 구립까지 만들어지는 일본의 미술문화의 상승기류가 너무나 부러웠던 기억이 떠오른다. 세다가야 구립미술관이니 매구로 구립미술관은 시립이나 현립에 못지않게 소장품도 소장품이려니와 기획전이 알찼던 인상이다. 지방자치제가 발달한 지역이 갖는 문화예술의 인프라가 구체적인 결실을 나타난 것이 아닌가 하는 생각을 가지면서 우리는 언제 이렇게 될까 하는 부러움과 자탄이 교차된 감정을 지녔던 바 있다. 그런데 그런 부러움의 대상이 우리에게서도 실현되었으니 어찌 감회가 없을 수 있겠는가.

어려웠던 시기, 좋은 서적을 구해다 주고 추사의 그림을 중국에 알리기도 했던 제자에 대한 고마움을 담아 선물한 그림 '세한도'는 문인화의 정수로 평가되며 추사 작품 중에서도 역작으로 기억된다.

그러나 '세한도'는 이상적이 떠난 후 여러 사람을 거쳐 일본 경성대학 후지쓰카 교수의 손에 넘어가게 된다. '세한도'는 그렇게 일본에서 움직이지 못할 위기에 처했다. 그 사실을 알게 된 서예가 소전 손재형은 한달음에 일본으로 건너가 '세한도'를 넘겨달라고 부탁하게 된다.

단호하게 거절했던 후지쓰카였지만, 자신을 정성으로 간호하고 100일이 되도록 쉽게 의지를 꺾지 않는 손재형에 마음이 움직여 결국 '세한도'를 그에게 넘겼다. 이후 고국의 품으로 돌아올 수 있게 된 '세한도'에 20여명의 학자들이 발문, 찬문을 붙여 작품과 컬렉터 손재형을 높였다

구립미술관에서 이런 뜻 깊은 전시회를 열고 있다는 것이 자랑스럽다. 또 2층과 3층에 배치된 도슨트의 수준도 정말 높다. 자랑 같겠지만 외국 대학에서 아트 히스토리를 전공한 딸이 인턴 큐레이터로 추사 김정희 이후 최고의 서예가로 알려진 손재형 작가의 기획전에 참여하게 된 일은 무엇보다 뜻 깊은 일이다. 영어와 일본어는 물론 중국어까지 섭렵한 딸이 영어와 한문의 식견을 이번 기획전에서

제대로 발휘했다는 얘길 듣고 어미로서의 뿌듯한 감회가 물밀듯 밀려왔다. 기획전을 연 후 찾아오는 관람객들에게 깊이 있게 설명하며 함께 호흡하는 모습을 보니, 새삼 딸이 대견하지 않을 수 없었다.

4.
골프장에서 만나는 미술은 갤러리에서 보는 미술과 느낌이 다르다. 클럽 하우스도, 골프 코스도 도심 속 갤러리와는 비교할 수 없을 정도로 규모가 커 작품의 존재감이 훨씬 압도적이다. 자연에 건 작품답게 한눈에 봐도 '아름다운' 작품이 많다. 게다가 복잡한 도심을 벗어난 데서 오는 마음의 여유 덕분에 더 천천히 작품을 감상하게 된다. 골프의 계절, 라운딩을 준비하며 여기 소개하는 골프장을 기억하면 골프와 예술을 둘 다 즐길 수 있다.

경기도 광주에 위치한 대표적인 골프장이 경기도 광주 남촌이다. 이 골프장은 클럽하우스에 고미술 박물관을 꾸며 300여점의 도자기와 40여점의 민화, 판화 등을 소장하고 있다. 단원 김홍도와 혜원 신윤복, 오원 장승업, 겸재 정선, 추사 김정희 등 선조들의 얼을 고스란히 느낄 수 있는 곳이다. 남승현 회장이 장장 40여년에 걸쳐 해외에 유출된 문화재를 수집했다는 남다른 의미도 있다. 고미술 갤러리에는 남승현 회장이 40여년전에 걸쳐 국내외에 흩어진 문화재를 수집해 전시

하는 곳으로 민화와 판화가 40여 점, 도자기가 330여 점에 이른다. 분청사기, 고려청자, 청화백자, 조선백자 등도 유리관 안에 진열돼 있다. 석봉 한호, 완당 김정희의 작품은 상설 전시한다.

김수경 회장이 소문난 컬렉터인 제주 우리들아트리조트 3번홀 코스 위에는 '빛과 공간의 예술가' 제임스 터렐의 스카이스페이스 조형물이 들어서서 간혹 외국인들도 찾고 있다.

이곳에는 유난히 설치미술 작품이 많다. 가장 눈에 띄는 작품은 클럽하우스 로비에 있는 최정화 작가의 '객석'과 '폭포Waterfall'. '객석'은 테이블과 탁자로 구성된 작품인데 테이블이 립글로스처럼 반짝여 멀리서도 눈에 띈다. '폭포'는 비즈로 만든 높이 500cm의 작품으로 거대한 샹들리에처럼 천장에 걸려 있다. 15번 홀 그린 뒤 러프 지역에는 목선 2척과 꽃배 1척이 있는데 이는 김승영의 작품 '피크닉  보트'다. 클럽하우스 레스토랑에 있는 백남준의 '공중 정원Hanging Garden', 3번 홀과 5번 홀 사이에 자리한 세계적 작가 제임스 터렐의 설치 작품 역시 최고 수준이다

골프를 통해 만난 사람끼리 라운드 후 예술을 논할 수 있다는 것이 얼마나 행복한 것인가? 골프가 사람을 만나게 해주고 인생의 깊은 맛도 알게 해준다. 골프가 소중한 벗과 함께 하는 방법도 알려준다. 자연을 보면서 시를 읊고, 노래를 부르고 살아온 과정들은 자연스럽게 말할 수 있게 해준다.

일찍이 백범 김구 선생도 "우리나라에 가장 필요한 건 문화력이다. 문화 창조력이 우리를 살릴 것이다"라고 했다. 골프를 통해 모두가 행복했으면 좋겠다. 그리고 골프를 매개로 좋은 예술을 접할 수 있는 공간이 더욱더 늘어났으면 좋겠다.

# 여성의 힘은 위대하다

'약한자여, 그대 이름은 여자로다.' 셰익스피어의 구절이다. 하지만 결코 여성은 약하지 않다. 간디는 여성의 직관력이 남성의 오만한 지식과 자부를 능가한다고 했으며 16세기 스페인의 무적함대를 보잘 것 없는 해군력으로 격침시킨 것도 엘리자베스 여왕이었고 대처 수상이 '철의 여왕'이라는 칭호를 얻은 것도 아르헨티나와의 해전이었다.

우리나라의 역사속 여성인물에 대해 살펴보면 신라시대 3명의 여왕을 섬긴 역사가 있으며 역사상 최초의 여왕인 선덕여왕도 여성의 능력을 되돌아보게 한다. 신라 27대 임금, 선덕여왕은 632년에 즉위해 16년간 나라를 다스렸다. 시대가 시대인 만큼 고루한 남존여비 사상도 있었기에 반대세력도 있었다. 하지만 선덕여왕은 여성 특유의 총명함을 발휘했고 숱한 왕족 진골(眞骨) 야심가들을 제치고 왕위에 오를 수 있었다. 즉위 초부터 대외적으로는 당과의 외교 강화를 통해 국가안보를 기하는 한편 대내적으로는 불교의 힘으로 민심을 통합해 안정을 기하고자 대대적인 불사를 일으켰다. 또한 준군사조직인 화랑도를 적극 후원해 인재양성에도 힘썼다.

조선 중기 예술가인 신사임당도 역사적 여성 인물로 주목을 받아 왔다. 어려서부터 유교경전과 문집을 탐독해 시와 문장에 능하고 살아 있는 그림실력을 뽐냈고 13세에 진사시에 합격한 후 모두 9번의 과거에서 장원급제를 해 '구도장원공'으로 불렸던 셋째 아들 이이를 조선의 대학자로 성장시킨 어머니이기도 하다. 남편을 격려해 벼슬길로 나아가게 하고 항상 정도를 걷도록 내조하는 그녀의 높은 덕과 인격은 안내의 소임을 다했던 삶의 헌신은 역시 여성의 힘의 세기를 여실히 보여준다. 양성평등의식제고와 여성의 활발한 사회참여의 대표적인 상징성을 가진 인물로 우리는 효성스러운 여성이자 어진 아내 훌륭한 어머니 최고의 예술인 등 모자람도 없던 신사임당을 한국 여성의 본보기라 불리기에 부족함이 없다.

잔혹한 정복자로 유명한 칭기즈칸의 위용과 위엄함도 여성인 그의 어머니로부터의 많은 영향력을 받았다고 한다. 빈곤 속에서 성장한 칭기즈칸은 청년기의 경험을 통해 지도자는 극도로 냉혹해야 한다는 것을 깨달아 실제로 살아가는 동안 마주친 모든 사람들에게 그렇게 대했다. 하지만 어머니 후엘룬은 초원에서 살아남으려면 반드시 다른 사람과 협력해야 한다고 칭기즈칸을 타일렀고 그런 어머니의 영향을 크게 받고 자란 칭기즈칸은 극도의 정신적 고통과 혼란을 이겨내는 강인한 정신력을 키웠다. 어머니의 힘 역시 여성의 위대한 힘의 일부라고 생각한다.

그렇다면 골프계에서 돋보이는 여장부들의 실력은 어떠한지. 1988년 LPGA 투어에서 첫 우승을 차지해 한국의 골프를 세계에 알린 구옥희 프로를 비롯 1998년 박세리 선수의 LPGA우승은 힘들고 어려웠던 IMF시절에 국민들에게 큰 감동을 선사했다. 그 후 신지애, 박인비 프로 여자 선수들의 대활약으로 한국 골프는 이제 세계무대에서 우뚝 설수 있게 되었다. 여성의 힘은 시대와 장르와 무대를 국한하지 않는다.

세계적 명문 골프장 '녹색 자켓' 으로 더 유명한 오거스타는 80년 동안 백인 남자 회원만 받으며 그간 남성 전용 골프장이라는 수식어로 여성 시민 단체들과 언론의 압력을 받아 왔다. 지난해 오거스타는 첫 여성 회원으로 라이스 전 국무장관을 받아들이며 철의 장벽을 무너트렸다. '골프 성지(聖地)'라는 스코틀랜드 세인트앤드루스 골프장도 2007년 금녀 벽을 허물고 브리티시 여자오픈 대회를 열었다. 세계로 뻗어가는 여성의 힘과 사회적 역할의 증대를 비례해 볼 때 조금 늦은 감이 있지만 같은 여성의 입장에서 반가운 소식이 아닐 수 없다. 변화된 여성들의 힘의 능력을 인정하는 것 역시 사회 전반에 필요한 필수요건이라 생각하기 때문이다.

제18대 대통령선거으로 박근혜 후보가 당선됨으로써 우리나라도 최초의 여성 대통령을 맞게 되었다. 대한민국 최초의 여성대통령 탄생은 정치권의 큰 변화와 쇄신을 기대하게 하고 준비된 여성 대통령으로서 민생을 챙기며 국민대통합을 이뤄나갈 박대통령의 행보에 모두들 기대감을 갖고 있다. 선덕여왕이 리더십이 부족하고 총명하지 못하거나 의지가 약했다면 16년이라는 기간 동안 신라를 다스릴 수 없었듯 임기 5년간 부국강병(富國强兵)과 국리민복(國利民福)을 위해 애쓰는 절대적 리더쉽을 갖춘 여성 대통령의 힘을 기대해 본다.

남성중식적이었던 사회에서 여성이라는 이유만으로 억압 받고 불평등 대우를 받던 시대는 이미 지났다. 남성과 여성이 함께 어깨를 나란히 견주며 경쟁하고 노력하는 변화된 시대 속에서 여성들의 눈부신 활약은 우리에게 새로운 이데올로기를 선사한다.

# Travel

Column ● Interview ● Relation ● Travel

'Italy' 아름다운 전통과 문화가 살아 있는 곳
'Canada' 자연의 비경 록키(Rocky) 신이 주신 선물
동서양의 문화가 공존하는 'Turkey'
'Korea' 고택에서 배우는 나눔의 정신 영월 주천 '조견당'
　　　　울릉도, 새들의 고향 – 독도
'Japan' 여행 자연을 통해 나를 발견하는 시간
　　　　여행 천혜의 자연 환경을 보존하는 일본인
'China' 민족의 성지, 백두산과 연길의 조선인들
　　　　엔타이, 새로운 골프의 명소
'Vietnam' 그 순수함에 매료되다
'Uzbekistan' 실크로드의 중심지, 사마르칸드
겨울단상(斷想)
'Northern Lreland' 천혜의 링크스 코스 북아일랜드의 추억
'Mogolia' 초원, 하늘, 구름, 별 바람의 땅 몽고

# Italy 아름다운 전통과 문화가 살아 있는 곳

2009. 4

### 이탈리아의 여정, 그 시작

꿈에 그리던 여행지를 찾아 간다는 것은 인생의 크나큰 기쁨 중의 하나다. 새로운 곳에서 만나는 풍경과 사람들은 톱니바퀴처럼 반복되는 일상에서 또 다른 활력소로 영감과 에너지의 원천이 되곤 한다.

지난 4월 28일, 전날 늦은 밤까지 5월호 마감을 끝내 놓고 인천공항으로 바쁜 걸음을 향했다. 그 얼마나 꿈에 그렸던 밀라노였던가. 특히 역사와 문화의 도시 밀라노는 꼭 가보고 싶었던 곳이기에 이륙시간을 기다리는 마음은 설레임으로 가득 차 있었다.

매달 마감에 시달리며 반복된 일상을 살다 보면 자칫 매너리즘에 빠질 수 있다. 그럴 때마다 보물처럼 여기는 것이 여행인데, 여행은 인생의 쉼표로 다시 시작하고자 하는 힘과 활기를 불어 넣어 준다.

이번 여행은 이탈리아의 밀라노에서 열리는 AIPS(세계체육기자연맹) 총회에 참석하는 국제적인 자리였다.
이번 일정에는 ASPU(아시아체육기자연맹)의 박갑철 회장과 국제심판위원 박건만, KBS의 송전헌 국장(한국체육기자연맹 회장), 홍종서 사무총장등이 동행했다.

밀라노는 루프트한자 비행기를 타고 독일 프랑크푸르트

공항에 도착해서, 다시 밀라노행 비행기를 타야 했다. 하지만 그러한 번잡스러움과 피곤함까지도 '여행의 설레임으로 들뜬' 나에게는 새로운 경험에 대한 즐거움으로 가득찼다.

오랜 비행을 마치고 도착한 프랑크푸르트 공항. 그곳은 독일에 대한 첫 인상을 대변하기에 충분했다. 전형적인 독일의 잿빛 하늘과 오래되었지만 크고 질서정연한 공항 내부가 인상적이었다. 우리 일행은 프랑크푸르트에 3시간 반 가량 머물렀는데 오래된 공항이지만 잘 관리된 시설과 난생 처음 독일의 땅을 밟고 있다는 생각에 지루하지 않은 시간을 보낼 수 있었다. 어딜 가나 직업적인 근성을 버릴 수 없던 나는 북스토어에서 다양한 종류의 잡지들을 구경했다.

드디어 1시간 반 동안 비행기를 타고 밀라노로 향했다. 오래 전부터 역사와 문화가 살아 숨 쉬는 그 곳에 가보고픈 꿈을 꿔 왔던 터라, 그 어떤 여행지로 향할 때보다 설레고 들뜬 마음을 감출 수 없었다.

밀라노에 도착한 일행들은 유서 깊은 메리어트 호텔에 짐을 풀었다. 이미 도착해 있던 각 나라의 기자들이 반갑게 맞이해 주어 더욱 정감 넘쳤던 밀라노의 밤은 반짝이는 야경 속에서 5월의 단비가 촉촉히 내리고 있었다.

이튿날, 본격적인 AIPS 총회가 열렸다. AIPS의 쟈니 멜로 회장은 이탈리아인으로서 2005년부터 세계체육기자연맹의 회장을 맡고 있는 유능한 언론인이다.

이탈리아에서 가장 유명한 스포츠신문 〈라 가제타 델로 스포르트〉의 육상종목 수석기자이자, 국제올림픽위원회(IOC), 세계육상경기연맹(IAAF), 국제축구연맹(FIFA)의 미디어위원으로 활동하고 있는 그는 지난 3월 한국을 방문하기도 했으며, 특히 한국의 동계 올림픽 유치에 대하여 관심이 같다.

바쁜 스케줄 속에서도 특별히 골프헤럴드 18주년 창간호 인터뷰에 응해 주었던 것을 인연으로 쟈니 멜로 회장과 반가운 인사를 나눴다. 회의가 끝난 후에는 쟈니 멜로 회장이 몸담고 있는 〈라 가제타 델로 스포르트〉 신문사를 방문하는 일정도 있었다.

## 역사와 전통이 살아 있는 패션과 문화의 도시 '밀라노 Milano'

유럽, 아니 세계 패션의 중심지 밀라노는 거리를 활보하는 것만으로도 힘찬 에너지와 낭만적인 무드를 충분히 만끽하게 했다. 거리를 오고 가는 사람들은 아무렇게나 차려 입은 듯해도 자연스러운 멋이 흘러 넘쳤고, 현대적인 감성과 중세시대의 오래된 건물들이 뿜어내는 조화는 다른 곳에서는 볼 수 없는 예술적인 아름다움과 활기를 느끼게 했다.

• 두오모성당 (Duomo di Milano)

밀라노 대성당이라고도 불리는 밀라노 두오모 성당은 높이 157m, 너비 92m에 이르는 세계에서 가장 거대한 고딕양식의 교회로서 14세기 갈레아초 비스콘티의 지휘 하에 착공되어 19세기 나폴레옹에 의해 완성되었다. 135개의 첨탑과 성모마리아, 성 암브로조의 일화를 기록한 청동문 등으로 이루어져 있는 밀라노의 대표적인 상징물이다. 특히 착공 기간만 500년이 걸렸다는 두오모는 성당 전체가 경이로움과 종교적인 엄숙함으로 보는 이를 압도했다.

• 스칼라극장 (Teatro alla Scala di Milano)

유럽 오페라의 중심 스칼라극장. 세계 유수의 성악가들이 공연하기를 열망하는 이곳은 이탈리아뿐만 아니라 세계의 오페라극장 가운데서도 가장 유명한 오페라극장 중 하나다.

제2차 세계대전 중인 1943년 공습으로 파괴되었으나 전후에 재건되어 1946년 토스카니니(Toscanini)가 지휘한 역사적인 콘서트로 다시 문을 열었고, 수용인원은 약 3,600명이며 스칼라극장 오케스트라와 스칼라극장 필하모니, 스칼라극장 합창단, 스칼라극장 박물관 등 부속기관이 있었다. 특히 작곡가 베르디가 임종했다는 호텔이 바로 옆에 있어 오페라의 역사, 바로 그 장소에 들어온 듯한 기분이 들었는데 끝내 공연을 보지 못해 아쉬움이 컸다.

• 스포르체스코성 (Castello Sforzesco)
스포르체스코성은 15세기 중엽 밀라노 대공 프란체스코 스포르체스코가 세웠으며 브라만테, 다빈치 등이 건축에 관여해 근대 성채의 전형이라고 일컬어졌다.

제2차 세계대전 중 폭격으로 파괴되었다가 그 후 개축되어 현재의 모습을 갖추었는데 성 안에는 고미술품부터 고대 로마, 중세, 르네상스 시대까지의 작품이 진열되어 있다. 그 중에서 최고 걸작은 미켈란젤로의 '론다니니의 피에타'라는 미완의 대리석상으로, 조각과 건축에서 뛰어난 업적을 남겼던 미켈란젤로의 예술 세계를 엿볼 수 있었다.

## 유서 깊은 예술과 산업의 도시 '비제바노 Vigevano'

밀라노에서 한 시간 반 정도 대형 버스를 타고 가면 닿는 이탈리아 북부 롬바르디아주에 위치한 도시로 이 날의 방문은 비제바노의 시장이 AIPS 회원들을 위해 환영 만찬을 준비해 특별히 이루어졌다.

티치노강의 오른쪽에 자리 잡은 비제바노에는 예술적으로 뛰어난 중세 건물들이 많고, 13~14세기경에는 농업과 신발 제조업이 크게 발달한 곳이다. 특히 신발에 관련된 산업이 크게 발달되어 있어 해마다 국제신발박람회가 열리기도 하고, 섬유와 가죽산업도 부흥을 이루고 있다. 예전 국내 수제화 브랜드의 이름이 왜 비제바노였는지 알만 하였다.

비제바노 시장은 스포르체스코성에서 세계 각국의 기자들을 환영하는 성대한 파티를 열어 주었다. 관광객은 들어갈 수 없는 성은 15세기 중엽부터 16세기 초까지 시대를 풍미한 스포르차 가문의 스토리가 담겨 있는 곳이다. 비제바노의 시장은 "유서 깊은 도시, 비제바노 방문을 환영한다"며 대형 케이크를 준비해 즐겁고 뜻 깊은 시간을 나누었으면 한다는 격려를 잊지 않았다.

세계 각국의 기자들은 나라와 인종을 초월해 밤이 늦도록 시간 가는 줄을 모르고 중세 문화에 흠뻑 매료되어 즐거운 시간을 가졌다.

이탈리아 사람들은 자신들을 일컬어 축구를 "좋아한다"가 아니라 "미쳐 있다"고 표현한다. 한국의 붉은 악마보다 더 광적인 그들의 축구 열기는 이번 이탈리아 여행에 있어 빠질 수 없는 볼거리었다. 5월 1일, 축구 명문 인터밀란 대 라지오의 경기가 열린 주세페 메아차는 뜨거운 함성으로 가득 차 있었다.

밀라노에 위치한 세계적인 축구장 주세페 메아차 스타디움은 산 시로라는 이름으로 불리기도 한다. 세계적인 경기장답게 엄청난 규모를 자랑하는 이 곳은 11개의 콘크리트 타워가 주위를 둘러싸고 있으며, 모서리에 설치된 타워들이 밖으로 툭 튀어나온 조형물이 인상적이었다. 경기 시작 전, VIP 파티에서 각 나라의 기자들은 축구를 통한 대륙 간의 우정을 나눴다.

이탈리아인들은 축구를 통해 일체감을 나눈다고 하는데, 직장에서도 상사와 직원 간에 사이를 돈독하게 하는 수단으로 축구경기 만한 것이 없다고 했다. AIPS 총회의 공식일정에 축구경기 관람이 포함되었던 것도 그러한 맥락이 아닐까 싶었다. 이 날 경기에선 인터밀란이 3대 0으로 승리했다.

세계 최고의 경기장 중 하나로 꼽히는 주세페 메아차는 1990년 FIFA 월드컵이 개최된 경기장이기도 하다. 약 15만 명의 관중을 수용했었지만 1985년 헤이젤 참사 이후 현재는 최대 84,309명(특별좌석 포함)의 관중을 수용할 수 있다. 이곳에서 벌어지는 밀라노 더비, 데르비 델라 마돈니아(Derby della Madonnina,

AC 밀란 – FC 인테르나치오날레 밀라노의 라이벌전)는 세계 최고의 경기 중 하나다.

공식적인 일정을 모두 마치고 한국에 돌아오면서 여러 가지 영감과 추억의 장면들이 스쳐 지나갔다. 여정을 마무리하며 가장 아쉬웠던 점은 피렌체와 베니스에 가지 못했던 것인데, 가고 싶던 곳을 가까이 두고도 눈에 담지 못한 안타까움을 뒤로 한 채 다음을 기약해야만 했다.

이탈리아라는 역사적인 문화와 전통과 현대적인 감각이 잘 조화된 예술이 살아 있는 나라다.

한 시대를 풍미했던 스포르체스코와 메디치 가문의 유적과 전통이 작은 도시 속에 그대로 살아 숨쉬고, 그들은 조상의 문화를 보존하며 존중할 줄 안다. 새로운 건물 하나도 함부로 손댈 수 없다는 점은 도시 전체를 하나의 계획과 일관된 정책으로 관리하는 체계성과 높은 문화의식을 보여주는 대목이다.

또한 이러한 전통과 문화는 탁월한 미적 감각과 결합되어 예술적인 조화를 이룬다. 공원에 흔하게 비치된 쓰레기통 하나까지도 예술 작품과 같이 색채를 입혀 활기를 불어 넣은 것이 인상 깊었다. 후년 AIPS의 총회는 한국에서 개최된다. 세계 각국의 체육기자들이 한국으로 모여들 것이다. 한류 문화가 세계 속으로 뻗어나가는 지금, 한국에서만 느낄 수 있는 조상의 얼과 한국의 예술과 문화를 그들이 공감하길 바란다.

여행의 양(量)은 인생의 양(量)이라 하지 않았던가. 이번 이태리 방문으로 그러했듯이, 그들 또한 한국에서 많은 감동을 받았으면 좋겠다.

# Canada 자연의 비경 록키 Rocky
## 신이 주신 선물

2009. 7

단 하나뿐인 소중한 사람과 함께 떠나는 여행은 설렘을 선사해준다.

한번은 국내여행 중 어느 식당 벽에 걸린 그림 속에 적힌 아포리즘을 보고 감명을 받은 적이 있다. '여행은 어디를 가는 것보다 누구와 함께 가는 것이 중요하다.'고 적혀 있었다. 나 또한 글을 쓰는 업에 종사한 후로 국내외로 적지 않은 곳을 여행했다고 자부해 보지만, 누군가와 그 여행을 함께 했느냐에 따라 여행이 주는 의미가 크게 달랐던 듯하다. 이런 연유로 특히 지난 여름 남편과 함께 다녀온 캐나다 록키 여행이야말로 값진 여행이었다는 생각이 든다.

더욱이 이제 막 대학교를 졸업하는 아들이 남편의 환갑 기념으로 마련해준 효도여행이면서, 수 년 동안 그리움을 접은 채 만나지 못했던 딸도 만날 겸 떠난 여행이었기에 더욱 특별한 여행이었다. 아울러 부끄럽게 고백해보자면 남편과 단 둘이 함께 떠나는 여행으로는 결혼식 이후 처음 있는 일로 지나간 결혼생활을 반추

해보며 세월의 무게를 실감하였다.

해외로 여행을 갔을 때면 언제나 업무수행이라는 목적이 수반되어 있었기에 마음이 가볍지 않았는데 이번 여행은 그런 부담에서 벗어난 해외여행이기도 했다. 하지만, 결국 글쟁이로 살아온 나를 온전히 놓아버리지 못한 채, 어느새 기행문을 써 내려가고 있는 나의 모습을 발견하고는 가정과 일을 구분하지 못해 왔던 두 아이의 엄마로서 미안한 생각이 앞섰다.

이렇게 펜을 잡은 채 지나간 세월을 벗 삼아, 감정 여행에 빠져 첫 밤을 뜬 눈으로 지새우고 어느덧 먼동이 틀 때쯤 여정은 시작되었다.
미국, 독일, 뉴질랜드, 일본, 캐나다를 포함한 각국의 여행객들과 함께 대형버스에 올라 3박 4일 간 2400킬로미터의 거리를 12시간 동안 버스로 이동하는 대장정을 시작한 것이다.

차창 밖으로 보이는 캐나다의 웅장한 산야는 끝없이 높고 한없이 푸르렀다.
12만 2천 봉의 캐나다 국립공원은 세계 10대 국립공원이자 세계 5대 산맥 중 하나이다. 웅장한 자연을 간직한 캐나다는 러시아에 이어 세계에서 두 번째로 면적이 큰 나라로 1번 국도인 동서횡단 도로의 길이가 7714km에 이르는데 서울과 부산의 거리가 약 400km인데 비하면 그 크기가 가히 짐작이 간다.

첫 번째 기착지는 인디언 거주 지역이자 천연생태계 지역으로 보존되어 있는 브라이달(BRIDAL) 폭포였다. 폭포 주위를 둘러싼 아름드리 나무들 사이로 비추이는 햇살은 태고의 빛을 간직하고 있었고, 그 웅장함 앞에서 왜소한 한 인간으로서 무한한 경외심이 솟아 났다.

구경을 마친 후, 벤쿠버(BC)남부 내륙의 쟈스퍼 레이크가 감싸고 있는 호반의 도시 새먼암과 시카무스를 경유하여 대륙 횡단 철로의 주유정차 도시인 레벨스톡을 거쳐 져스페이스로 이동, 12시간을 버스로 움직여 저녁 6시경 겨우 록키의 첫 관문인 그래시얼 공원(Glacier park)에 도착하였다.

웅장한 산속에 자리 잡은 록키는 거대한 산들이 병풍처럼 둘러싸여 경외스런 자연의 모습을 하고 있었다. 이곳에서 첫 날의 여장을 풀고 백야현상 탓에 대낮처럼 밝은 오후 9시경 1층 바에서 맥주 한잔으로 여독을 풀었다. 건축된 지 꽤 오래된 듯한 바의 실내는 곰과 부엉이 등 야생동물이 박제되어 있어 산사의 호텔 분위기를 물씬 풍겼다.

다음날 인디언어로 '경이롭다'는 의미의 요호 국립공원으로 이동하여 수백 년 동안 강물의 흐름이 만들어낸 자연의 다리를 관광하고, 아름다운 에메랄드 호수에 도착했다. 국내에서 CF의 촬영지로도 널리 알려진 녹색의 에메랄드 빛 호수 주변에서 바라본 록키의 전경은 한 폭의 그림 그 자체였으며, 형용하기 어려운 아름다움에 넋을 잃었다. 호수를 낀 그림 같은 풍경에 압도되어 여러 날 묵고 싶은 충동을 느꼈지만, 다음을 기약하고 아쉬움을 뒤로한 채 아사바스카 빙하로 향하였다.

빙하가 있는, 인적 없는 곳에 위치한 페티(Pety) 호수는 그야말로 자연의 비경이었다. 1년 중 9개월 동안이나 눈에 쌓여 있다는 빙하가 빛에 반사된 모습은 아름다움의 극치였다. 빛의 산란에 물감을 풀어놓은 듯 각양각색으로 빛나는 물의 색깔에 탄성을 자아냈다.

빙하로 향하는 길은 1965년 완성된 도로를 통해 비교적 순탄하게 근처까지 버스로 이동할 수 있었고 빙하까지는 설상차로 이동하였다. 과거 캐나다에는 4번에 걸친 빙하기가 있었는데 아사바스카 빙하와 콜롬비아 빙원은 두터운 얼음 층의 일부로 록키산맥 형태를 이루고 있다. 오랜 시간 아사바스카 빙하는 북쪽으로 흘러 현재의 쟈스퍼까지 뻗쳤고, 동쪽으로는 대초원지대, 남쪽으로는 캘거리까지 연장되었다. 최근의 마지막 빙하기는 일만 년 전에 끝났다고 하는데, 현재는 지구의 온난화 현상으로 겨울에 쌓이는 적설량보다 여름에 녹는 양이 더 많아 빙하의 소멸을 촉진시키며 빙원이 급격하게 축소되고 있다고 한다. 또한 그 위험성으로 빙하관광도 가까운 년도 안에 폐지될 예정으로 온난화로 인한 지구 생태계의 심각성을 예고하고 있음을 알 수 있었다.

콜롬비아 빙원의 대부분은 스노코치(snochoach)로 마치 케이크에 설탕을 뿌려 놓은 듯 주위의 산을 뒤덮고 있었다. 우리가 방문한 아사바스카 빙하는 콜롬비아 빙원에서 떨어져 나온 것으로 천천히 골짜기를 따라 흘러내려오고 있었다. 태고적 역사를 간직한 빙하 물을 마시며 물속에 손을 넣어보니 뼛속까지 시릴 정도의 차디찬 냉기가 전신에 퍼졌다. 일행 중 한 사람은 윗옷을 벗은 채 알몸으로 건강미를 과시, 볼거리를 제공하며 관광객들에게 소소한 웃음을 전하기도 했다. 한 모금 마실 때마다 10년이 젊어진다는 빙하 물을 마음껏 마시며 기분으로나마 젊어짐을 만끽하며 남편, 딸과 젊었을 적을 회상하며 행복한 시간을 보냈다.

여름 날씨에도 혹독한 겨울 날씨가 이어진다는 빙하로 올라가는 입구에는 듬성듬성 300년 정도된 키 작은 나무들이 바람의 방향을 따라 한 쪽으로 기울어져 있었는데, 하늘이 도운 탓인지 구름 한 점 없는 청명한 날씨가 이어져 준비해온 방한복이 무색하게 됐다.

저녁엔 G8 정상회담이 열렸던 곳이자 사계절 종합 휴양지인 캐나나 스키로 이동하여 각국의 정상들이 묵었다는 델타호텔에서 피곤과 추억을 잠시 내려놓고 잠을 청했다.

다음 날, 가라앉지 않은 설레는 마음을 가득 안고 캐나다 첫 번째 국립공원의 중심도시인 밴프로 출발했다. 록키 산맥의 중심에 자리한 밴프는 삼각형 모양의 예술적인 단층 건물들과 고층 건물이 들쭉날쭉한 일반적인 도시와는 사뭇 다른 풍경이다. 캐나다 여행 중 빼놓을 수 없는 특별한 경험은 도로 바깥쪽에서 만나는 각종 야생동물들이다. 이 진귀한 체험은 관광객들에게 즐거움을 선사했다.

우리 가족은 야생동물들에 대한 정보를 얻을 수 있는 곳으로 밴프 공원 박물관(Banff Park Museum)으로 향했는데, 이곳은 서부 캐나다에서 가장 오래된 야생동물 전시 박물관이자 역사 유적으로 지정된 곳으로 독특한 형태를 지니고 있었다. 1913년부터 1915년에 걸쳐 설립된 이 박물관은 엘크, 무스, 비콘쉽 등 캐나다에 서식하는 다양한 종류의 야생동물을 박제로 만들어 전시하고 있다.

마릴린 먼로가 열연한 영화 '돌아오지 않는 강'(1954)의 배경이 된 보우강에서는 먼 빙하를 바라보며 지나간 추억 속의 영화 장면들을 떠올리기도 했다. 보우강을 바라보며 밴프 최고의 호텔 스프링스호텔과 골프장이 있는데, 호텔의 경우 1년 전에 예약을 해야 하며 숙박비가 2000$ 정도로 세계적인 부호나 유명인들이 묵는다고 했다.

여정의 끝을 장식한 명소는 영국 빅토리아 여왕의 딸 루이스의 이름을 딴 레이크 루이스 호텔(Lake Louise Hotel)이었다. 이 호텔 박물관에 걸린 공주와 남편 및 역대 사장들의 사진을 바라보며 마치 웅장한 궁전에 서 있는 듯한 착각에 빠졌다. 세계 10대 절경 중 하나인 아름다운 레이크 루이스에서 카누를 즐길 기회가 있었으나 시간상 아쉬움을 뒤로하고 발걸음을 돌렸다.

미국의 여류시인 에밀리 디킨슨은 '대자연은 우리의 삶에 노크도 없이 들어 왔지만, 한 번도 방해한 적이 없다'고 말했다. 거침없이 자연을 훼손하고 있는 오늘날의 현대인들에게 전해 줄 수 있는 마지막 한 마디인 것 같다는 생각을 해보며 자연의 위대함에 흠뻑 취한 여행이었다.

# Turkey 동서양의 문화가 공존하는 Turkey

2010. 4

언제부터인가? 일년에 한 번쯤 만사 제치고 나를 돌아보는 여행이 그리워진다. 여행이 소중한 이유는 일상을 탈피하여 낯 모를 미지의 세계에서 지나간 시간들을 반추해 보며 마음의 여유를 얻기 때문이다.

올해도 연중행사처럼 4월 26일부터 5월 2일까지 터키에서 열리는 AIPS(세계체육기자연맹)의 총회에 참석하기 위해서, 전날 밤을 세우다시피하며 5월호 마감을 끝내 놓고 서둘러 인천공항으로 향했다. 일의 연장선 상에 있는 공식적인 일정으로 인한 터키행이었지만, 동서양의 문화가 깊게 베어있는 터키의 모습을 상상하니 설레는 마음을 감출 수 없었다.

터키는 기원전 2000년에서 1500년 세계 문명의 중심지였다. 그 지정학적 위치로 문화와 상업의 교차점 역할을 하며 독특한 문화를 형성해 왔다. 터키에서 지금 사용되는 도로는 동서양의 전사들과 밀사들이 다니던 그 길로, 성 바오로가 교인들과 함께 지나고, 수파교가 교세를 확장하던 길이기도 하다. 클레오파트라가 수영을 즐겼을 지중해의 경치 좋은 곳엔 어디나 고대 극장이 자리하고 있다. 과거 동서양 문화가 만나던 이 곳은, 오랜 세월이 흐른 지금도 여전히 당시의 역사가 그대로 보존되어 전세계 많은 사람들로부터 '가고 싶은 나라'로 손꼽히고 있다.

터키를 향한 여정은 4월 26일부터 시작되었다. KAL기 편으로 터키를 향해 출발한 뒤 밤 9시 30분, 이스탄불에 도착했다. 그리고 국내선으로 1시간 반을 비행해 새벽 1시 즈음 지중해의 남부 안탈리아에 도착할 수 있었다. 오랜 비행과 밤 늦은 시각 시차 적응까지 피곤함의 연속이었지만 내게는 새로운 곳에 대한 기대감에서 오는 즐거움이 더 컸다.

우리가 머문 안탈리아의 리속스 호텔은 1850개의 객실을 갖춘 최고급 특급호텔로 지중해와 근접하여 아름다운 풍경을 만끽할 수 있었다. 특히 호텔 바로 옆에는 터키에서도 명문 골프장으로 이름난 카야 골프 클럽이 위치해 있어 더욱 반가웠으며 마침 세계 아마추어 골프 대회가 이곳에서 열려 골프 복장을 한 골퍼들이 눈에 자주 띄었다.

일정의 대부분을 보낸 터키 남부해안의 안탈리아는 유구한 역사의 흔적 속에 현대적으로 건축된 고급스러운 휴양지로 널리 알려져 있다. 해안을 따라 펼쳐진 금빛 모래사장과 아담한 포구마을 풍경은 한 폭의 그림 그 자체였다.

안탈리아 여행은 '칼레이치'를 따라 시작된다. 칼레이치는 '성 안'을 뜻하는 말로 4.5km 정도의 성벽이 항구를 둘러싸고 있다. 성 안에는 아드리안 황제의 문, 나선형 첨탑인 이브리 미나렛, 흐드르 큐레(성탑)와 옛날 가옥 및 항구 등 꽤 많은 관광 포인트가 있어 걸어서 한 시간 정도면 모두 둘러볼 수 있었다.

13세기에 세워진 이브리 미나렛은 안탈리아의 상징이다. 37m 높이의 철탑을 자세히 살펴보면 빨간 벽돌로 장식된 8개의 홈이 파인 나선이 있다. 이 밖에도 오묘한 건축 양식으로 지어진 건물과 철탑들이 인상적이었다. 칼레이치엔 오래된 집들과 꼬불꼬불한 골목길이 그대로 남아 있어 마치 타임머신을 타고 과거로 돌아간 듯 이리저리 이어진 골목길을 따라다니다 보면 어느새 서쪽 하늘에 노을이 물든다. 칼레이치에서 항구 쪽으로 내려가는 길에는 고급 레스토랑과 호텔, 펜션, 관광기념품점이 쭉 늘어서 있어 관광객들을 유혹하고 있었다.

안탈리아는 세계의 축구 선수들이 모이는 도시로도 널리 알려져 있다. 많은 축구팀이 전지훈련을 위해 안탈리아를 찾는다. 특히 11월에서 4월 사이에 집중돼 있고 짧으면 며칠, 길면 40일 정도 이곳을 찾아 훈련하고 돌아간다고 한다. 안탈리아에 있는 천연잔디 축구 구장만 해도 수백 개에 달해 축구 전지훈련을 위해 좋은 여건을 형성해 놓고 있다. 안탈리아 호텔들은 축구 선수들의 전지훈련으로 먹고 산다는 말이 나올 정도이며 한국의 국가 대표 선수들도 여러 번 묶은 곳이다. 이번 AIPS 총회에 모인 전세계 기자들을 위한 터키체육회가 마련한 다양한 이벤트도 잊을 수 없는 즐거움이었다. 안탈리아 호텔 안에 있는 암피 극장에서는 터키 정부의 주요 인사들이 참석한 가운데 터키 민속무용을 감상하며 전통적인 터키 문화와 그 예술성을 만끽할 수 있었다. 저녁에는 지중해 해변에서 라이브 뮤직파티를 즐기며 흥겨운 시간을 보냈다. 아침마다 모자익 레스토랑에서는 터키 전통 음식을 비롯하여 각 나라의 다양한 음식과 치즈, 지중해 연안에 있는 다양한 색의 올리브유 열매를 먹는 즐거움을 만끽했다.

계절의 여왕인 5월의 첫 날은 안탈리아 고고학 미술관을 관람하며 인문과 과학, 건축과 미술, 시와 음악 등 삶의 모든 국면에 뻗어 있는 위대한 역사와 문화의 힘을 느낄 수 있었다. 매혹적인 자태의 조각상과 위엄한 카리스마가 느껴지는 예술작품들을 관람하며, 수천년의 역사가 흘러도 넘어서기 어려운 완벽의 경지를 이미 까마득한 기원 전의 시기에 이루어버린 장엄한 역사에 감탄하며, 지중해 연안의 쪽빛 하늘과 바다가 구별 없는 대자연의 아름다움 속에서 옛날 로마 시대 안토니우스가 클레오파트라에게 결혼 예물로 주었다는 지중해를 바로 눈 앞에서 바라보았다. 미국 소설가 헨리 밀러가 1939년 지중해를 보자마자 '그리스에 가면 누구나 하늘에서 헤엄치고 싶은 마음이 생긴다' 고 탄성했다는 귀절을 떠올랐다.

오후에는 터키 체육회가 특별히 준비한 전용 요트로 크루즈를 했다. 떨어지는 폭포를 감상하며 즐긴 2시간의 세일링 동안 파라과이, 루마니아, 수단 등 세계 각지의 기자 부인들과 서투른 영어로 담소를 나누며 여유를 만끽했다.

뒤이어 탐방한 페르게 유적지의 원형경기장은 다양한 경기와 집회를 열던 옛 로마인들의 흔적이 그대로 남아있는 듯 했다. 과거 팜필리아의 중심도시였으며 로마시대에 번영을 이뤘던 도시로, 지금도 가끔 중요한 음악공연과 문화행사를 열고 있다 한다.

총회가 끝난 마지막 날인 5월 2일, 안탈리아에 있는 고대 극장 중 가장 보존 상태가 뛰어나다는 아스펜도스 원형 극장을 찾았다. 반원꼴의 객석형태로 1만 5000명이 넘는 관객을 수용하였다는 이 곳은 터키의 대표적인 역사 문화 도시이자 관광지로서 연중 관광객이 끊이지 않고 있으며 이 지역 출신의 건축가인 제논

(Xenon)이 설계하였는데, 아직까지도 이 극장의 완벽한 음향에 대한 비밀이 밝혀지지 않을 정도로 음향효과가 뛰어나다고 가이드가 설명했다.

어느 나라에나 유명 관광지 옆에는 부록처럼 등장하는 영세상인들이 있다. 터키석과 액세서리 등 기념품을 판매하는 곳으로 특히 많은 관광객들이 모여들었고 나 역시 기념품 1점을 구입했다.

안탈리아에서 여행의 대부분을 보낸 우리는 5월 3일 이른 아침부터 로마와 비잔틴, 오스만제국의 수도로 이어진 이스탄불로 발길을 옮겼다. 보스포루스 해협을 끼고 아시아와 유럽에 걸쳐 있고 동양과 서양, 기독교와 이슬람교라는 유구한 역사의 흔적과 현대라는 두 가지의 상반된 모습이 공존하는 이스탄불에서는 옛 제국의 영화가 피부로 느껴졌다. 한 팔로는 아시아를, 다른 한 팔로는 유럽을 안으며 유일무이한 문화색채를 가진 이스탄불은, 전세계 여행객들로 붐볐다.

지금은 소피아 박물관으로 불리는 하기아 소피아(성스러운 지혜) 성당은 비잔틴 건축의 걸작으로 전세계를 통틀어 가장 아름다운 건축물이라 한다. 325년 콘스탄티누스 대제에 의해 창건된 뒤 6세기 유스티니아누스(532년-537년) 대제에 의해 재건축된 이 모스크의 거대한 돔은 지상 55m 높이에 직경이 31m나 된다. 이 건물의 장중함과 비잔틴시대 모자이크의 아름다움에 감탄사가 절로 나왔다. 마지막 코스로 우리 일행들은 터키의 유명 문화 예술인들이 찾는다는 이스탄불이 한 눈에 들어오는 전망이 최고로 뛰어난 우르스 레스토랑에서 터키 전통차를 마시며 분위기에 젖었다.

터키에서의 일정을 모두 마치고 한국으로 오는 기내에서 여러 가지 영감과 추억의 장면들이 스쳐 지나갔다. 코발트 블루 빛의 드넓은 지중해와 동서양의 문화가 공존하는, 그 어느 나라보다 색다른 매력을 지닌 터키에서의 일정은 바쁜 일상

속에서 매너리즘에 빠졌던 내게 큰 에너지를 주었다.

지구상에는 신이 창조하신 위대한 자연유산들이 산재해 있다. 막상 그 앞에 서면 생생한 충격으로 몸이 굳어버리는 곳. 무구한 역사와 자연이 만든 풍경 앞에서 인간의 언어 따위는 무기력하고 진부하기만 해 모든 말과 감탄사조차 사라지는 곳. 그 곳이 바로 이번 여행지였던 터키였다.

# Korea 고택에서 배우는 나눔의 정신 영월 주천 '조견당'

2010. 11

늘 새로운 것을 찾고 금방 질려 하는 요즘 세상에 고택은 어떤 의미일까? 도시에는 빼곡하게 빌딩 숲이 들어섰고 모든 사람들은 아파트에 모여 살아가며, 누구라도 좀 더 좋은 집에서 살기 위해 돈을 모은다. 그렇다면 이 시대의 좋은 집은 과연 어떤 집을 말하는 것일까? 고집스럽게 전통을 이어오며 집을 지켜온 이들의 이야기를 들으면서 어쩌면 우리 사회문제의 실마리를 고택에서 찾을 수 있지 않을까 하는 생각을 해 보았다.

조선 말기부터 현대에 이르기까지 우리나라는 극도의 혼란스러운 시대적 상황을 겪어 왔다. 외세의 침략에서부터 당쟁과 민란 그리고 한국전쟁까지 그 와중에 꿋꿋이 살아남아 옛 향기를 그윽하게 풍기고 있다면 뭔가 특별한 비결이 있을 것이다. 그것은 바로 나눔의 정신이었다. 역사는 현재와 과거의 끊임 없는 대화라는 말이 있다. 우리는 지난 날의 우리의 역사를 들여다 볼 필요가 있다.

고택이라 함은 그 시대의 부잣집이다. 그렇다면 오늘 날의 부자와는 어떻게 다른 것일까? 경제를 움직이는 것은 1%의 부자라는 말이 있다. 지금의 부를 축척한 사람들은 그렇다면 고택에서 무엇을 배울 수가 있을까? 고택 사람들은 지금의 소위 말하는 부자와는 달랐다. 수확물을 혼자만 움켜쥐고 있지 않았다. 이웃과 함께 나누었다.

그것은 우리가 연말에 하는 특별한 행사가 아닌, 생활과 같았다. 또한 고택은 교육에 있어서도 큰 역할을 했다 나눔의 정신을 살려 마을 사람들에게 학문을 가르쳤다. 그들은 훗날 나라를 위해 큰 역할을 하는 인재로 성장을 했다.

이 같은 나눔정신에 각 고택 특유의 전통과 정신이 합쳐져 고택은 마을과 지역 사람들을 하나로 묶는 구심적 역할을 하면서 숱한 어려움을 극복해 내는 힘을 만들어 낸 것이다.

가을이 여물었던 10월의 주말 강원도 주천을 다녀왔다. 앞으로는 주천강과 뒤로는 평창강 그리고 동강을 안고 있는 주천은 단양 8경이 30분 거리에 있는 아름다운 고장이다. 특히 이곳에는 단종의 유배지인 청령포와 단종능 장릉도 있어 역사적으로도 의미가 있는 곳이다. 육지 속의 작은 섬인 청령포는 조선 제 6대 왕인 단종이 숙부인 수양대군에게 왕위를 찬탈 당하고 상왕으로 있다가 그 다음 해인 1456년 성삼문 등 사육신들의 상왕복위의 움직임이 사전에 누설됨으로써 상왕은 노산군으로 강봉되어 첨지중추원사 어득해가 거느리는 군졸 50인의 호위를 받으며 원주, 주천을 거쳐 이곳 영월군 남면의 남한강 상류에 위치한 청령포에 유배되었다.

조견당은 주천이라는 마을에 있는 고택이다. 아무런 설명을 듣지 않아도 조견당에서 느껴지는 편안함은 오랜 시간 이어져온 역사와 전통을 느낄 수 있었다.

웅장함과 위엄보다는 편안함이 더욱 가깝게 다가오는 곳이었다. 대청에 앉아 있어도 서 있는 사람과 눈이 맞을 정도로 낮았다. 또한 마당이 매우 넓은 것이 인상적이었다. 조견당의 주인인 김주태 선생(MBC 차장)은 8남매로 7대 손이며 10대 시점부터 이 집을 지켜야 한다는 중압감을 느끼며 자랐다고 한다. 왜 이 집을 지켜야 하는지 방황하던 청소년기 시절에는 그 이유를 몰라 벗어나고 싶어 했지만 이제는 조견당의 주인으로서 묵묵히 이 집을 지키고 있다.

조견당이 다른 집보다 낮게 느껴지는 이유에 대해 묻자 집을 찾는 사람을 위한 배려라고 했다. 다른 집들을 보면 집주인이 손님들을 위에서 아래로 내려다 보게 되어 있지만 그렇게 되면 찾아 오는 사람의 입장에서는 그 위엄에 얼마나 주눅이 들겠냐는 생각으로 주춧돌을 낮게 써서 집을 찾아 오는 모든 이들과 편안하게 같은 눈높이에서 대화할 수 있게 설계된 것이라고 했다. 또한 넓은 마당은 여자들을 위한 마음 씀씀이라고 했다.

실제로 집안 일은 모두 여자들이 도맡아 했음에도 불구하고 그들을 위한 실직적 배려가 부족하다고 느껴 집안 일을 효율적으로 할 수 있도록 만들었던 것이다. 조견당이 건물 8채에 120칸을 가진 거대 규모인 것을 본다면 이 마당은 잘 가꾸어진 정원이 아닌 사는데 꼭 필요한 생활공간이었다는 것을 알 수 있다.

조견당은 버려야 얻을 수 있다는 평범한 진리를 잘 보여주는 대표적인 고택이다. 김주태 선생의 10대조 할아버지인 김낙배는 내노라 하는 양반이었다. 하지만 숙종 때 당쟁에 휘말리면서 목숨의 위협을 느끼고 강원도 원주로 내려와 험악한 치악선을 넘어 주천으로 오게 된다. 주천은 앞쪽으로 강이 흐르고 주위 산세도 위협적이지 않은 작고 아늑한 마을이었다. 당시는 서양에서 들어온 새로운 사상과 문명이 조선을 혼란스럽게 만들었던 시기로 혹독한 가난과 양반들의 당파싸움에 진절머리가 났던 그는 배고픈 양반보다는 배부른 중인이란 실리를 택했다.

그리고 곧바로 무역업에 뛰어 들어 조선에서 유명한 인삼, 모피 등을 확보해 황

해도 의주로 올라가 서양에서 들어온 물건들과 바꾸었다. 그리고 국내에 그것을 팔아 엄청난 부를 축척할 수 있었다. 가업은 되물림되었고 재산을 계속 불어났다. 그렇게 명당인 주천을 떠나고 싶지 않다고 생각한 김낙배의 증손자는 대대손손 자손들이 뿌리를 내리고 살 집이 있어야 한다고 생각했다. 당초 3년에 걸쳐 40칸짜리 집을 지을 계획이었으나 9년에 걸쳐 120칸짜리 커다란 집이 지어졌다.

그런데 이렇게 큰집이 지어진 이유가 더욱 흥미롭다. 1800년도 초반은 극도 혼란의 시대였다. 민란이 빈번히 발생하고 고향을 잃고 떠도는 유민들이 크게 증가했다. 그들은 영월 주천에 있는 김 부잣집에서 큰 집을 짓는다는 소식을 듣고 몰려들기 시작했다. 그곳에 가면 굶지 않겠다는 생각에 모여든 이들은 시키지도 않은 일들을 하며 머물렀다. 김씨 집안에서도 먹을 것 하나로 만족해 하는 그들을 쫓아 낼 수는 없었다.
이들 때문에 집 짓는 기간도 늘어나고 집의 규모는 커질 수밖에 없었다. 주천강의 모래사장은 흡사 난민촌처럼 되었다. 그렇게 유민들의 손을 거쳐 마침내 1827년 조견당이 완공 되었다. 집을 지을 때부터 규율을 실천한 곳이 바로 조견당이라고 할 수 있다.

한국전쟁에 조견당은 인민군 연대 본부로 쓰이면서 공습을 당하고 기나긴 우리의 역사와 함께 해 왔다. 나눔의 정신으로 지어진 조견당은 그렇게 우리 역사의 한가운데 서 있는 고택이다.

지금과 같은 물질만능주의, 이기주의 사회의 해결책으로 그래서 우리는 고택에 주목한다. 혼자 사는 사회가 아닌 함께 사는 사회, 나눔의 정신을 담고 있는 고택의 의미는 그러한 것이다. 주인인 김주태 선생은 서울과 주천을 오가며 집을 지켜 내고 있다. 그도 처음부터 이 고택에 대한 것이 당연하다고 여겨지지는 않았다. 왜 자신이 이 집을 지켜야만 하는지 방황의 시기도 있었지만 이제는 고택소유자 협회의 회장을 맡으면서 한옥 체험법을 통과 시키는 등 고택을 알리고 지켜 내는데 힘쓰고 있다. 그가 고택을 지키는 데에는 그의 어머니의 몫도 빼놓을 수 없다. 마을의 어머니로서 가족이 아닌 마을을 껴 안았던 그의 어머니는 마을 사람들과 늘 함께하면서 조견당을 지켰다.

이번 고택 문화 체험을 통해 지금 우리 시대가 안고 있는 문제들은 옛 우리 조상들의 지혜를 빌어 풀어 나가야 한다는 것을 다시 한번 느꼈으며 오랜 전통을 꿋꿋하게 지켜내고 있는 조견당 그리고 김주태 선생의 사명감을 통해 조상의 삶의 지혜를 다시 한 번 배울 수 있었다. 복잡한 세상을 살아가고 있지만 어쩌면 이 모든 것을 해결 할 수 있는 것은 평범한 진리일지도 모른다. 역사와의 교류를 통해 우리는 현재의 문제를 풀어나가며 또 한 세기를 살아갈 것이다. 그것이 고택에서 배우는 미래의 지혜라고 생각한다.

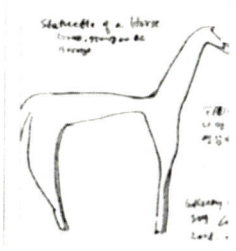

# Korea 울릉도, 새들의 고향 – 독도

2010. 11

"울릉도 동남쪽 뱃길따라 이백리~…"
대한민국 국민이라면 독도하면 먼저 이 노래를 떠올릴 것이다. 누구에게선가 한 소절이 시작되면 따라 부르게 되고 마는 국민의 노래이기도 하다. 하지만 진작 그 독도를 가 본 사람은 얼마나 될까? 물론 나도 마찬가지였다.

젊은 시절부터 기자라는 직업 때문에 남보다 많은 곳을 여행할 기회를 얻은 것이 내 인생의 큰 복이라면 복이다. 하지만 등잔 밑이 어둡다고 아름다운 한국의 명

소를 많이 가보지 못한 것이 늘 마음에 걸렸다. 그러던 차에 천숙녀 독도 시인의 권유로 문화예술인들이 주축이 된 독도탐방의 기회를 갖게 되었다. 아주 어린 시절부터 부모님이 사다 주신 울릉도 오징어를 먹으며 꼭 가봐야지 했던 그날의 숙원을 드디어 풀게 된 것이다.

특히 이번 2010독도 탐방은 광복 65주년과 8월 29일 경술국치(庚戌國恥) 100년을 맞이하는 날에 가게 되어 참가자들의 조국 사랑에 대한 열정이 더욱 뜨거웠다. 우리 일행은 이번 독도 나들이에, 한민족독도사관이 주축이 되어 일본의 역사 왜곡을 바로잡고 독도가 우리 국토임을 전세계인들에게 알리기 위해 벌이는 독도수호 국민운동에도 참가하였다.

마지막 무더위가 기승을 부리던 8월 하순, 독도는 불볕더위 속에서도 갖가지 곡식들이 열매를 맺고 익어가고 있었으며 어느 유명 동남아 휴양지의 바다보다도 빛나고 청명했다. 바다의 깊고 짙은 물빛과 청명함은 보는 이들의 마음까지 아름다운

색채로 물들이고 있었다. 대한민국 국민이라면 누구나 울릉도, 독도는 한번쯤 가봐야 한다고 다시 한번 생각했다. 우리는 역사 깊은 울릉도 호텔에서 여장을 풀고 한층 여유로워진 마음으로 여행을 즐길 수 있었다.

여행 중에 늘 생각하는 부분이지만 여행은 한 사람의 인생에서 전환점으로 작용되는 부분이 크다.

독일의 대문호 괴테는 37세 때에 이탈리아 여행을 하며 훗날 〈파우스트〉를 완성할 에너지를 얻으며 불후의 명작을 탄생시켰던 것처럼 나에게도 이번 여행이 재충전의 시간이 될 수 있었다.

마침 여행 당시 아들 신기가 한 달 간의 일정으로 미국 서부에서 동부를 횡단하는 배낭여행을 하면서 각 나라의 학생들과 여행을 통해 잊지 못할 경험을 하며 추억을 만들어가고 있다는 것을 들었다. 수일 전에는 미국 3대 국립공원인 요새미티 국립공원에서 텐트를 치고 자는 중 곰을 가까이서 만나 기지를 발휘하여 위험했던 순간을 모면했다는 아찔한 이야기를 듣기도 하였다.

고교 졸업 후 바로 홀로 땅끝 마을 해남에서 통일전망대까지 도보로 여행을 하며

자신만의 성찰을 통해 어른이 된 아들을 보면서 늘 든든하게 생각했다. 4년 내내 학비와 여행 경비를 스스로 마련하고 이제는 나보다 더 커버린 아들을 볼 때마다 대견스러운 생각이 든다.

엄마이지만 오히려 자식들에게 배울 때가 많다. 여행을 통해 자아를 찾고 성숙해져 가는 아들을 생각하며 이번 여행을 통해 일상에서 한 걸음 물러나 좀 더 다른 시선에서 자신을 볼 수 있었다. 길지 않은 여행이었지만 각별한 의미가 있는 독도에 내가 발을 디뎠다는 사실만으로 애국자가 된 것 같은 기분에 사로잡히기도 했지만 그보다 아름답고 경이로운 자연을 통해 일상을 헤쳐나갈 내적 에너지를 얻을 수 있었다.

아직도 망언과 망동을 일삼고 있는 일본, 언론인으로서 내가 할 수 있는 일은 전 세계에 독도가 한국땅임을 알리는 일일 것이며 미래의 지구와 바다를 인류평화와 공존의 장으로 만들어가는 일일 것이다.

개인의 생각이 바뀌고 그 작은 생각 하나하나가 결국 큰 생각을 바꿀 수 있는 계기가 된다. 비록 나 하나의 생각일지는 모르지만 결국은 나의 생각 하나를 바꾸는 것이 모두의 생각을 바꾸는 일이 될 것이라고 생각한다. 이번 독도 여행은 그런 의미에서 나의 생각을 행동으로 실천할 수 있는 의지를 가져다 준 전환점이 될 수 있는 뜻깊은 여행이었다.

# Japan 여행, 자연을 통해 자아를 발견하는 시간

2006. 7

## 나고야 성에서 와카야마 성까지

본격적 여름이 시작되는 6월 초순. 서울대학교 경제연구소에서 운영하는 '세계경제 최고전략과정'에서 원우들과 세미나를 위해 3박 4일의 일정으로 일본에 다녀오게 되었다. 골프박람회 취재를 위해 일본을 방문했던 것이 2월 말이었지만, 횟수에 상관없이 여행을 앞둔 마음은 설레임의 연속이었다.

들뜬 마음으로 나고야 공항에 도착한 우리 일행은 나고야 시내를 관광한 후, 오랜 역사를 자랑하는 나고야 성을 방문했다. 나고야 성은 에도막부를 창건한 도쿠가와이에야스의 지시로 축성된 성으로 메이지 유신을 맞이할 때까지 도쿠가와가3가의 필두 오와리가가 거주하며 번영을 누렸다고 한다.

제2차 세계대전 중인 1945년 5월 나고야 공습 시, 건물의 대부분이 소실되었지만 다행히 소실을 면한 3개의 성루, 3개의 문, 본환전 장벽화의 대부분은 중요 문화재로서 현재까지 남아 있다. 오다 노부나가와 도요토미 히데요시, 도쿠가와 이에야스 등 일본의 전설적 영웅들이 패권을 위해 다툰 시대의 건축물인 만큼 일본무사도의 기백이 건물의 외관뿐 아니라, 내면의 분위기에서도 뿜어져 나오는 듯했다.

나고야 성을 관람하고 숙박을 위해 찾은 곳은 나고야에서 3시간 거리의 이세에 있는 이세 로얄 호텔이었다. 해안이 잘 발달해 일본 최고의 관광지로 꼽히는 이

세 지방의 호텔답게 한 눈에 아름다운 해안선이 들어오는 현대식 건물이었다. 이곳에서 우리는 리아스식 해안의 변화무쌍한 굴곡과 전형적인 일본식 저녁으로 미각의 즐거움을 누릴 수 있었다. 편안한 호텔에서 여행 첫 날의 피로를 푼 우리는 다음 날 이세 지방의 관광명소인 이세신궁으로 향했다. 이세신궁은 단군신화를 기록한 일연의 삼국유사처럼 일본의 건국신화가 담긴 일본 천황 가문의 선조인 여신 아마테라스오미카미의 명을 받아 세워졌다고 전해진다.

이세신궁의 가장 큰 특징은 20년에 한 번씩 신을 모신 목재 건물들을 부수고 같은 자리에 똑같은 모습으로 세우는 것이다. 심층적으로 보면 일본문화에 내재된 불교의 윤회사상이 반영된 것이라고 한다. 마침 일행 중 일본역사와 불교문화에 깊은 학문적 지식을 갖춘 박광철 국장(전 금융감독원)이 일본의 역사에 불교가 미친 영향과 교리에 대해 설명해 주었다. 새로운 사람을 만나는 것은 또 다른 배움의 기회임을 다시 한번 느끼는 순간이었다.

그 날은 마침 20년 만에 이세신궁을 지을 목재가 들어오는 날이었다. 덕분에 일본각지에서 모인 불교 관계자들이 질서정연한 모습으로 예식을 치르는 것을 볼 수 있었다. 이러한 장면을 보고 있으니 1400여 년간 이어져온 윤회의 고리 앞에 새삼 겸손해졌다.

건국의 신화가 20년 주기로 부활하는 이세신궁을 뒤로 하고 도착한 곳은 양식 진주의 본고장인 미키모토 진주섬이었다. 1893년 세계최초로 진주양식에 성공한 미키모토 고키찌의 이름을 딴 이 진주섬엔 다양한 종류의 진주 상품을 구입할 수 있는 매장과 진주의 모든 것을 담은 진주 박물관 등이 관광객의 눈길을 끌었다. 하지만 미키모토 진주섬 최고의 볼거리는 해녀들의 진주 조개 채취 시범이었다. 예로부터 전해 내려오는 흰 옷 차림으로 바다에 뛰어드는 그녀들의 모습은 비록 관광객을 위한 시범이었지만, 진주가 탄생하기까지 얼마나 많은 사람의 손

길이 닿아야 하는지 새삼 깨닫게 해주었다.

오늘날의 미키모토 진주섬이 있게 한 장본인이자 세계의 진주왕이라고 불렸던 미키모토 고키찌는 수없이 반복된 실패에 좌절하지 않고 진주양식에 성공해 그 진주를 천황가에 납품하고 세계 박람회에 출품한 입지전적 인물이다. 특히 이처럼 파란만장한 생을 살면서도 사별한 부인을 잊지 않고, 죽을 때까지 재혼하지 않은 그의 사랑은 화려하지 않지만 은은히 빛을 발하는 진주를 연상케 했다.

미키모토 진주섬 관광 후 1시간 반 정도 걸려 도착한 가츠우라에선 높이 133m의 나치 폭포가 우리를 기다리고 있었다. 그토록 거대한 규모의 나치 폭포는 김수영 시인의 표현대로 '고매한 정신처럼 쉴 사이 없이' 떨어지며 보는 이의 마음까지 시원하게 했다. 일본 제일의 폭포에서 몸과 마음의 무더위를 씻은 우리 일행은 석식과 숙박을 위해 배를 타고 가츠우라 우라시마 호텔로 들어갔다.

이미 몇 번의 일본 여행에서 온천을 경험해 보았지만 우라시마 호텔온천은 그 규모와 시설이 대단했다. 호텔 내에만 7개의 온천이 있었는데 그 규모가 워낙 크고 온천 사이의 거리가 멀어 3군데 밖에 찾아보지 못했다.

가장 기억에 남는 것은 망귀동이라 불리는 온천으로 산꼭대기에 만들어져 있었다. 12층 길이의 에스컬레이터로 올라가야 할 만큼 높은 곳에 위치한 온천으로 따뜻한 온천물에 몸을 담그고 밤의 정취를 느끼는 기분은 극락이 따로 없는 듯했다.

온천으로 여행의 피로를 말끔히 씻은 다음날, 관광조와 골프조로 나뉘어 움직였다. 골프조에 속한 나는 일행들과 함께 1시간 40여분 정도 차로 이동해 오사카 근처 시라하마 골프장에 도착했다. 개장한 지 45년이나 된 전통의 시라하마 골프장은 18홀에 6,110 야드의 규모이지만 그린 주위에 벙커가 포진하는 등 비교적 어려운 코스로 도전의욕을 불러일으켰다. 특히 그린이 적응되지 않아 3퍼트를 범하는 등 애를 먹었다.

바다를 접한 씨사이드 골프장이라 경관이 아름다웠고, 아름드리 소나무들은 오랜 연륜을 드러내며 시원한 그늘을 선사했다. 골프장의 도우미들은 오랜 경험을 가진 40대의 중년여인들로서 자신의 일에 최선을 다했다. 특히 위험한 내리막에서 절묘하게 카트를 운전하는 모습은 한 분야에 전력을 다해 경험을 쌓는다면 누구나 전문가가 될 수 있음을 보여주었다.

편안하고 즐거운 라운딩을 마치고 도착한 곳은 골프장에서 10분 거리에 있는 시라하마 시모레 호텔이었다. 이 곳에서도 온천으로 라운딩 후의 피로를 풀었는데 여타 전통온천과 달리 서구식으로 꾸며져 있었다. 드넓은 태평양을 바라보며 야외에서 오크통 온천물에 몸을 담그고 하늘을 쳐다보는 경이로운 경험을 만끽했다.

아쉬운 마지막 밤을 뒤로 하고 여행 최종일 들린 곳은 일본의 전통 수산물 시장인 도래도래 시장이었다. 사람들이 활기차게 일하는 모습에서 일본인들의 진정한 삶을 확인할 수 있었다.

점심식사 전에 마지막으로 둘러본 관광지는 와카야마 성이었다. 1585년 도요토미 히데요시가 동생 도요토미 히데나가에게 명령해 만든 와카야마 성은 히데나가의 신하 구와야마 시게하루가 성주를 맡았다고 한다. 이 건물의 천수각 역시 1945년에 전쟁을 통해 소실되었지만 1958년 복원되었다고 한다. 전쟁의 패배로 얻은 깊은 상심에도 불구하고 자신들의 역사적 흔적을 지키는데 투철한 일본인들의 열정을 다시 한 번 확인할 수 있었다.

# Japan 여행, 천혜의 자연환경을 보존하는 일본인

2006. 4

**닛코와 후쿠시마에서 일본 문화의 정취에 흠뻑 젖어 들어**

겨울과 봄의 경계에 선 2월의 끝자락, 동경의 빅사이트에서 열리는 세계적 규모의 골프용품쇼인 'Japan Golf Fair 2006' 취재를 위해 일본을 방문했다. 물론 이번 방문이 처음은 아니었다. 매년 2월 말이면 연례행사처럼 동경을 방문해 취재를 하는 것이 벌써 10년 째다.

올 해 역시 'Japan Golf Fair'의 위용은 변함이 없었다. 메이저브랜드 부스의 거대한 위용과 여러 업체들의 다양한 이벤트 등, 시간을 쪼개 어려운 발걸음을 한 보람이 있었다. 행사의 마지막 날 모습을 카메라와 머릿속에 고스란히 담으며 공적인 업무를 마무리 지었다. 그리고 남은 시간을 일본에서 공부하고 있는 딸과 함께 보내기로 했다.

가족과 함께 가장 먼저 방문한 곳은 동경에서 2시간 반 거리에 있는 닛코(日光)국립공원이었다. 일본 최고의 관광지로 꼽히는 공원으로 한자 그대로 눈부시고 아름다운 곳이었다. 일본의 격언 중 '닛코를 보지 않고서는 일본을 말하지 말라'는 말도 있지만 일본 방문 중 닛코의 아름다움을 직접 확인하는 것은 이번이

처음이었다. 천연적인 경관도 경관이지만 확실히 남쪽 나라답게 봄의 정취가 우리나라 보다 한 발 먼저 다가와 있었다.

닛코 공원의 대표적 명물은 쥬젠지 호수이다. 둘레 24km의 어마어마한 면적을 자랑하는 호수로 난타이 산의 분화로 탄생해 겨울에도 얼지 않는다고 한다. 물빛이 맑고 잔잔해서 보는 이의 마음을 한없이 차분하게 만들었다. 세상의 어떤 욕심과 미움도 깨끗이 정화시켜줄 것만 같은 모습을 딸과 함께 바라보며, 모녀간의 오붓한 정을 나누었다.

아름다운 풍경에 젖어들면서 느낀 부러움은 천혜의 자연환경을 그대로 잘 보존하는 일본인들의 선진적 보존 기술과 자연을 아끼는 마음가짐이었다. 사소한 것 하나도 쉽게 넘어가지 않고 완벽을 추구하는 일본인들의 성격을 그대로 반영한 모습이었다. 아직 청산되지 않은 과거사 문제와 현재의 정치적 쟁점들을 잊어선 안 되겠지만, 일본인들의 이러한 철저함은 우리나라 사람들도 본받아야 할 것이다.

닛코 공원의 또 다른 명물로는 도쿠가와 이에야스를 모신 도쇼구(東照宮)가 있다. 이에야스의 손자인 이에미스가 세운 이 건물에선 한국에서 전파한 불교문화를 일본 스타일의 조각으로 재탄생시킨 모습을 확인할 수 있었다. 벙어리 삼 년, 귀머거리 삼 년 등으로 인생사를 표현한 원숭이 목조각이 한국에서 며느리의 생활을 묘사한 속담과 맞물려 더 인상 깊게 다가왔다.
닛코 공원은 그 규모가 워낙 커 전체를 둘러보려면 이틀의 시간이 소요된다고 한다. 넉넉지 않은 일정 속에 우리는 아쉬움을 뒤로 하고 닛코에서 2시간 반 거리에 있는 후쿠시마의 시로키야 온천 여관을 찾았다. 시로키야의 온천은 후쿠시마 지역을 대표하는 전통적 온천으로 위장병에 좋은 건강 욕탕으로 명성이 높다.

여관 역시 전통적 스타일로 소박하면서도 정감 있는 일본문화를 보여주었다. 손님들은 온천욕 전에 일본의 전통 의복인 유카타로 갈아 입는데, 이것 역시 독특한 감흥을 불러 일으켰다. 관광이라는 것이 꼭 화려한 볼거리에 한정되는 것이 아니라 그 나라의 문화를 경험하는데 더 큰 의의가 있다는 평범한 진리를 다시금 깨닫는 순간이었다. 일본 특유의 다다미 방 역시 독특한 경험이었다.

시로키야 근처에서 한 시간 거리에 있는 이나와시로코라는 호수도 관광지로 유명하다. 넓디 넓은 호수에서 백조들이 유유히 노는 모습은 너무나 평화롭고 아름다웠다. 이나와시로코는 면적이 $104.8km^2$에 이르는 일본에서 네 번째로 큰 호수이다.

일본에서의 마지막 날은 공교롭게도 3월 1일, 삼일절이었다. 일본이란 나라의 아름다운 자연환경과 친절이 만족스러웠지만, 일제의 강점으로부터 독립했던 삼일절을 일본에서 맞으니 기분이 묘했다.
쉽게 미워할 수도, 그렇다고 쉽게 마음을 열 수도 없는 것이 일본과의 관계인가 보다. 아침부터 내린 눈이 하얗게 온 세상을 덮는 모습을 보며 세상 모든 허물을 덮어주는 눈과 함께 여행은 아름답게 마무리 되었다.

# China 민족의 성지, 백두산과 연길의 조선인들

2006. 10

익숙한 일상에서 벗어나 이국의 정취 속에 온갖 시름을 잊을 수 있다는 것은 크나큰 축복일 것이다. 그동안 별 큰 욕심 없이 살아오면서도 여행에 있어서 만큼은 큰 욕심을 부렸던 것은 여행이야말로 진정한 삶의 재산이라 여겼기 때문이었다. 바쁜 일상 속에서 여행의 기회를 만드는 것은 쉽지 않은 일로, 좋은 인연이 닿아야 가능한 일이다. 이번에 다녀온 백두산 천지와 중국 연길에서의 소중한 여행 역시 이러한 좋은 인연을 통해 가능했다.

지난 8월 28일부터 9월 1일까지 중국 길림성 연변조선족 자치주 연길시에선 제14차 세계한인상공인대회(이사장 김덕룡, 사무총장 양창영)이 열렸다. 이번 행사에 참가한 것은 지난 해 세계한상골프대회를 주관한 인연 덕이었다. 중국 연길국제투자무역 상담회와 함께 열린 이번 대회에는 미국, 일본, 호주, 멕시코, 쿠바, 중국 등지의 한인상공인 350여 명이 참가했다.

다음 날엔 국제 컨벤션 센터에서 연길국제투자무역 상담회가 오전 9시부터 오후

내내 열렸다. 개방 이후 급속도로 발전하는 중국, 특히 연길은 매력적인 미개척 지임이 분명했다. 실제로 접한 연길은 아직 중국 내에서도 경제적으로 빈곤한 도시이다 보니, 차창가로 보이는 시내의 뒷골목에선 쓰러지는 벽돌집과 남루한 옷차림의 사람들이 많았다. 천연가스, 석유, 녹용 등의 물품이 주요 수출품으로 자리하고는 있지만 아직 개발의 손길이 미치지 않은 상태였다.

이처럼 경제적 어려움만으로 연길이란 도시의 진가를 파악할 수는 없었다. 210만 명의 인구 중 42만 명이 한국계, 즉 조선인들로 구성되어 있는 연길은 마치 60년 대의 한국을 떠올리게 했다. 아직 경제적으로는 발전하지 못했지만 정감이 남아 있었고, 한국에서 찾기 어려운 전통문화가 보존되어 있었다. 이런 모습에서 타국에서도 문화와 언어를 보존하기 위해 그들이 기울인 노력을 충분히 짐작할 수 있었다. 보통 미국에 이주한 한인교포들의 경우 1.5 세대만 지나도 모국어 능력이 희미해진다. 그에 비해 연길의 조선족들은 비록 북한식 액센트이지만 3세대가 지난 지금도 한국어를 유창하게 구사했다.

무역간담회를 시작하기 전, 1부 행사로 한복을 곱게 차려 입은 어린 소녀들의 도라지 타령을 비롯한 춤 공연이 1시간 정도 있었는데, 거대한 중국 안에서 소수 민족으로 살아오며 이처럼 모국의 문화를 지키는 모습이 퍽 인상적이었다.

이 날 저녁 만찬엔 연길시에서 준비한 시장 환영 만찬회가 벌어졌다. 식사 후 공연장에선 '날 좀 보소'와 '연변 아리랑' 등 우리 귀에 친숙한 노래가 흘러나왔다. 먼 중국 땅에서 고국의 향취를 느끼는 순간이었다.

둘째 날 무역상담회를 통해 사업적 용무를 보았다면, 셋째 날엔 이번 행사에 가장 기억에 남을 백두산 관광을 할 수 있었다. 정상에 오르기 위해 새벽 4시 반에 백두산을 향해 출발했다. 차창 밖엔 벌써 가을을 알리듯 코스모스가 피었고, 옥수수밭과 삼밭이 눈에 띄었다.

백두산은 단군이 탄생한 성지로서 신성시되어 왔다. 전형적인 고산기후의 백두산엔 검은 담비, 수달, 표범, 호랑이, 사향노루 등 희귀동물이 아직 남아 있고 수목 역시 자작나무, 가문비나무, 종비나무 등 다양한 종류가 있다. 버스로 4시간 반 정도 이동한 후, 백두산 입구부터 셔틀버스와 사륜구동 차량을 통해 백두산 정상에 도착했다. 맑은 날씨 속에 천지를 볼 수 있었다. 2000미터가 넘는 고지대에서 운무가 끼지 않은 천지를 보는 것은 무척 어려운 경험이라고 한다. 오죽하면 중국의 지도자였던 덩샤오핑 조차 백두산 천지를 보기 위해 세 번을 도전했지만 실패하고, 네 번째에 이르러 성공했다고 한다.

그에 비해 우리 일행은 첫 등정에서 맑게 갠 하늘 아래 천지의 웅장함을 직접 볼 수 있었으니 큰 행운이라 할 수 있었다. 천지는 아름답고 웅장해 보는 것만으로도 머리가 멍하고 온 몸에 전율을 느꼈다. 언젠가 국내 유명한 산악가는 자신들이 산을 정복하는 것이 아니라 산이 자신들을 허락해 주는 것이라 말한 적이 있다. 이 날의 천지 역시 우리 일행에게 자신의 모습을 허락해주는 듯 했다. 자연의 무궁무진한 이치야 사람이 어찌 알겠느냐마는 민족의 영산을 참배하는 마음을 헤아려 우리를 반기는 듯 했다.

천지와 함께 또 다른 장관을 연출한 것은 장백폭포였다. 폭포로 가는 길 옆엔 '용파'라는 팻말이 붙어 있었는데 물거품이 매우 힘 있고 구불구불해 그러한 이름이 붙었다고 한다. 이처럼 웅장한 풍경과 함께 야생화와 백두산 자작나무를 보며 다음엔 꼭 산행을 하리라 마음먹었다.

다음 날인 8월 31일, 중국과 북한의 경계도시인 도문에 가서 망원경을 통해 북한 세관을 직접 보는 경험을 했다. 커다란 김일성 초상화가 걸린 그 곳을 바라보며 이토록 가까운 거리에서 더 이상 다가갈 수 없는 현실이 안타깝게 느껴졌다. 실제로 본 두만강에선 망향의 정서가 담겨 있던 김정구의 노래가 떠올라 눈시울이 뜨거워졌다.

점심에 도문 시장의 초청으로 만찬 대접을 받고 민족시인 윤동주가 다니던 대성중학교에 가 볼 수 있었다. 비록 학교는 허름했지만 이 학교를 거친 많은 인재들의 흔적을 느낄 수 있었다. 특히 윤동주의 아름다운 서정시 '별 헤는 밤' 시비와 함께 윤동주 기념관이 있어 그의 시와 삶을 흠모하는 이들에게 깊은 인상을 남겼다. '하늘을 우러러 한 점 부끄럼 없기를, 잎새에 이는 바람에도 나는 괴로워했다'는 서시의 첫 구절과 함께 먼 중국 땅에서 모국어로 아름다운 시를 쓰며 처절하게 살았던 시인의 삶이 생각나 나도 모르게 눈가에 눈물이 고였다.

이번 연길에서의 시간은 마치 마음의 고향을 찾은 듯한 소중한 시간이었다. 특히 평소 가난하고 세련되지 못한 것으로만 인식했던 조선족들에 대해 새로운 시각을 가질 수 있었다. 한민족의 문화에 대한 자긍심을 가지고 문화와 언어를 지켜가는 그들의 모습은 오히려 외국문화에 젖어 있는 한국인들이 배워야 할 숙제인 것 같다.

# China 엔타이, 새로운 골프의 명소

2006. 10

대한항공이 지난 2006년 8월 25일부터 중국 산동반도 동부에 위치한 연대(중국명 엔타이)로 취항하여 골퍼들은 물론 비즈니스맨들에게 새롭고 편리한 길을 열어 주었다.

대한항공 초청으로 골프잡지사 및 골프라이터 일행 21명은 4박 5일 일정으로 연대 및 위해의 관광시설과 골프장 시찰단으로, 1시간 만에 엔타이 국제공항에 도착하였다. 공항의 입국수속은 예상했던 것보다 빨리 끝났다. 관리들은 친절했다. 전혀 고압적인 자세를 찾아볼 수 없었다.

공항에서 엔타이 시내로 들어가는 차창에서 바라다본 고속도로는 쭉 뻗어 있고 농촌풍경은 우리나라와 같이 가을이어서 추수하기에 바쁘기만 했다.

끝없이 펼쳐진 평야에는 옥수수, 사과, 복숭아, 포도밭이 대부분이고 낮은 구릉지대에는 막 심어놓은 소나무들이 바람에 흔들리고 있었다. 도시로 들어서니 잘 정비된 도로와 최신식 건물들이 꽉 차 있어 마치 유럽의 한 도시에 온 듯한 느낌을 받았다. 중국에 대한 지금까지의 필자의 부정적인 이미지를 바꾸어 놓는 순간이었다.

연대시의 인구는 647만이고 우리나라의 대표적인 기업인 LG전자를 비롯해 현대중공업, 두산중공업, 대우조선이 진출해 있고 중소기업체 4000여 개가 이 곳에서 공장을 운영하고 있어 한국 기업이 철수하면 도시전체에 비상이 걸릴 정도라고 한다. 이런 연유로 시내 건물에는 한국식당은 물론 수퍼마켓, 미용실, 술집, 가라오케 등 한국 간판 일색이고 한류의 영향으로 한국백화점까지 있다. 도로에는 한국의 현대차와 기아차가 즐비하게 달리고 있어 여기가 한국인지 중국인지 구분이 안 될 정도다.

이곳에 상주하는 교민들의 숫자는 3만 명이 넘어 한국인의 파워를 실감할 수 있었다. 한 시간 만에 남산 골프장에 도착하여 이 곳 대표로부터 골프장의 현황과 특성에 대한 설명을 듣고 18홀 라운드를 즐겼다. 남산 골프장은 27홀이며 시내에서 가까워서 그런지 골프코스 주변은 아파트와 건물들이 즐비하게 들어서 있다.

페어웨이는 비교적 좁고 도그레그 홀이 많아 항상 긴장을 요하는 코스였다. 이 코스에서 가장 멋진 홀은 그린이 모두 물로 둘러싸인 15번, 파3 홀로 내리막 백티 기준 200 야드로서 경치도 좋고 상당히 도전적인 홀이다. 이 홀에서 10명중 1명 정도가 온그린에 성공하고 나머지는 공이 물 속으로 빠지고 만다고 한다.

이곳의 캐디들은 친절하고 골프장에서 쓰는 용어도 어느 정도 구사할 줄 알아 큰 불편은 없었다. 연대 시내에서 일박을 하고 다음 날 아침 조식을 하였다. 뷔페식인 이 식당의 음식은 종류가 다양하여 무엇부터 먹어야 할지 모를 정도로 푸짐했다. 김치를 비롯하여 장아찌, 깻잎 등도 준비되어있어 한국관광객에 대한 배려의 마음을 읽을 수 있었다.

다음 날 연대에서 가장 크고 홀의 숫자가 많은 남산 동해골프장으로 향했다.

108홀로서 산둥반도에서 가장 큰 규모를 자랑하는 골프장으로 클럽하우스도 웅장하고 거대하다.

일행들은 코스 중 제일 아름답다는 F코스에서 라운딩을 했다. 넓은 페어웨이에 직선으로 확 트인 남성적인 코스로 특히 인상적인 것은 벙커였다. 벙커가 매우 많고 사이즈가 운동장만한 것도 있다. 벙커 한 가운데 그라스 벙커도 있어 이 곳은 마치 .' 벙커 공화국' 같다. 또한 요소요소에 웅덩이형 연못도 많이 만들어 놓았다. 후반 나인 홀은 바다를 끼고 도는 홀이 대부분이어서 대단히 운치가 있고 경관이 아름다웠다. 푸른 바다를 배경으로 만들어진 녹색 그린에 빨간색 깃발이 휘날리는 것을 멀리서 바라다보는 것 자체가 즐겁다. 스코틀랜드의 몽고메리 프로가 '내 고향의 골프장을 그대로 옮겨 놓았다' 고 할 정도의 링크스 스타일 골프장으로 2005년도에 개장했다.

제 3일 째 우리들은 위해 시로 장소를 옮겨 블루스카이 호텔에 머물렀다. 언덕 위에서 내려다본 위해 시는 바다로 둘러싸여 매우 아름다웠다.

이 날은 바다를 메워서 만든 호당가 골프장으로 가는 날이었다. 이 골프장도 매우 넓고 길다. 마치 '마음대로 드라이브 샷을 맘껏 날려보라!' 는 것처럼 호쾌하고 길게 만들어 놓았다. 블루 티에서 야디지 마커를 보니 모두 400야드를 넘는 긴 홀이다. 앞바람이 불면 도저히 투온이 불가능할 정도로 길다. 이런 긴 홀에서 언더파를 치는 프로선수들의 능력과 실력에 그저 머리가 숙여질 뿐이다.

마지막 날은 경치가 제일 수려하고 아름답다는 팬차이나 골프장으로 향했다. 골프장으로 가는 길목은 우리나라 남해의 해안을 따라가는 것처럼 양면이 바다다. 팬 차이나 골프장은 한 홀을 제외하고는 전 홀에서 바다를 바라볼 수 있도록 반도처럼 바다로 쭉뻗어 있는 능선을 따라 설계되어 있는 코스이다. 매 홀 매혹적인 광경이 전개된다. 어떤 홀은 바닷가에 떠있는 듯한 인상을 주고, 어떤 홀은 바다를 향해 드라이버 샷을 날리면 공이 포물선을 그리며 코발트색 바다로 떨어지는 것 같은 착각을 하게 한다.

멀리 수평선 위로 한가롭게 떠다니는 배를 바라보니 갑자기 산타루치아 노래를 부르고 싶은 충동이 생겼다. 아름다운 바다에 둘러싸인 골프장에서 명 홀 중의 명 홀은 13번 (파3)홀이다. 거리는 180야드. 오른쪽은 바다를 끼고 있는 기암절벽인데 바위의 모양이 각양각색이어서 마치 돌 조각품 같다. 왼쪽은 소나무 숲이고 티에서 그린까지는 절벽이어서 똑바로 샷을 날려 온그린을 시키지 않으면 공은 어디론가 사라지고 만다.

4박 5일간의 투어를 마치고 돌아와서 생각하니 중국이 우리에게 무한한 가능성을 지닌 경쟁자라는 생각이 들었다.

# Vietnam 베트남, 그 순수함에 매료되다…

2006. 10

쭉 짜면 초록물이 뚝뚝 떨어질 것 같은 6월
지난 11일 베트남 에어라인의 초청으로 인천 공항에서 5시간에 걸쳐 베트남 호치민에 첫 발을 내디뎠다. 호치민에서 곧바로 버스에 몸을 실어 4시간쯤 달리다 보니 북동쪽으로 200Km 떨어진 어촌 마을 판티엣에 도착했다.

판티엣의 오션듄스 골프장 안에 위치한 노보텔 코랄리아 리조트에 짐을 풀고 골프장을 찾았다. 오션듄스 골프장은 세계적인 플레이어 닉 팔도가 설계한 해안 링크스 코스로 자연 그대로의 모습을 담고 있었다. 닉 팔도가 '모래 언덕과 야자수가 시원한 바닷바람과 어우러져 놀라운 풍경을 자아내고 있어 모래 언덕들이 만든 천연 코스의 외형을 그대로 살려 놓았다.' 고 코스의 컨셉을 밝혔듯이 쉬운 듯 하면서도 만만치 않은 어려운 코스였다. 저녁에는 이국적인 분위기에서 열대 기후의 매력을 느끼며 모처럼 일에서 떠나 나만의 휴식을 취하니 기분이 상쾌했다.

골프 코스 안에 있는 노보텔 코랄리아 리조트는 전형적인 남국의 아름다운 정취를 흠뻑 느낄 수 있는 곳이다.

2개의 수영장, 휘트니스 센터, 사우나 마사지 룸, 테니스 코트, 해양 스포츠 센터 등 다양한 레저시설이 갖춰져 있으며 아이들과 함께 할 수 있는 키즈 클럽까지 있다. 호텔 로비 옆 전용 식당에서 4인조 밴드가 직접 들려주는 추억의 팝송 'Yesterday'와 'My way' 등 라이브 음악의 감미로운 선율 속에 신선한 생선 요리와 랍스타의 성대한 만찬이 이어졌다. 혀 끝의 음식도 녹고, 마음도 녹아 들며 이국의 아름다운 첫 날 밤이 저물어 갔다.

다음 날, 남부에서 중부로 향해 가는 중 도로변 CANA의 해변에 한국인이 경영하는 스쿠버 다이빙 시설을 갖춘 아름다운 리조트가 위치해 있었다. 이 곳 주인이 직접 만들어준 아이스 커피 한 잔의 여유를 즐기며 잠시 휴식을 취했다. 장장 7시간에 걸쳐 가는 버스 안에서 가이드가 베트남에 관한 소개를 했다. '54개의 소수민족으로 이루어진 베트남의 정치, 문화와 삶'에 관한 이야기를 재미있게 들으며 시간 가는 줄 몰랐다. 석양을 등지고 해발 1500m 수력 발전소를 구비구비 돌아 산 정상에 밤 9시 경 도착하여 야식으로 먹은 파인애플은 달콤한 꿀 맛으로 허기진 배를 채워줬다. 산 정상에서 보는 밤하늘, 초생달의 반짝이는 영롱한 불빛은 나그네의 마음을 낭만적으로 만들기에 충분했다.

13일 오전 7시 30분, 동남아 최초(1922년)로 개장한 유서 깊은 달랏 팰리스 골프장의 티잉그라운드에 서니 감개가 무량했다. 쾌적한 기후 속에 훈련된 캐디의 친절한 서비스와 조언 속에서 어려운 코스였지만 수월하게 플레이를 할 수 있었다.

1932년에 지어진 노보텔 달랏 호텔은 고풍스럽고 목가적인 분위기를 지녔다. 달랏 마을 대부분의 건축물은 불란서 양식으로 지어졌고, 호텔 건너편 언덕 위에 에펠탑까지 만들어 놓아 마치 제 2의 파리에 온 듯한 착각을 일으켰다. 오후에는 베트남 마지막 왕(Bao Dai King)의 별장을 관광하고, 그 시대를 음미해 보며 그 당시에도 사우나 시설이 있었다는 사실에 또 한 번 놀라웠다. 저녁에는 SAPA 레스토랑에서 식사를 했는데 테이블마다 촛불을 켜져 있어 한층 로맨틱한 분위기 속에서 베트남 전통 음식과 와인을 마셨다.

식사 중 베트남 에어라인의 이사가 기타로 흥을 돋구는 등 즉흥 음악까지 곁들여져 달랏의 이국적인 정취에 흠뻑 젖게 했다.

그 다음 날 14일 아침, 달랏에서 하노이로 가는 공항은 남루했지만 2시간 만에 하노이 공항에 도착, 버스로 치린스타 골프장에 도착할 수 있었다.
티업 시간은 오후 2시여서 38~39도까지 올라가는 고온 속에 찜통 플레이를 펼쳐야 했다. 그러나 힘들수록 더 차분하고 침착하게 플레이를 하다 보니 스코어는 예상보다 좋았다.

마지막 날인 15일에는 영화 인도차이나의 배경이 된 하롱베이의 환상적인 절경에 취했다. 간간이 비가 내리는 가운데 크루즈 선상에서 감상하는 독특하고 신비로운 섬과 섬 사이의 절경은 이루 말할 수 없이 아름다워 이 순간 내가 살아 있다는 사실에 감사함을 느낄 정도였다.

하롱베이의 아름다운 절경을 가슴 속에 담아둔 채 베트남의 마지막 시간을 아쉬워하며 베트남 전통극인 수상인형극을 보았다. 수상인형극은 '10세기 삼각주의 홍강(Red river)에서 수확을 끝낸 것'을 소재로 만든 극으로 베트남 여행객들에겐 관광필수코스로 각광받고 있다.
이번 여행은 마침 베트남이 종전 30주년을 맞는 해여서 더욱 뜻 깊었고 한국과 역사적으로 깊은 인연이 있는 나라라 의미가 큰 가운데 '여행의 量이 삶의 量'이라는 것을 새삼 느끼게 해준 귀중한 기회였다.

# Uzbekistan 실크로드의 중심지 사마르칸트

2009. 4

학창시절부터 한번쯤 가보고 싶었던 꿈의 장소인 중앙아시아 톈산산맥(天山山脈)의 오아시스에 위치한 돌의 도시 타쉬켄트는 구 소비에트 연방(소련)시절 4번째로 큰 도시였고, 2500년의 역사를 갖고 있는 우즈베키스탄의 수도이다. 타쉬켄트는 알렉산더, 아랍 세력에 이어 13세기에는 징기스칸에 의해 점령된 이후 14세기에 아미르 티무르에 의해 통합되었고 1991년까지 약 72년 간 러시아의 지배를 받으며 동서양을 잇는 실크로드의 중심지였다.

오랜 세월을 침략과 정복의 역사 속에서 살아남은 탓일까. 이곳 타쉬켄트에는 아름다운 금발의 아가씨로부터 동양인 촌로의 모습까지 다양한 인종의 모습이 보였고, 기존 이슬람 문화권 위에 그리스 정교, 유럽식 러시아 문화가 융합된 독특한 생활 양식과 분위기를 느낄 수 있었다. 차창 밖으로 낡은 진흙 벽돌집과 모스크 사원 메드레사(이슬람 학교)가 늘어서 있는 미로 같은 좁은 거리는 구 타쉬켄트의 흔적이 여전히 남아 있었다. 가장 기억에 남는 건물 양식은 1966년 대 지진에 의해 도시의 3분의 2가 파괴되었을 때 유일하게 무너지지 않았던 나보이 오페라극장이었다. 이 건축물은 1947년 당시 포로 수용소에 갇혀 있던 일본인들이 완공한 것으로, 그들의 장인정신을 엿볼 수 있었다.

텐산산맥의 한 지류층인 침간산은 타쉬켄트시로부터 약 70km에 위치해 있으며 버스로 2시간 정도 소요된다. 타슈켄트에서 버스로 이동 중 억수 같은 소나기가 퍼부어 카리모프 대통령의 초록 빛의 아름다운 별장에서 잠깐의 티타임으로 비를 피해 있다가, 차르박 호수를 거쳐 정상까지 갈 수 있었다. 침간산은 오월의 절기임에도 불구하고 해발 3309M에 펼쳐진 신록의 계곡 사이로 눈부신 설경과 초록빛 초원의 조화가 마치 신의 손길로 빚은 듯 장엄했다. 정상에 다달았을 때 산봉우리를 에워싸고 있던 병풍 같은 비구름이 환하게 거치면서 웅장한 자태를 드러내어 마치 우리를 반기는 듯 하였다. 원색의 황토빛 기름진 땅과 초록빛 산언덕의 느릿한 곡선을 바라보며 대 자연 속으로 모두들 흠뻑 빠져들었다. 원초적인 고산의 풋풋한 풀내음 맞으며 산등성이를 한없이 맨발로 뛰어 다니고 싶은 충동이 솟구쳤다.

5월 6일, 잿빛 하늘에서 비가 내리는 가운데 타쉬켄트에서 남서쪽으로 350km 떨어진 곳, 고대 티무르제국의 수도 사마르칸드로 기차 여행을 떠났다. 타슈켄트 중앙역으로 가는 길에는 차창너머로 철도 박물관이 보였으며 이 철길은 투르크메니스 공화국까지 이어진다고 한다.

기차가 타쉬켄트를 벗어나자 넓은 광야에 목화밭과 군데군데 무리를 지어 핀 양귀비 꽃이 시야에 들어왔다. 고대 상인들이 낙타를 타고 가던 모습을 연상하며, 서쪽으로 광활한 초원의 쭉 뻗은 도로를 따라서 약 4시간 동안 기차여행 끝에 13-14세기 영화로웠던 아무르티무르 제국의 과거가 깃든 곳, 사마르칸드에 도착하였다.

사마르칸드는 2001년 유네스코 세계문화유산으로 지정된 도시로 실크로드가 번

성하던 1~7세기 오아시스 주변에서 형성돼 발전한 아미르티무르 시대의 수도였다. 인구 약 40만이 살고 있는 도시로 타슈켄트에 비하면 작은 도시이며 주요한 유적들이 중심가 부근에 모여 있어서 걸어서도 충분히 시내관광을 할 수 있었다. 또한 곳곳에 이슬람 풍의 유적들이 눈에 많이 띄였고 그 중 레가스땅 광장, 국립문화역사 박물관, 비비하님 모스크, 신비스러운 푸른빛이 감도는 메르레세를 관람 하면서 옛 타미르 왕의 건축예술에 대한 깊은 조예에 큰 감동을 받았다.

특히 아미르 티무르 왕이 8명의 왕비 중에 가장 사랑했던 왕비 비비하임을 위해 지은 비비하님 모스크는 벽면과 천장을 금빛으로 장식한 화려함이 돋보였고 중앙아시아 최대의 규모를 자랑한다. 이 건축을 위해 각지에서 모인 200명의 기술자와 500명의 노동자, 그리고 95마리의 코끼리를 동원해 공사를 마쳤다는 이야기가 전해져 내려오고 있다.

타슈켄트 레이크사이드GC는 우즈베키스칸에 단 한 개 뿐인 유일한 골프장으로 현재 시 정부(20%)와 한국인인 우즈벡 골프장 서건이 회장(80%)이 컨소시엄 형태로 개발하였다. 우즈벡에 골프장이 하나인 것은 오랜 세월을 사회주의 체제 하에 있었던 우즈베키스탄 국민들 사이에서 골프를 자본주의의 산물로 보는 시각이 지배적이었기 때문인 것으로 보인다.

타슈켄트 레이크사이드GC는 18홀 전장 7035야드(파72)로 한 여름은 습기가 없고 쾌청하며 겨울에도 체감온도가 10~15도로 4계절 내내 골프를 즐길 수 있다.

톈산산맥의 만년설이 녹아 내려 형성된 로하트 호수를 중심으로 조성된 이 골프장은 양잔디의 색깔이 어우러져 더욱 멋진 풍광을 자랑했다. 페어웨이는 업다운이 없는 평평한 코스로 전반적으로 쉬운 코스였지만 군데군데 벙커로 묘미를 주어 난이도를 살렸다. 그린은 빠른 편이며 습기가 적어 비거리가 5~10% 정도 더

나가는 것도 특징이며 11번 홀(파5, 587야드)은 핸디캡 2로 티잉그라운드에서의 전망은 거의 환상적이었다.
러시아계와 카자흐스탄, 고려인 등 110명의 캐디를 고용한 1백 1캐디의 밀착 서비스를 받을 수 있었고 기초적인 한국말 소통이 가능해 플레이 하는데 큰 지장은 없었다

또한 골프장 페어웨이 너머로 호수를 끼고 한창 신축 공사중인 빌라들이 보였다. 이는 외국인 관광객 유치를 위한 것이라고 했다. 라운드 후에는 골프텔에서 '전신 꿀맛사지'의 색다른 경험을 할 수 있었다. 5월 8일 친선골프대회 시상식 2부 행사에는 '현악과 성악의 밤'이란 주제로 작은 음악회가 열려 그 곳 최고의 가수가 부르는 러시아 전통 오페라의 진수를 들을 수 있었다.

생명력 넘쳤던 타슈켄트의 전통시장 바자르에서, 생활은 고단했지만 희망의 빛이 보였던 6,70년대의 한국이 생각났고, 같은 한민족으로서 지난 140여 년간 꿋꿋하게 노력하여 열매를 맺어 가는 고려인들의 모습을 현재 한국의 많은 사람들이 보고, 과거를 한번쯤은 되돌아 보아야 한다고 생각했다.

# 겨울단상(斷想)

한 해의 끝자락인 이맘때가 되면 연중행사처럼 여행을 통해 일상에서 탈출하여 자유를 만끽, 시간을 공유하는 모임이 있다.

바로 학문의 연(緣)으로 맺어진 연우회라는 모임으로 작년에는 안동 하회마을을 방문하여 엘리자베스 여왕이 묵었던 곳에서 하루를 보냈고, 올해는 동해안의 낙산사와 솔비치를 방문하여 잠시 동안 일탈의 시간을 보냈다.

다양한 직업인으로 구성된 연우회는 40세에서 70세를 바라보는 나이까지 다양한 연령층이 있지만, 회원들 사이에 공통적인 문화 코드를 가지고 있어 전혀 세대 차이를 느끼지 못한다. 더욱이 한명만 빠져도 서운할 정도로 서로에게 깊은 애정을 갖고 있어 모임이 있는 날이면 열외 없이 모두 참석한다. 이번 여행도 이러한 애정을 벗 삼은 화기애애한 분위기 속에서 출발, 버스의 차창 밖으로 보이는 초겨울의 정취를 만끽하며 첫 기착지인 낙산사에 도착했다.

낙산사는 금강산, 설악산과 함께 관동 3대 명산의 하나로 손꼽히는 오봉산 자락에 자리 잡고 있는데, 동해바다가

한눈에 내려다보이는 천혜의 풍광과 창건주 신라시대 의상대사의 유물이 봉인된 의상기념관 등 숱한 문화재를 갖추고 있어 천연 고찰로서 전 국민의 사랑을 받아온 곳이다. 특히 필자에겐 더욱 특별함이 있는 장소로 젊음 시절의 그리움이 묻어있는 곳이기도 하다.

1970년 초부터 가족들과 함께 여름 휴가철이면 늘 찾던 곳이었고, 또한 어머니께서 독실한 불교 신자이셔서 어머니의 손을 붙잡고 함께 자주 찾아갔던 곳이기 때문이다. 이러한 연(緣) 때문에 2005년 낙산사가 대형 산불이 났을 때 TV를 통해 당우(堂宇)가 손실되고, 수백년 된 소나무가 불타오르는 모습을 보면서 애통했던 심정은 이루 표현할 수가 없었다.

화재가 난 지, 모처럼 5년 만에 방문한 낙산사의 모습을 바라보며 그 당시의 애통했던 심정이 되살아나 가슴이 먹먹해졌다. 현재의 낙산사의 모습에서는 예전의 추억 속의 아름다웠던 모습은 전혀 찾아볼 수 없었고, 과학적 기법을 통해 보존이 진행되는 것을 보며 안타까운 마음이 앞섰다. 또한 지장전, 영신전, 조사전, 삼성각, 요사체, 동종각 등 5개의 구역으로 건물들을 배치, 한창 공사중이었는데, 이렇듯 싸늘하게 변해버린 낙산사의 모습을 바라보며 돌아가신 어머니께서 탑돌이하시던 모습이 눈앞에 맴돌아 따뜻한 눈물이 눈가에 맺혔다.

이번 여행을 통해 과거와 조우하던 중, 문득 필자가 누리고 있는 복(福)에 대해 생각해보았다. 사람에 따라 복을 누리는 것도 가지가지인데, 필자는 여행 복(福)과 더불어 공부 복(福)을 타고 태어난 것에 늘 감사하며 살고 있다. 먼저 여행 복(福)은 잡지사를 운영하다 보니 늘 기회가 찾아왔고, 공부 복(福)은 글쟁이로서 지식이 수반되어야 하기 때문에 늘 기회를 찾기 위해 노력해왔고, 그 결과는 끊임없이 다양한 과정을 통해 학습에 정진할 할 수 있었던 것이다.

공부와 여행 모두 배움의 관점에서는 동일하다고 생각하는데, 두 가지 모두 삶에 대한 다른 관점들을 끊임없이 배울 수 있는 기회이기 때문이다.

공부는 책을 통해 여행은 발로 직접 뛰며 새로운 배움의 기회를 선물해준다. 여행에 대한 이러한 깨달음 때문일까? 여행의 기회가 주어지면 잠시 모든 걸 내려놓고 떠날 채비를 갖춘다. 그리고 여행을 통해 여태껏 발견하지 못한 새로움을 발견하며 새로운 에너지를 재충전 하고자 노력한다.

낙산사로 떠났던 이번 여행 또한 일행들과 함께 겪었던 소소한 사건들 속에서 삶의 다른 관점을 배웠고, 웅장한 자연을 벗 삼아 다시 도시로 돌아가 새롭게 일에 매진할 에너지를 재충전했다. 특히 파도치는 바다의 모습을 바로 눈앞에서 바라볼 수 있었던 아름다운 솔비치의 산책로를 걸으며 하루의 여행에 대한 사색과 더불어 젊은 시절 가족과 함께했던 추억을 되새김질 하였다.

이제, 곧 아무 이유 없이 가슴에 그리움이 쌓이는 12월이다. 길고 긴 겨울밤이 되면 뜨거운 물과 함께 커피 한잔을 준비하여 저 멀리 이국땅에서 가족들과 떨어져 외로이 학문에 몰두하고 있는 딸에게 크리스마스 정취가 물씬 묻어나는 크리스마스카드를 보낼 준비를 하며, 엄마로서의 역할을 다할 것을 다짐을 해보며 겨울밤을 지새운다.

# Northern Ireland

## 천혜의 링크스 코스
## 북아일랜드의 추억

2009. 4

지금도 가끔 눈을 감으면 아련히 떠오르는 곳이 있다. 대서양의 검푸른 파도와 푸른 잔디가 만연한 티잉그라운드에서 티샷을 날릴 때의 장엄함과 설레임. 온 세상을 녹색으로 물들인 풍부한 수목과 페어웨이 주위에 피어 있는 가시금장화와 이름모를 야생화들, 멀리 평화롭게 풀을 뜯는 양떼들이 마치 한 폭의 그림을 연상케 하는 곳.

아침 태양이 동쪽에서 올라오는 여명의 빛이 숲 사이를 거쳐 유리알 같은 그린에 투영되는 북아일랜드는 마치 세상의 근심이 존재하지 않는 다른 세계처럼 보였다.

1990년 5월 북아일랜드 관광청 초청으로 북아일랜드를 처음으로 방문하였다. 수도 벨파스트에서 1시간을 달려 도착한 로열 카운티 다운의 골프장은 21년이 지난 이 순간도 지워지지 않는 아름다운 코스이다.

골프 잡지에 종사하면서 세계 유수의 골프장을 다녀 보았지만 '神이 내린 골프코스' 라면 망설임 없이 단연 이곳 로열 카운티다운을 꼽고 싶다.

검푸른 대서양을 마주하고 티샷한 공이 회색빛 하늘 위를 가를 때는 마치 지구상에서 혼자 골프를 하는 '절대 고독' 의 순간을 맞는 듯했다.

하루에도 몇 번씩 비가 오다 다시 개는 변덕스런

날씨이지만 이곳의 관리인은 별다른 손질을 하지 않는다고 했다. 그로인해 연초록의 가시금장화와 야생화들이 페어웨이 주위로 무성히 자라 천연 그대로의 골프장이다. 때문에 어디가 러프인지 페어웨어인지를 구분하기 어려울 정도로 야성적이고 천연적인 자연그대로의 상태가 한국의 골프코스와 비교되어 이국적인 느낌을 물씬 풍겼다.

영국 빅토리아 여왕의 장남으로 스포츠와 예술에 조예가 깊었던 에드워드가 7세의 지시로 1989년 전설적인 설계가 톰 모리스에 의해 설계되어 왕족들 상징하는 '로열(royal)이란 수식어가 붙은 로얄카운티다운 골프장은

100년의 품격 높은 역사의 흔적을 자랑하는 세계 100대 코스에 들어가는 골프장이다. 엄격한 미국의 골프메거진이 6년 연속 이곳을 세계 톱10의 골프코스로 꼽은 것은 바로 이러한 자연미와 곳곳에 스민 역사의 흔적 때문이리라.
입구에 들어서자마자 직원들의 몸에 밴 친절함이 골프장의 명성과 회원들의 품격을 간접적으로나마 대변해주는 듯 했다.

오랜 시간 골프 기자생활을 했기 때문에 취재차 세계적 명문코스를 두루 돌아볼 기회를 여러 번 가져 코스에 대해 비교적 높은 안목을 가졌다 자부했지만 이곳의 경관에 저절로 탄성이 터져 나왔다.

이처럼 세계의 명문 골프장들이 전통과 회원들의 품격, 서비스, 코스의 레이아웃에 가치 기준을 두는 반면 우리나라 대부분의 골프장들은 시설의 규모화 인테리어 등 외형적인 모습에 비중을 두는 것과는 비교가 되었다.

사실 세계 유수의 어느 골프장과 비교해도 국내 골프장의 클럽 하우스 및 부대시설의 수준은 세계적이고, 오히려 훨씬 높을 때도 있다. 라운드 중 머무는 그늘집의 안락함은 외국에 선 거의 찾아볼 수 없을 정도이다.
그럼에도 국내 골프장이 세계적 명문 골프장 대열에 끼지 못하는 것은 외형적 화려함만을 추구하고, 오랜 시간 공들여 내실을 채우는 전통적인 문화에 소홀하기 때문일 것이다.

회원 가입 조건의 경우만 하더라도 가입비만 있으면 회원자격이 주어지는 우리와는 달리 로열카운티다운 골프클럽은 종신회원제 골프장이라 회원이 특수한 이유로 이탈하거나, 사망할 경우만 자리가 빈다. 그래서 회원이 되려면 그만큼 오랜 시간이 필요하고 그렇기 때문에 회원들의 자부심 역시 대단히 강하다.
하지만 이러한 조건들보다 더욱 사로잡은 것은 인위적으로 꾸민 골프코스보다 주위를 둘러싼 아름다운 풍경이었다.

북아일랜드에서 가장 높다는 80m의 몬순산을 둘러싼 구릉지에서 안식처로 돌아가기 싫은 듯 게으름을 피우는 양떼들과 울타리 없이 세워진 그림 같은 집이 골프장 근처에 어우러져 한국의 도심에선 전혀 느낄 수 없는 평화로운 모습이었다. 그 아늑함과 여유 속에서 여행 내내 북아일랜드의 세계적 서정시인 예이츠의 詩 '이니스프리의 호도'를 읊조리며, '대니 보이'를 부르던 사춘기 시절로 돌아갔다.

18홀의 골프가 끝나고 자정이 가까워 오는 시간에 파티가 주로 열렸다. 필자를 비롯한 한국경제 김홍구 기자와 만화가 조주천씨 일행들은 북아일랜드 관광청 사람들이 초청한 사람들과 백야의 시간에 파티를 즐겼다.

파티에는 할머니들이 곱게 차려입은 드레스와 모자와 옷에 달은 장미꽃을 보며 그들의 노년의 삶이 부러웠다. 그들과 함께 어울린 파티는 진정 풍요로운 삶이 무엇인지 새삼 느끼게 해주었다.

세계 백대 골프장의 최대 보유국은 미국(59개)이며 그 뒤를 영국(18개)이 잇는다. 특히 골프의 발상지인 세인트앤드루스 올드코스가 랭킹 5위, 북아일랜드의 로얄카운티다운이 10위, 로얄포트러시가 12위를 기록해 상위권을 점유하고 있다. 골프장이 겪은 세월의 흔적을 단순한 낡음이 아닌 역사의 기록으로 생각하고 보존하는 로얄카운티다운을 보면 이곳에 명문 골프장이 많은 이유를 쉽게 납득할 수 있다.

북아일랜드의 경우 경상북도 면적임에도 불구하고 골프코스는 100개가 넘는다. 북해를 마주한 스코틀랜드와 아일랜드의 유명코스는 북해의 바람이 장구한 세월 동안 모래를 날려 만들어 낸 황량한 링크스 랜드에 펼쳐진 링크스 코스이다.

골프의 발상지 세인트앤드루스 올드코스, 브리티시오픈이 개최되었던 로얄트룬코스 등 유구한 역사와 전통을 지닌 명문코스는 많이 있지만 평생 처음 링크스 코스에서 쳤던 로얄카운티다운 추억만큼은 아직도 잊을 수 없다.
質보단 量이라는 말도 있지만, 여행을 비롯한 경험의 質을 통해서 인생의 量이 결정되는 것은 아닌지 생각해본다.
여행은 일상이라는 좁은 틀에서 벗어나 영혼의 자유에 눈 뜨게 해준다. 때문에 자신이 누구인지 진정으로 알기 위해서는 때론 먼 여행을 떠나는 것도 좋을 것이다.

필자에게도 북아일랜드의 여행은 새로운 자아를 발견해준 소중한 시간이었다.

이제 은퇴 이후를 생각할 나이다. 삶의 멍에를 훌훌 털어버리면 꼭 다시 찾아보고 싶은 곳이다. 그때는 잠시의 머무름에서 끝내지 않고, 오랜 시간 여유를 갖고 편한 시간을 갖고 싶다. 몇년 전 동아일보에서 가장 기억에 남는 여행지를 소개하는 글에서도 이곳을 소개한 적이 있다.

# Mongolia 초원, 하늘, 별, 구름 바람의 땅

2012. 7

"광야의 초원 너머로 징기스칸의 위용이 다가온다."

원아시아 주최로 일본, 한국, 몽고와의 국제교류문제로 몽고를 방문할 기회가 생겼다.

몽고는 아시아의 중앙 내륙에 있는 국가로 13세기 초 칭기스칸이 등장해 역사 상 최대의 몽골 대제국을 건설하며 동서 여러 국가에 큰 영향을 미친 나라이다. 평소 몽고라는 나라에 대한 호기심이 있던 터라 드넓은 초원지대의 징기스칸을 연상하는 것만으로도 충분히 설레였다.

한국에서 비행시간은 대략 3시간 20분정도면 몽고 울란바토르 공항에 도착한다.

울란바토르 공항은 국제공항 같지 않은 낙후된 시설을 가지고 있다. 하지만 몽고인들은 우리나라 사람들과 이질감 없는 생김새로 친근함 마저 든다. 우리 일행이 도착하기 얼마 전 많은 비로 시내의 길은 질었으며 비포장 도로와 남루한 몽골인들의 옷차림이 우리나라의 60년대 상황을 방불케

했다. 사실 훌륭한 시설과 좋은 서비스에 익숙한 한국인에게는 낯선 분위기이다.

공항에서 30분 거리의 Erin Hotel에 도착한 일행을 원아시아 몽골 회장이 반갑게 맞이했다. 먼저 Zaisan Mountain과 시티 투어를 시작했다. 울란바토르는 낡은 수입 차량들과 흙바람 때문에 몹시 건조했다. 시내 남쪽 강 건너 산기슭에 세워진 원형 기념물에서는 울란바토르 시내가 한눈에 들어온다. 그 곳에는 소련이 몽골연합국과의 2차 세계대전 승리와 몽골사회주의 혁명 50주년을 기념하기 위해 1971년 몽골에 기증한 승전탑이 있다. 승전탑이 있는 자이산은 울란바토르 시내와 몽고의 젖줄인 톨강을 한 눈에 볼 수 있는 탁 트인 조망과 시원한 바람이 멋지게 조화를 이루고 있었다. 산도 없고 나무도 없는 시내 한쪽에는 부유촌이 들어서는 모습도 보이고 한쪽으로는 가난한 사람들의 모습이 여실이 드러나 빈부가 동시에 존재하는 모습을 보았다. 몽골 관광은 울란바토르시의 중심인 수헤바토르 광장, 몽골 마지막 왕의 겨울 궁전인 복트칸 궁전, 중앙아시아에서 가장 큰 불상이 있는 간단 사원, 몽골의 유명한 캐시미어 공장, 거북바위 등이 있다.


몽고는 아직도 유목을 위주로 하는 곳이기 때문에 게르라는 몽고식 유목 숙박을 하게 되는 것도 특이한 점 중 하나이다. 몽고에는 사막과 초원지대 뿐 아니라 숲 지대도 있었다. 하지만 우리나라의 숲과는 아주 다른 모양이었다. 시베리아 삼나무라는 침엽수로 수풀 사이도 무성하지 않고 삭막하다는 느낌마저 든다.
몽고에서 한국인 관광객들이 잘 들르는 코스중에 하나가 테레지 국립공원이다. 테레지는 몽고의 수도인 울란바토르에서 동북쪽으로 80Km거리에 차로 약 2시간 거리에 있다. 이곳은 몽고의 여느 지역과는 달리 기암괴석과 삼림 및 스텝지대가 어우러져 하나의 멋진 풍광을 연출하는 곳이다. 몽고의 도로는 중앙선이 없고 폭도 거의 편도1차선 수준이었지만 테레지의 멋진 풍광은 오염되지 않고 천혜의 자연 그대로를 유지하고 있는 어찌 보면 알프스의 한 장면을 닮았다. 지평선이 초원으로 시작하여 초원으로 끝나는 끝도 없는 장엄함도 감동의 순간을 연출해 주었다. 구름 사이로 검붉게 타오르는 햇살과 초원에서의 쏟아지는 별도 몽고 여행의 각별함이다.

몽고 골프 여행은 4월에서 10월에 제격이다. 우리는 Zaan Terelj 골프클럽에서 원아시아 주최로 골프대회를 했다. 세계 유수의 골프장을 다녀올 기회가 있었지만 몽고 광야의 드넓은 초원에서의 기암괴석과 야생화속에서의 라운딩은 색다른 경험을 선사해 주었다.

몽고 원아시아 회장의 시구로 'ONE ASIA GOLF TOURNAMENT'가 시작되었다. 몽고, 일본, 한국의 3개국이 참가해 더욱 국제적인 의미를 갖는 이번 자리는 궂은 날씨 속에서도 주최측의 배려로 원만히 진행되었다. 비록 언어의 장벽으로 깊은 대화를 나누기는 어려웠으나 골프는 전 세계를 어우러지게 하는 또 하나의 언어이며 나라와 나라를 잇는 외교책이라는 생각을 다시 한 번 했다. 무엇보다 골프를 통해 한국을 알릴 수 있는 기회를 갖게 되어 뜻깊은 자리였다.

아직 몽고는 골프인구가 200명 정도에 지나지 않는다. 하지만 토너먼트에 참석한 몽고를 대표하는 인사들의 골프실력은 이미 흠잡을 데 없는 실력과 글로벌한 매너를 갖추고 있어 놀라웠으며 잠재된 골프시장에 대한 기대감을 갖게 했다. 아직 레이디에 대한 배려가 부족한 미흡한 골프장의 시설에도 불구하고 필자에 대한 섬세한 배려도 잊지 못할 것이다. 궂은 날씨에도 불구하고 준우승을 차지하는 기회가 생겨 기분 좋게 마감할 수 있었다. 더불어 한국 원아시아 김규택 회장의 수준 있는 골프실력은 한국의 이미지를 대표했으며 노익장을 과시하는 김용복 회장의 힘 있는 스윙도 경기의 흥을 돋구웠다.

몽고에서의 골프는 코스가 좋고 나쁘고를 떠나 몽고 골프장만이 선사하는 신선한 공기와 푸른 하늘과 구름 그리고 산뜻한 바람을 기억해야 할 것이다. 아직은 척박한 나라 몽고에서 골프를 즐길 수 있다는 것은 그 자체만으로도 행복이기 때문이다.

초원, 하늘, 별, 구름, 바람 그리고 무엇보다 기회의 땅 몽고는 최근 몇 년 사이 몽고인들도 골프에 대한 관심도가 높이지고 있으며 석탄, 동, 텅스텐 등 여러 가지 자원들을 이용한 기반 산업도 급증하고 있어 아시아의 리더격으로 손색없는 나라이다. 몽고에서의 낭만, 이 또한 인생을 골프와 함께 거닌 내게 준 선물은 아닐까 생각해 본다.

S p e c i a l L e t t e r   아들이 본 엄마

# 바보엄마, '이순숙의 골프풍경' 출판기념일

### 30여 년의 세월동안 한 길만을 걸어온 그녀.
어렸을 적 나는 그녀가 다른 어머니들과는 다르단 이유 하나만으로 '바보 엄마'라고 불렀고, 그녀는 그럴 때마다 '엄마한테 바보라고 하면 못써요'라고 꾸짖곤 하셨다.

### 초등학교 시절,
친구 집에 놀러갈 때면 친구 어머니께서 정성스레 내주셨던 과자나 주스가 우리 집에 놀러 온 친구들에겐 없었고, 어린 나에겐 항상 그게 불만이었다.

### 아침이면 출근 준비로 모두가 바빴던 우리 집은 아침밥을 거르기 일쑤였고,
한 번은 초등학교 2학년 시절, 그녀가 집에 없을 때, 배고픈 마음에 라면을 끓여 먹다 크게 데어 서울대 병원으로 긴급히 이송된 적도 있었다.

### 도시락엔 간혹 한 입에 먹기도 힘든 김치꼭지가 들어 있거나,
바쁘게 만든 흔적이 엿보이는 반찬들이 자리를 잡고 있어 친구들 앞에서 도시락을 열기가 부끄러운 적도 있었다.

### 또 학교에 찾아온 어머니의 복장은 여느 어머니와 달랐고,
급식 당번 보단 일일 교사를 더 잘하시던 어머니의 모습을 볼 때면 어머니가 '평범한 다른 어머니와 같았으면...' 하고 주문을 외우기도 했었다.

### 시간이 흐르면서 불만은 차곡차곡 쌓여 어쩌다보니
처음 배우게 된 나쁜 단어인 '바보'를 어머니를 부르는 호칭어로 이용하게 되었고,

그렇게 나의 어린 시절, 그녀는 나에게 '바보 엄마'의 존재로 자리매김한 것이다.

하지만,

내가 알고 있었던 바보의 의미는 사전적인 의미와 달랐다.
'멍청하고 어리석은 사람'이 아니라, 나와 누나에게 '엄마'로서의 역할을 해주지
않은데서 나온 불만의 표현이었던 것이다.
시간이 흘러, 어느덧 나이를 먹고도 '바보 엄마'에 대한 논쟁은 계속되었지만,
어느 순간 더 이상 그녀를 '바보 엄마'라고 부르는 일은 없어졌다.

그녀가 세상을 어떻게 살아왔는지 알게 되면서부터 말이다.

그녀는 어렸을 적,

그녀의 공부에 대한 꿈을, 오빠와 남동생의 꿈을 위해 양보하였고, 그녀의 남동생이 공부를 할 때, 방과 후, 목재소에서 부모님 일을 도왔던 착한 숙녀였으며, 피아노를 배우고 싶었으나, 완곡한 아버지의 반대로 인해 아주 어린 시절 부잣집 담벼락에 앉아 '엘리제를 위하여'를 엿듣는 것으로 만족해야 했던 감수성 많은 소녀였다.

그랬던 그녀였기에,

어릴 적, 나와 누나를 피아노 학원에 보내 그녀 자신이 겪었던 결핍을 우리에겐 느끼지 않게 해주려고 했지만, 난 그저 내가 싫은 피아노를 왜 쳐야 하는지 몰라 가끔은 학원에 가는 척 하면서 운동장에서 축구를 하곤 했다.

하지만 그녀는 '문학소녀'의 꿈은 버리지 않았고,
고등학교를 거쳐, 대학교를 거쳐, 기자로서 사회의 첫발을 내딛게 된다.

그러던 어느 날, 그녀는 명동 한복판에서 그를 만나게 된다.

그는 중학교 때 어머니를 암으로 여의였으며, 고등학교 시절 이후로는 새어머니와의 충돌로, 홀로의 힘으로 모든 것을 일구어 살아가야 했다.

한번은 중학교 시절,
오래된 고궁의 기왓장의 이끼를 달여 먹으면 암에 좋다는 이야기를 들은 그는 오래된 고궁의 담벼락을 기어올라 기왓장의 이끼를 떼어 내다 걸려 파출소에 끌려간 적이 있다. 그의 말을 들은 경찰은 마음이 동해 그를 놓아 주고, 이끼도 돌려주었지만, 결국 까까머리 소년의 어머니는 돌아가시게 되었다.

그리고 그는 새엄마를 맞이하게 되지만, 동화 속에나 나오는 전형적인 새엄마였는지, 그의 동생들을 미워하는 새엄마를 싫어하게 된다.

그리고 시작된 일탈과 방황.

그러다 입대하게 된 해병대.
사실 그의 형을 위한 자원 입대였으나, 그곳에서 그의 형을 다시 만나게 된다.
형은 동생을 위해 입대를 하였고, 동생은 형을 위해 입대를 하게 되었던 것이다.

그리고 얼마 안 있어 떠나게 된 월남 전.
그는 그곳에서 죽음과 삶에 대한 의미를 깨달았을 것이다.

참전에서 돌아온 그는 세상과 맞서 싸워 살아보려 한다.

그러다 명동의 사보이 호텔.
그와 그녀, 그 둘의 운명이 시작된다.

마침 취재 때문에 사보이 호텔을 방문했던 그녀를 그가 보게 된 것이었다.
그녀를 쫓아 그녀를 유혹하고, 결국 그 둘은 미래를 약속하게 된다. 그리고 그 약속 중엔 미국으로 떠나는 약속도 포함되어 있었다.

하지만,
명문대를 졸업하고 미국에 유학 중이였던 그의 가장 큰 형이 불의의 교통사고로 세상을 떠나게 되어 그의 미국행은 좌절되고, 술에 곤드레만드레 취해 구두 한 짝만을 신고 그녀에게 정신을 잃고 찾아 간다.

그러나 그녀는 그를 달래고, 괜찮다고 말한다.

하지만, 둘의 미래는 그리 밝지 않았다.
집안의 반대로 결혼은 성사될 듯 보이지 않았다.

아무것도 가진 것이 없었던 그에게 그녀의 가족들은 그녀를 보낼 수 없었던 것이다.

그러나 그녀는 그에 대한 '사랑'을 갖고 있었다. 그 또한 그녀의 오빠와 주먹다짐 까지 하며 그녀를 지켜 내었고, 결국 그녀의 가족들이 하나 둘씩 그를 인정하게 된다.

그리고 올린 결혼식.
그녀는 당시 최고의 호텔에서 결혼식을 올렸지만,
결혼식이 끝난 후, 받게 된 모든 것들은 누군가에 의해 사라지고, 그 둘이 가진 것이라고는 아무것도 없었다.

그리고 그의 친구들의 도움을 받아 떠나게 된 신혼여행지는 우이동 '그린파크'.
하지만, 신혼첫날밤 그는 친구들과 함께 했고, 첫날밤을 신부인 그녀가 아닌 그의 친구들과 함께 보낸다. 첫날밤부터 눈물로 밤을 지새운 그녀.

그리고 시작된 신혼 생활은 방 한 칸짜리 월세.
그녀는 어려움과 싸우면서도 강한 자존심에 부모를 찾지 않는다.
한번은 쌀이 없어 굶는 그녀에게 집주인이 왜 밥을 안 먹느냐는 말에
그녀는 '다이어트 중'이라고 대답한다.

하지만 그는 그녀를 위해 그녀가 가장 좋아하는 만두를 종종 사다 준다.

그가 일을 마치고 밤늦게 집에 돌아올 때면,
주인집이 깰까 초인종을 누를 수 없어, 창 밖의 유리에 대고 그녀의 애칭을 부른다.
'리띠, 리띠'

그럼 그녀가 조용히 나와 그를 위해 문을 열어 준다.

그렇게 서로의 사랑만을 확인하며 자신들의 희망을 차곡차곡 쌓아가고,
결국 아파트를 하나 장만하여 자신들만의 집을 갖게 된다. 그리고 찾아온 희소식,
바로 나의 누나를 임신하게 된 것이다.

하지만, 누나가 세상에 태어난 지 1년 6개월도 지나지 않아,
나를 임신하게 되고, 그렇게 '김씨네' 가족이 시작되었다. 그리고 그때부터 그와
그녀의 삶의 중심은 자신들에게서 나와 누나에게로 옮겨진다. 우리를 남들 못지
않게 키우기 위해 좋은 곳으로 자신들의 몸을 혹사시키며 일을 하며 엄격하며 다
재다능하도록 우리를 키워낸 것이다.

하지만,
나, 그리고 누나는 그녀를 '바보 엄마'라고 불렀다.

아버지는 응당 늦게 들어와도 되는 줄 알았기에,
아버지는 '바보 아빠'에 대한 면책 특권을 가지고 있었으나, 나와 누나는 여성이
었던 어머니에게는 그리 관대하지 않았던 것이다.

나이를 먹고,
그녀가 살아온 인생, 그리고 그가 살아온 인생을 엿듣게 되면서, 눈시울이 붉어
졌다.

하지만, 내가 아무것도 할 수 없다는 게 너무 슬펐다. 그와 그녀를 도와 아무것도 할 수 없다는 사실이 너무 슬펐다.

그것이 바로 지금, 지금이다.

내가 아무것도 할 수 없는 것이.

그녀는 우리를 키워내면서도 많은 일들을 해내었다.
30년 간 오직 한 길을 걸으며 그녀가 쓴 책도 출판을 하게 되었고, 지금도 현역에서 22년 째 그녀만의 회사를 운영하며 사회의 이름있는 인사가 되었다.

하지만,
모든 것이 그렇듯 보이는 게 전부가 아니다. 보이는 이면에는 내가 그녀를 '바보 엄마'라고 불러야만 했던 슬픈 이유들이 숨어 있다.

그래서 슬프다.
그리고 지금 내가 아무것도 할 수 없다는 사실이 나를 더욱 애달프게 만든다.

그러나 나에겐 꿈이 있다.

2013. 5

아들 김 신 기

# 생각의 겹
## The layers of thought

글*발행인 | 이순숙(李淳淑)
표지사진 | 제임스 터렐 James Turel 의 스카이 스페이스
디 자 인 | 플러스나인

인    쇄 | 2013년 6월 18일 초판 1쇄
발    행 | 2013년 6월 15일
인    쇄 | 대명인쇄
펴 낸 곳 | 골프헤럴드
        서울시 강남구 역삼2동 784-4 로즈타워 110호
TEL 02 567 2323(대표)  FAX 02 567 3934
E-mail golfherald@hanmail.net  www.heraldgolf.com

ISBN 978-89-97039-01-2    값 20,000원

이 책의 저작권은 저자에게 있습니다. 저자와 출판사의 허락없이
책의 내용을 무단으로 인용 및 발췌하는 것을 금합니다.
*지은이와의 협의에 따라 인지를 생략합니다.

*잘못된 책은 바꾸어 드립니다